中公文庫

悪　人　列　伝

大河ドラマ篇

海音寺潮五郎

中央公論新社

目次

悪人列伝

大河ドラマ篇

藤原兼家

一口に言って、平安朝時代は藤原氏の専権時代であるが、その藤原氏の中でも北家藤原氏が、北家の中でも良房《よしふさ》の系統が最も栄え、この系統が常に権力の中心となった。

良房は太政大臣となり、摂政となりして、家の栄えのもといをきずいた。人臣として最初の太政大臣であり、摂政である。この両職は元来はともに皇族の専任だ。恵美押勝《えみのおしかつ》と道鏡とが太政大臣に任ぜられたのは、女帝との特別の関係によるので、それは彼らを皇族とする含みがあったによることは、道鏡伝で述べたが、摂政もまた上古に神功《じんぐう》皇后・聖徳太子がその任にあっただけで、皇族の専任であった。良房の場合にはいずれも皇族とするというほどの含みはなかったが、それでも未曽有のことだけに、その権勢のさかんであったことがわかるのである。

良房がこの未曽有の厚遇を受けたのは、彼が天皇の外戚《がいせき》であったからである。彼の妹順子は仁明《にんみょう》天皇の皇后となって文徳《もんとく》天皇を生んだので、彼は文徳の伯父となった。そこで、太政大臣となった。また彼の女《むすめ》明子は文徳の女御《にょうご》となって清和《せいわ》天皇を生み、清和は九歳にして即位したので、外祖父である彼が政を摂することになったのである。

天皇の外伯父や外祖父であった臣下は、これまでとてなかったわけではない。各時代を通じて数え立てるにいとまないほどあるのだが、これほどの地位に昇り得た者はない。彼がはじめてである。

思うにこれは中国の習慣が儒教《じゅきょう》道徳の形で入って来、それがこの時代の貴族階級を支配しはじめたからであろう。中国で最も重んぜられるのは孝である。これは儒教に最も強くあらわれて、道徳百般の根本とされているが、本当をいえば儒教だけのものではなく、中国の社会生活が生み出した自然の生活の知恵であるようだ。この考えは上古以来現代に至るまで、中国人の社会の隅々まで浸みこんでいる。儒教は単にそれに理論をあたえただけであろう。この中国式考え方が日本の上流階級に入って来た。奈良朝時代までは単に思想にとどまっていたようだが、平安朝時代になると血肉化して来た。皇位の継承にそれが出ている。桓武《かんむ》天皇が自分の心でないのに弟の早良《さわら》親王を皇太子に立てたのは父帝光仁《こうにん》の意を迎えてのことであった。平城《へいぜい》天皇が嵯峨《さが》を皇太子に立てたのも父帝桓武の意を迎えてのことであった。

この傾向は年々に進んで、清和の頃になると、単に父帝にたいする孝道だけでなく、母后にたいする孝道も強調されるようになり、母后の権力は強大なものになった。こうなると全然中国式だ。中国史を読んでわれわれがおどろくのは、母后の権力の強大さだ。各時代の皇帝らの母后らは皆おそろしく強大な権力をもち、その所生の皇帝らに強い支配力をもっている。元来が民の家——それも多くは片田舎の士族階級くらいの家に生まれ、器量がよいばかりで宮中に入り、皇帝の寵愛を受けるようになった人達であるのに、おそろしく敬重・尊崇され、しばしば漢の呂后、唐の則天武后、清の西太后のような、実質的には皇帝と同じような、あるいは皇帝以上の権威をもって世を支配する人まで出るのである。

日本でも、清和天皇の時からそうなった。いささか違うのは、日本の母后たちは中国の母后たちの持っていたような強烈な権勢欲や政治能力を欠いでいたためか、母后が自ら政をとるようなことにはならず、母后の父が政権の主裁者的地位に這い上ることになったことである。

一体日本の天皇は、律令《りつりょう》によって絶対の権力者であることに規定されているのだから、一般人の道徳や情義によってその家族や姻戚を厚遇して、政治にあずからせてはならないのだ。そんなことをしては律令政治はなり立たないのである。絶対専制君主たる天皇は、血縁や姻戚の親疎にとらわれず、広く人材をえらんで官職に任じ、出来るだけ優秀な官僚組織をつくり、公正な政治をするようにつとむべきもので、血縁や姻戚によって人を用いるのがいけないことは言うまでもないのだが、この時代にはこうなってしまった。

　良房の子の基経もまたその妹高子が清和の女御として陽成《ようぜい》を生んだので、清和の時から陽成の世にかけて摂政となり、関白となり、太政大臣となった。彼は陽成に狂疾があったのでこれを廃して、光孝《こうこう》を立て、さらに光孝の崩御《ほうぎょ》にあたっては光孝の皇子宇多《うだ》を立てた。二代の帝を擁立した功によって、ずっと関白をつづけ、その威権が天皇をおびやかすほどであったことは、平 将門《たいらのまさかど》伝で述べた。

　基経が宇多の寛平《かんぴょう》三年に死ぬと、藤原氏の専権にいためつけられ、心中 憤《いきどお》りをふくんでいた宇多は大いに考えるところがあった。あたかも基経の子時平《ときひら》らがまだ若年であったのに乗じて、天皇権の回復に努力した。菅原道真を大いに登用したのも、そのためであった。

　宇多のこの企図は次代の醍醐《だいご》にも継承され、基経の死後三十八年間、天皇親政がつづいているが、醍醐の次の朱雀《すざく》は時の左大臣忠平《ただひら》の妹穏子《おんし》の所生であり、八つという幼さで皇位についたので、忠平が摂政となり、久しぶりに北家藤原氏の専権時代となった。忠平は太政大臣となり、天皇が成年に達すると関白となった。

　しかし、忠平は朱雀二十七歳の時死んだので、以後十八年間、朱雀の次の村上の崩御まで、天皇親政となって、摂関はまた絶えた。再びこれがはじまったのは次の冷泉《れいぜい》からである。

この冷泉から円融《えんゆう》・花山《かざん》・一条・三条・後一条・後朱雀・後冷泉の八代百年間は藤原氏一門が権勢の絶頂にあった時代である。この期間は国家経済の上でも荘園の増加がとどまるところを知らず、租税の徴収出来る公地がほとんどなくなったといってよいほどとなったので、朝廷の政治も実質的にはなくなった。

元来朝政とは、天皇以下百官が太政官の正殿大極殿《だいごくでん》に毎朝出て行なわれたものであるが、これが皇居の正殿である紫宸殿《ししんでん》で行なわれるようになり、それもやがて旬政《じゅんせい》とて月四回、一日・十一日・十六日・二十一日だけのものとなった。弁官の役所や外記庁《げきちょう》に大臣以下中納言以上が来て、内外の政を聴く簡単な方法も行なわれた。前者を官結政、後者を外記結政という。政治の名目はあっても、実質はすでに単なる儀式になってしまっているのだ。天下に公地がなくなっているのだから、政務も激減しているはずだ。しかも、そのわずかにのこる政務は摂関が自宅でやった。

彼らは自宅に政所《まんどころ》と称するものを持っていた。本来これはその家の諸務のためのものだが、ここで天下の政務もとるようになった。その摂関は廷臣中から実務に長《た》けた者を家司《けいし》とし、これにあたらせた。こんな次第だから、朝廷でやるべき政務はのこっていないわけであった。しかし、まるでやらないでは朝廷としての恰好がつかないから、形式的にやるわけだ。儀式化せざるを得ないのである。この時代の公家らが容貌風采を重んじて、男でありながら、眉をえがき紅粉を傅《つ》けてお洒落したのは、ここに原因がある。朝政が儀式にすぎなくなっているから、役者のように容貌風采に気をつける必要があったのである。

それでも、社会がないわけではないから、時として政治上や軍事上に重大事がおこる。これは大事すぎて摂関の私邸内の政所であつかうわけに行かないから、そんな時は評定が行なわれる。天皇の居間である清涼殿で行なう場合には「殿上定《てんじょうのさだめ》」といい、近衛兵の詰所である陣座《じんのざ》で行なう時には「陣定《じんさだめ》」というのだが、決定権は摂関が持っているのだから、公卿さん達は意見を言うだけのことである。天皇にもなんの権もない。唯々諾々《いいだくだく》、摂関の言う通りになる。傀儡《かいらい》にすぎないのである。

こんなわけだから、この時代には政治というほどのものはない。あるのは彼ら同族間の権力闘争と、地方の大乱と、盗賊の横行跋扈《ばっこ》だけである。

本編の主人公兼家《かねいえ》の生涯も、権力闘争以外には何も目ぼしいことはないのであるが、その手段が悪辣《あくらつ》陰険をきわめているので、おもしろいのであり、悪人列伝の中に入れて伝するのである。

二

村上天皇の次に立った冷泉天皇は精神が正常でなかった。古事談によると、大極殿で即位式を行なうと見苦しいことがおこるかも知れないというので、左大臣実頼《さねより》のはからいで紫宸殿で式をおこなったとある。大極殿では多数が参列するが、紫宸殿では式場がせまいため少数しか参列出来ず、したがって万一のことがあっても恥をさらすこと少なくてすむというのであったろうか。これが紫宸殿即位の最初で、以後即位式は紫宸殿で行なわれることになった。日本紀略に、康保四年二月十七日は冷泉の即位三カ月前であるが、その日の条に、「皇太子始めて心を悩ます、尋常に非ず。今日より四月に及ぶ」とあるから、この頃から狂気がはじまったらしいのである。

このために、十八年ぶりに関白が復活し、実頼がそれに任ぜられ、さらに数カ月の後、彼は太政大臣になった。しかし、彼はそれほど権勢をふるいはしなかった。彼は謹直な人がらであった。彼の邸は大炊御門《おおいみかど》烏丸にあったが、当時はそこから伏見の稲荷の森が見えたので、うっかり冠なしに庭にでもおり立つことがあると、

「明神がごらんになっているのに、この失礼な風では」

と、袖で頭をかくしてあわてて家に入ったというほどであったという。こういう性格である上に、彼は冷泉との外戚関係が遠かった。冷泉の母后安子は彼の弟師輔《もろすけ》の女《むすめ》であった。師輔はこの時もう死んでいたが、その子伊尹《これただ》・兼通・兼家らがいたので、この人達が隠然たる力をもっていたのである。

冷泉が即位すると間もなく、この一門は冷泉を廃して同母の弟で皇太弟となっている守平親王を立てることを計画した。冷泉の精神が尋常でないというのが表面の理由であったが、もっと深い理由があった。一門の権力競争だ。冷泉の外伯父にあたる伊尹はその女懐《かい》子《し》を冷泉即位の年女御《にょうご》として入内《じゅだい》させたところ、翌年皇子師貞《もろさだ》親王を生んだ。ところが、その頃弟の兼家の女超子《ちょうし》も冷泉の寵《ちょう》を受けていた。

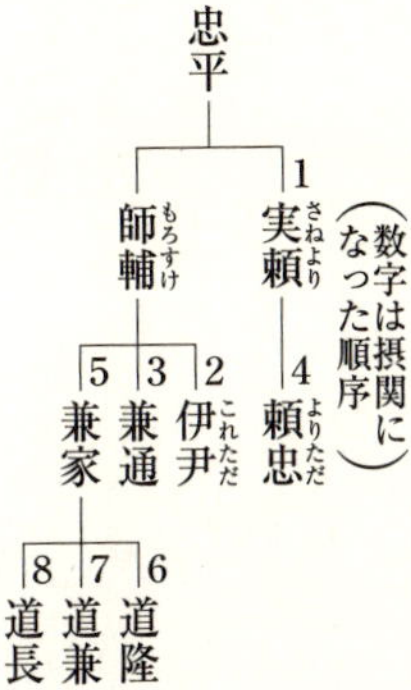

「うかうかすると、これにも皇子が誕生するだろう。そうすれば兄弟の間の競争となり、かれこれめんどうなことになる。早いとこ師貞親王を皇太子にしてしもうにかぎる。そのためには皇太弟の守平さんに天皇になってもらう必要がある」

と伊尹は考え、熱心にこの計画をおし進めたのである。

この陰謀によって、冷泉は在位わずかに足かけ三年で退位し、同母弟守平が即位した。円融である。十一歳であった。

実頼が前代につづいて摂政（天皇成年に達しない時は摂政、成年以上の場合は関白、実質は同じものである）に任ぜられたが、翌年五月死んだので、伊尹が右大臣でありながらあとを襲って摂政となり、翌年太政大臣になった。しかし、その翌年十一月死んでしまった。

ここでそのあと釜をねらってその弟である兼通と兼家との間に競争がおこった。

一体、兼通は陰気で人好きのしない性格であったらしく、官位の昇進もいつも兼家におとって、公卿補任によると、この時も兼家が正三位・大納言・右近衛大将であったのに、一格おとりの従三位《じゅさんみ》・権中納言であった。だから、以前からよほどにそれがくやしく、尋常のことでは関白になれないと思ったのであろう、大鏡によると、この時から八年前に死んだ妹の安子（村上の皇后、冷泉・円融の生母）の生前、ひそかに嘆願して、

「関白をば次第のままにせさせ給へ。ゆめ違《たが》へさせ給ふな」

と、冷泉・円融の二人にあてた書付を書いてもらっていた。関白は必ず兄弟の順によって任命なさるようにという意味である。

彼はこの書付を袋に入れ、おまもりのようにいつも首にかけていたが、長兄伊尹が絶望状態におちいったと聞くと、すぐに参内した。

この時円融は清涼殿の西廂《にしびさし》の南端にある鬼の間にいた。兼通は都合よくもおくつろぎの時に来たわいとよろこんだが、円融は伯父達の中で好きでもなく、従って親しくも思っていない兼通なので、その来る姿を見ながらも、そのまま奥に入って行こうとした。

兼通は呼びとめ、ご前近くよって、

「申し上げたいことがあります」

といった。

円融は引き返して来て、席にかえった。兼通は首にかけた袋から安子皇后の書付を出して、

「これをごらん下さいますよう」

といって、差し出した。

円融はいぶかしみながら、見ると、紫の薄様《うすよう》の紙一かさねに、女手《おんなで》で前記の文面が書きつけられている。

「ああ、これは故宮《こみや》のご手蹟か」

と、いともなつかしげに眺めていたが、やがてその書付を持って奥へ入った。円融はこの時十四歳だ。六歳の幼さで死別した母后が切ないくらいなつかしかったにちがいない。また、孝道は時代の空気でもある。ご遺言の通りにしなければならないと思ったのも無理

はない。

兼通は従三位・権中納言でありながら、関白に任ぜられた。天禄三年十一月のことであった。この時兼通四十八、兼家四十四。

この翌年正月の除目《じもく》で、兼通は大納言をとびこえて正三位・内大臣となり、翌天延二年二月には右大臣・左大臣をとびこえて正二位・太政大臣に進んだ。

一方、兼家の方は全然昇進しない。兼通がさせないのである。これは次章に行ってくわしく説明する。

三

兼通はよほどに兼家がにくかったのであろう、極力兼家を冷遇し、それでも足りずに排撃しようとしている。ことは栄華物語にくわしいが、こうだ。

その一。

兼通はいとこの右大臣（実頼の子）頼忠と大へん親しくして、政務万端を相談してきめていたが、自分の後にはこの人を関白たらしめたいと思い、準備工作のために、これを左大臣に任命しようとしたが、当時左大臣の椅子は醍醐の皇子で源姓を賜わって臣籍に下っている源兼明によってふさがれていた。そこで、兼明を皇族に復籍させて親王として椅子をあけさせ、あとに頼忠を持って来たのである。兼通のこの無理な工作はひとえに兼家を関白にしたくないところからなのである。

その二。

兼通が関白であった六年間、兼家は全然官位が昇進していない。昇進しないどころか、ややもすればみかどに讒言《ざんげん》して貶黜《へんちゅつ》しようとしている。「自由になるものなら、遠い九州にでもうつしたいと思っておられるのだが、罪過がないのでそれが出来ないのである」と栄華物語は記している。

その三。

兼通の第《やしき》は堀川二条下るところにあり、兼家の第は三条烏丸東にあって、その間に閑院をへだてているだけなので、兼家の第に出入りする人のことが、つつぬけに兼通にわかる。

兼通は怒って、

「なにがしは東三条に追従《ついしょう》するのか！」

とののしるので、ついに人々は夜陰にひそかに訪問するようになったという。

その四。

兼通は自らの権勢をかためるために、関白になるとすぐ女の媓子《こうし》を円融の女御とし、翌年には中宮に立てた。兼家は失意の境遇にはあったが、これに対抗して次女の詮子《せんし》を女御として入内させようとした。すると、兼通は、

「あきれ返ったことよ。ちゃんと中宮がおわすのに、東三条では負けじと女《むすめ》を奉ろうとするのか。どうして万事につけ、まろを呪おうとするのであろう」

と、いつも言いちらした。兼家はついに中止せざるを得なくなった。兼通は兼家の栄達の途をすべてふさぐつもりであったのであろう。

その五。

兼家の長女超子《ちょうし》は前述した通り、先帝冷泉の女御であったが、貞元元年に皇子居貞《おきさだ》（後の三条天皇）を生んだ。円融の中宮に立てた媓子が四年立っても妊娠のけはいもないので、兼通は嫉《ねた》ましくもあったのだろう、円融に、

「東三条はおのれの姫に先帝のみこをもうけさせました。必ずやみかどのためによろしからぬ企てをいたしましょう」

と讒言したという。

その六。

これは栄華物語ではなく、大鏡にある話だが、兼家に親しくしている者が、ある夜、不思議な夢を見た。堀川院から東に向って矢を散々に射放ったところ、その矢が全部東三条

殿におちたという夢だ。

「不吉な夢よ」

とは思い、かねてなかの悪い堀川院の方から矢を射よこしたのだから、東三条殿の凶事を啓示している夢かも知れない、お知らせ申して用心をなしまいらせるべきであると思って、兼家にこれを告げた。兼家もいまわしく思って、夢判断をする者を呼んで、判じさせたところ、

「これは大へん結構な夢であります。世の中がこのご殿に移って、これまであのご殿に出入りしていた人々がそっくりそのまま、こちらに来る前知らせでございます」

と言ったというのだ。この夢判断は見事に的中したことになっているので、こしらえられた名人談くさいが、おもしろいから書いた。

問題はこれほどの憎悪がどうして生じたかということだ。記録にのこるところでは、とり立てて言うほどの事件はない。格別な事件がなくてこうだとすれば、長い年月、弟に先《せん》をこされつづけて来た口惜しさが積りつもってのこととしか思いようがない。兼通は陰湿で執念深い性格だったのであろう。

大鏡は兼通の性格を伝えるに恰当《こうとう》な話を記録している。当時は朝酒のことを卯酒《ぼうす》といっていた。これは卯《う》ノ刻《こく》（朝六時頃）に飲む酒という意味から白楽天からはじまったことば

なのだが、平安朝時代の宮廷人らは白楽天を大唐第一の詩人と崇拝していたので、その真似をして、卯酒と呼んで大いに朝酒をたしなんだのである。さて、この卯酒を用いるに、兼通はいつも殺したての雉《きじ》をさかなとしたが、その用に常に前夜から生きた雉を用意していた。何せ毎日一羽ずつ殺すのだ。世のうわさとなっていたが、あまりにも残酷なことなので、信じないものもいた。後に丹波守になった高階業遠《たかしなのなりとお》が家司《けいし》としてはじめて兼通の家に出仕した日の夜、兼通の沓《くつ》を入れてある櫃《ひつ》のそばにかしこまっていると、その櫃の中でことことと音を立てるものがいる。おどろきあやしみながら、闇にまぎれてそっとふたをもたげてみると、雉の雄鳥がうずくまっていたのでおどろいた。

「うわさに聞いていたことはやはりほんとであったのか。お年にも、ご身分にもふさわしからぬことをなさる」

とあさましく思った。その場はそのまま引き退《さが》ったが、人の寝静まるのを待って帰って来て、そっととらえてふところに入れ、堀川院の裏の冷泉院の築山にはなしてやった。雉はほろほろと鳴いて飛び去ったので、業遠は、えらい功徳《くどく》をしたと思ったと、後に人に語ったとある。

現代でも毎日一羽ずつ雉を殺し、その殺し立ての肉を食うとあっては尋常な心理ではない。当時はなおさらのことであったはずだ。大鏡の作者も、「殺生は殿原《とのばら》の皆し給うところであるが、これは全くひどいことだ」と批評を加えている。やさしい心根を欠いだ、人になつかしまれない性格であったことがわかるのである。

さて、兼家は兄のにくしみを受けて、数年の間官位もふさがり、不運な日をおくっていたが、貞元二年の、多分夏頃からであろう、兼通は病気になり、十月に入ると重態がつづき、十日頃には絶望状態になった。

深夜、——公卿補任によって多分十一日の夜だろうと推察するのだが、兼家は兄が危篤に瀕しているとの情報を得ると、早速、車の支度を命じて家を出た。

堀川院で、兼通はうつらうつらとしている、と、東の方から車の前駆《みさきおい》（警蹕《けいひつ》）をする声が近づいて来る。

「誰だろう」

病床のわきにいてとのいしていた公卿達がささやき合っていると、家司か侍かが来て、

「東三条の大将の殿がおいでになります」

と告げた。

兼通は聞いて、

「近年ずっと不和で来たが、さすがに兄弟だ、まろが危篤に陥ったと聞いて、見舞に来るのであろう。このあたり、見苦しからぬようにつくろいおけ」

ととり片づけさせて待っていると、車の音は前門を通りすぎてしまった。そのうち侍らが来て、

「お車は禁裡《きんり》の方に行ってしまいました」

という。

死を前にして心がなごみ、弟をなつかしくさえ思っていた兼通は、むらむらと怒りが燃えて来た。居合わす公家達にきまりも悪かった。

(来たならば、関白も譲ってやろうと思うていたに。おのれ弟め！　年来《としごろ》のなかの悪いも、おのれのその根性のゆえよ！　その儀ならば！)

と考えた。

「かき起こせ！」

とさけんだ。

人々がおどろき狼狽《ろうばい》していると、兼通はいきり立ち、

「車の支度させよ！　前駆の者共に支度させよ！」

と、立てつづけに命じ、衰弱し切ったからだを掻きおこさせ、装束をつけ内裏へむかった。

一方、兼家は、兄の死は自分の栄達とばかりに、参内し、清涼殿で円融に謁して、関白

にしてもろうことを請願していると、ふと物音がした。みかども兼家も何気なくふりかえると、昆明池《こんめいち》の障子《そうじ》のはずれから、幽鬼のようにやつれた兼通が「目をつづらかにして」立ちあらわれた。おちくぼんだ両眼を激怒にらんらんとかがやかせていたのだ。おどろいた兼家はつと立って、鬼の間の方に去った。

兼通はよろめきつつご前に来た。愚管抄によると四人に扶《たす》けられてとあるが、とにかくもご前に来てかしこまり、怒りに燃えた様子で、

「最後の除目《じもく》をいたすためにまいりました」

と言い、蔵人頭《くろうどのとう》を呼んで、関白には左大臣頼忠を任ずることにし、兼家から右大将・按察使《あぜち》等の官をはいで治部卿におとし、中納言済時《なりとき》を右大将にした。

以上は大鏡によったが、除目の時のいきさつは、愚管抄にくわしい。

兼通は、除目があると聞いて不思議がりながらも集まって来た人々に、ちょっとものを言って、

「東三条は奇怪の者である。右大将は召上ぐべきである。それについて、大将を希望の人はないか」

と高声にさけんだ。人々はただおそれて黙っていたところ、中納言済時は、ふと、こんな時でもなければ、まろらごときが大将になれる時はない、ものはためし、所望してみ

ようと思っていると、再び兼通が、

「大将所望の人はないか。あらば申し出られよ」

と言ったので、

「済時所望であります」

といった。兼通は執筆の者に、

「めでたし、めでたし、とく右大将に済時と書け」

と申しわたし、それで決定したというのである。

兼家の権勢欲もおどろくべきだが、兼通の憎悪と執念もおどろくべきものだ。これが兄弟なのだから、あさましさは一層である。もっとも、兄弟だからかえって憎悪が深刻になったと言えるのかも知れない。

兼通は第《やしき》に帰り、間もなく死んだ。五十三であった。

兼家は不平にたえず、長歌《ちょうか》をつくって、円融に献上している。その歌は大鏡裏書と拾《しゅう》遺《い》和歌集に出ている。だらだらとつまらない歌だが、官位停滞して悲哀にしずんでいる気持はわかる。円融はこれにたいして、

「稲舟《いなふね》の」

とだけ答えた。古今集にある「最上川のぼればくだる稲舟のいなにはあらずこの月ばか

り」をもって答えとしたのだ。この歌は序歌だから、上の句は意味がない、「いな」と言いおこすためだけのものだ。意味は下の句だけにある。そなたの不平と願望はよくわかるが、しばらく待てくらいの意味であろう。

四

兼家の運勢はこの頃がドン底であった。新しく関白になった頼忠は、伏見のお稲荷さんをおそれて冠なしには庭に出なかったというあのまじめな実頼の子だけあって、まじめな人物であった。摂政・関白は良房以来、参内する時も直衣《のおし》（上流公家のふだん着である）でする習慣になっているのだが、この人は必ず束帯につぐ礼服である布袴《ほうこ》を着用したし、みかどに奏上する時もしかるべき役人を中つぎにして申し上げたというのだから、謹直な人がらがわかる。こんな人なので、兼通に好意をもたれて、思いがけなくも関白をひろったことに恩義は感じても、兼家にたいする無理非道な憎悪までは継承しない。むしろ、兼家に同情して、翌天元元年の十月には右大臣にしてやった。

この翌月、兼家は女詮子《せんし》を円融の女御として入内させている。前に兼通にじゃまされてあきらめざるを得なかったのをむしかえしたのである。天皇も、関白頼忠も、彼の多年の不遇に同情していたので、こんどはトントン拍子に行った。詮子はこの翌々年、東三条殿で懐仁《やすひと》親王を生んだ。後に一条天皇となる人だ。

兼家は一応満足すべき運勢にいたわけだが、人の欲望にはかぎりがない。彼は頼忠にたいして不服を持ちはじめた。いやいや、この不服は今にはじまったことではなく、そもそもの最初からあったのかも知れない。というのは、現在頼忠のしめている関白の座は、もともとは自分の坐るべきものだったのだ。兼通がへんな策動をしなければ、長兄の伊尹《これただ》が死んだ時すでに自分にまわって来べきはずであった。それを兼通にさらわれたばかりか、兼通の悪意によって頼忠にまわされてしまったのだ。不平がなかろう道理がない。頼忠は親切にしてくれた。兄によって治部卿などというひくい官におとされた自分をいきなり右大臣にしてくれたし、詮子を女御とするにも好意を見せてくれた。だが、これらは親切は親切でも、関白を横どりされたことにくらべれば軽いものと言わざるを得ない。

彼は頼忠とせり合う気になった。

あたかも、円融の中宮媓子《こうし》が死んだ。兼通の女だ。頼忠は自分の女で円融の女御になっている遵子《じゅんし》を中宮に立てようと運動しはじめていた。遵子は頼忠が関白になってすぐ入内させたのだ。

これを見ると、兼家にしてみれば、遵子は関白の女であり、また詮子より一年早く入内しているが、子供を生んでいない、こちらは子供を生んでいるのだし、みかどとの血縁関係にしてもこちらの方が近いと考えたのであろう。

ところが、円融は遵子の方を中宮に立てた。円融には深い思案があったにちがいない。詮子はすでに子供を生むことが出来たが、遵子はまだ子供を生んでいない。中宮に立てられた時、当時の人が「素腹《すばら》の后《きさき》」とあだ名したと栄華物語にある。不妊女《うまずめ》だったのだろう。円融はこれをあわれに思ったにちがいない。

「詮子の生んだ親王（懐仁）はやがて皇位につくこともあろうから、詮子にしてもその父の兼家にしても、やがて華やかな目を見られるが、遵子の方はそうは行かぬだろう。せめて中宮にでもしてやらねばあわれだ」

という思案。

ところが、兼家は一刻《こく》に腹を立てた。

「みかどが当方より向うをいとおしんでおられるなら、こちらにも覚悟がある」

とばかりに、参内をやめた。自分ばかりでなく、子供らにも参内させない。詮子母子《おやこ》も東三条殿から出さない。円融にとっては懐仁は最初の子だ。可愛くないはずはない。度々見たいと言って来たが、兼家は病気その他を言い立てて御所に上げない。みかどから毎日お使いが来て、消息《しょうそこ》をとどけるが、それにも二三度に一度くらいしか返事を出させなかった。

懐仁が三つの秋、袴着《はかまぎ》の式を行なうことになったが、兼家はここでもいやがらせをして、東三条殿でとり行なうと言いはった。

円融が宮中で行ないたいと主張し、嘆願までしたので、兼家は渋々命を奉じたが、円融が久しぶりの父子の対面をよろこんで、抱いて離そうとしなかったほどであったのを、三日間宮中にとどめただけで、四日目の夜明けにはさっさと母子とも連れかえってしまった。

二年立って永観二年七月、例年の通り相撲節会《すまいのせちえ》が行なわれるので、円融は親王も五つになったのだから、見せたら喜ぶであろうと、この旨を兼家に伝え、相談のために参内してくれるように招いたが、兼家は風邪を申し立てて参内しようとしなかった。円融は追っかけ使者を出し、

「他に重大な用談もある故、ともかくも参りくれるよう」

と申し送った。さすがに拒《こば》みかねて、参内すると、円融は人を遠ざけ、

「まろは位についてから十六年になったので、そろそろ退位したいと思っている。すぐにもと思うが、今月は相撲節会があってかれこれと多事であるから、来月になったらその運びにしたい。そして東宮（師貞）が位に即《つ》かれたら若宮（懐仁）を次の東宮に立てるつもりでいる。このまろの心を知らんで、そなたはまろに不平を持っているようだが、まこと

に残念だ。若宮はまろにとっては最初の皇子《みこ》だ。また最もいとしく思っている詮子の所生だ。どうしておろそかに思おうぞ」

と言った。

はじめて円融の心を知った兼家は恐縮し、またよろこんで退出し、詮子にも告げ、相撲節会見物の支度にかかり、当日は一門の者のこらず花やかに着飾って列席した。

「この家の子の公達《きんだち》、いみじうえも言はぬみ気色《けしき》どもなり、さて相撲などにも、この公達参り給ふ。おとどのみ心のうち晴々しうてまじらはせ給ふ」

と栄華物語は記している。

かくて、円融は約束した通り、八月二十七日退位した。年二十六。東宮師貞親王が即位した。年十七。花山天皇である。同時に懐仁親王が東宮に立てられた。わずかに五歳。

新しいみかど花山は好色精神旺盛な人であった。古事談の王道后宮篇に、「花山院御即位の日、右馬の内侍《うまのないし》、褰帳《けんちょう》の命婦《みょうぶ》となる。進奏の間に、天皇高御座《たかみくら》の内に引入れしめ給ひ、忽《たちま》ちもつて配偶《まぐは》ひたまふ云々」とある。神聖厳粛なるべき即位式の最中に、こんなことをするとは、信ぜられないことだが、花山が相当以上に好色であったことは、これから書くところでわかるはずである。

もっとも、この即位式の時のことは、次のような解釈もある。一体日本の天皇の即位式は大嘗祭《だいじょうさい》と食っついている。大嘗祭は新嘗祭《にいなめのまつり》だ。つまり農耕祭礼である。農耕祭礼に性的の行事があるのは世界共通の事象だ。日本古式の即位式では帳《とばり》につつまれた高御座《たかみくら》の中で性的行事が行なわれることにきまっていたのではなかろうか、ただ花山の場合はあせって早く行ないすぎたのが異例というにすぎないのではなかろうかという解釈。

さて、花山の好色は即位するとすぐあらわれた。「おん心おきてもいみじう色におはしまして、いつしかとさべき人々のおんむすめども気色《けしき》だちてのたまはす」と栄華物語にある。心の持ち方が好色で、女御を奉るのをお待ちかねの風で、上流の公家達の家に年頃の姫君がいるとお知りになると、しきりにうわさをなさるくらいの意味であろう。

この花山に最初に女《むすめ》を奉ったのは関白の頼忠であった。先帝円融の中宮遵子の姉にあたる諟子《ていし》を女御として入内させた。諟子は美人ではなかったので、頼忠も姉妹の順をふまないで妹の方を先帝にたてまつり、諟子は家にのこしておいたのである。諟子もまた自分の器量の悪いのを恥じて、家に仕える者にも出来るだけ顔を見せないようにしていた。「仕《つこ》うまつる人にも、七八年にならぬかぎりは、見えさえ給ふことかたし」と栄華物語は記述している。性質もおとなしかったのであろう。家の栄えを次の代にも持ちつづけようとすれば、わが家の娘に皇子を生ませる必要がある。他に年頃の姫君がいなければ、こんな醜い姫君でも用に立てないわけには行かないのである。

迷惑であったのは花山だ。醜い姫君をおしつけられて不満でいたが、多分近侍の若い殿《てん》上人《じょうびと》あたりから聞いたのであろう、村上天皇の皇子で式部卿である為平《ためひら》親王の姫君婉子《えんし》が非常に美しいと聞いて、毎日のように艶書《えんしょ》を送る。為平親王だって栄達をもとめていることは藤原氏の公家達とかわるところはない。やがて、婉子を献上する。花山は夢中になって愛した。

かと思うと、兼通の三男でこの頃近衛大将であった藤原朝光《ともみつ》の女姚子《ちょうし》が美しいことを誰かに聞いたのだろう、ある時にわかに朝光に、

「そなたの姫君をまいらせるように」

と所望した。朝光は、東宮にまいらせようにもまだご幼年だ、年が合わぬ、ご所望のあったのを幸いにみかどにたてまつった方がよかろう、と思案して献上した。姚子は非常な美人であったので、「みかど、さまあしくときめかし聞こえ給ふ」と栄華物語にある。体裁が悪いほど、外聞が悪いほど、見ている方がきまりが悪くなるほどご寵愛になったといった気味合いの表現だ。

このために、諟子はいうまでもなく、あれほど気に入っていた婉子さえ召すことがなくなった。婉子の口おしさは言うまでもない。御所を退ってしまおうとまで決心した。

すると、花山はこんどはせっせと婉子を召し、時には出かけて行って、一月ほどもごき

げんを取ったので、婉子のきげんはなおった。

これでこちらは一応おさまったが、それ以来花山は姚子を召すことがふっつりとたえてしまった。召さないばかりか便りさえしなくなったので、姚子は居たたまらず禁中を退ってわが家にかえったが、花山はそれすら気がつかない風であった。

栄華物語は、ここでいかにも女性らしい筆づかいを見せている。「今は朝光の大将も禁中へまいれば胸が痛いとて、お家にかきこもり暮された。後の世の言い伝えにもなるべき不思議な話である。一時はあれほど世に超えてご寵愛があつかったのに、かようなことになったのは、女御のご継母が呪詛《じゅそ》されたのではないか、そういえば、みかどのご座所から女御のお住いへの通い路《じ》の打橋《うちはし》に妙なお符《ふだ》が打ってあったなどといううわさまで立った」と書いている。

そのくせ、花山はなお新しい姫君たちに思いをかける。大将藤原済時《なりとき》の姫君娍子《しゅうし》と、兼家の弟大納言藤原為光の姫君忯子《きし》との美貌を聞いて、両方に日夜に艶書をおくったのだ。

済時は朝光の姫君姚子の先例があるので、花山の浮気を不安がってはかばかしい返事をさせない。為光も同じだ。為光はつつましやかな人がらである上に、早く北の方を先立てたので男手で子供達を育てて来て、子供達にたいする愛情も一しお深く、姫君を家の栄えの道具にしようなどという考えはさらになく、これまたはかばかしい返事をさせないでいると、交渉は意外なところから来た。

中納言藤原義懐《よしかね》は帝の生母懐子の兄で、帝にとっては外伯父であるところから、信任を受け、この時の朝廷の政務を実際に処理しているのは、関白頼忠でもなければ、左大臣源雅信《まさのぶ》でもなく、右大臣兼家でもなく、この人であったが、その北の方は為光の長女であった。花山はこの義懐を介して交渉をはじめたのだ。為光はついに拒みかねて、忯子をたてまつることにした。

為光は忯子を大へん愛していた。彼には四人の姫君があり、長女は義懐の北の方、次女が忯子、そのあと二人あったのだが、四人の中では忯子とその次が最も美しかったので、とりわけ鍾愛《しょうあい》して、

「女はみめかたちが美しくなくては」

と口ぐせのように言っていた。

為光は「いとおどろおどろしきまでにて参らせ給へり」とあるから、きらをつくしてかざり立てて入内させたのだ。

花山の喜びは一通りではない。弘徽殿《こきでん》を住所としてあたえたが、これまでのどの女御達も比較にならないほど愛した。為光はよろこんだが、花山の飽き易い性質を知っているので、この寵愛がいつまでつづくかと不安であり、祈禱や修法《ずほう》をひまなく行なわせた。忯子

にたいする体裁の悪いほどの花山の寵愛の厚さを見ても、他の女御達はたかをくくってい た。れいのお心、やがてつきもののおちたようにお冷めになるにきまっていると、冷静に 見ていたが、花山の寵愛が一向さめず、いつまでもつづくので、あわてた。

「こんなことは今も昔もうけたまわらぬ不思議なこと、しかし、亢《のぼ》りつくした竜には悔《くい》が あり、満は損を招くとのたとえもあります。今にろくなことはありませんぞ」

と聞きにくい呪わしいことを言う人もあった。

間もなく、忯子は妊娠した。花山の寵愛は一層ました。たとえば果物など食べると、

「先《ま》ず弘徽殿に持ってまいれ」

とつかわすほどであった。

女御達が妊娠すると、三月目に内裏《だいり》をさがって実家にかえり、出産の日を待つのが当時のならわしになっていたのだが、花山はそれを許さず、五月になるまでとどめておいた。花山としてはなおとどめておきたかったのだが、世間でもよく言わないし、忯子のつわりがいつまでもつづいて、まるで食欲がなく、衰弱がひどくなって行くばかりなので、いたし方なく許したのであった。

実家では忯子の衰弱がひどいので、おどろきあわて、治療にもつとめ、加持・修法にも遺漏はなかった。花山の方でも、大がかりな修法をいくつも行なわせ、内蔵寮《くらづかさ》から色々

な財宝をとり出しては忯子の許にとどけてやるのだが、思いつくと夜も昼もなく使いをさし立てたので、殿上人や蔵人《くろうど》も難儀がった。少しでもぐずつくようであると、殿上のみ簡《ふだ》を削って昇殿をとどめたというから、きつい話だ。「おんかしこまりなど、様々おどろおどろしければ、さても六位の蔵人などはいとよしや。さるべき殿原の公達などはいとたへ難きことに思ふべし」と栄華物語にある。お咎《とが》めなどいろいろときついことであった、六位の蔵人などは元来の身分がそう高くないのだから、がまんも出来たろうが、家格の高い家の生まれの若君達にはたまらないことであったというのである。

このようにされても、忯子の容態は一向よくならない。まるで食欲がないのだ。花山はこれを内裏で聞いて、恋しさがつのり、為光に、

「唯宵のほど」

と文をつかわした。宵の間だけでよいから、一目会いたい、参内させてくれないかという意味である。

為光は気が進まなかったが、忯子はこれを聞いて、お会いしたいと言う。為光はしかたがない、せいぜい一両日だけのことと思って、参内させた。

花山は大喜びだ。他の女御やそのおつきの女房らがねたましがって悪口を言うのもかまわず、自らさしずして弘徽殿の掃除やしつらいをさせたが、やがて忯子が来ると、夜も昼

も食事もせず、「入り臥《ふ》させ給へり」というのだから、たれこめて共臥《ともぶ》ししたのだ。「浅ましう物狂ほしとまで、内のわたりには申し合へり」とある。あきれかえったものだ、狂気じみていると、宮中の者が言ったという意味だ。たしかに狂気じみたことにはちがいない。病みやつれて、細々と魂《たま》の緒をつないでいるような忯子をかき抱いて寝ているというのだから。雨月物語の世界だ。しかし、こうまで思いつめ、はげしい恋情にとらわれている花山はあわれであると言えないことはない。

大鏡は、忯子は元来洒落《しゃらく》な明るい性質の人であったのに、ものがなしげで、痛々しい感じになって泣いてばかりいたので、花山も泣きつ笑いつ涙にしずんだと叙述している。

三日目に為光の家から迎えの人数が車の用意をして来たが、花山は帰宅を許さない。

「もう一夜、もう一夜」

とねだって七八日にもなった。つい為光が自ら迎えに来て、

「みかどが姫をいとおしみ給ふ大御心《おおみこころ》は親としてこの上なくうれしいことでありますが、妊娠中の謹慎の点も、宮中にとどまったままでいては、他人がどう思いますやら、外聞のほどもうしろめたくございます。一先《ひとま》ずおいとまを賜わりとうございます」

と情理をつくして説得した。花山もついに泣く泣くゆるして、輦車《てぐるま》にのった忯子の姿が見えなくなるまで見送っていた。

この参内は忯子の容態をどっと重らせた。実家に帰ると、もう枕さえ上らなくなり、間もなくはかなくなってしまった。妊娠八カ月目であった。為光のなげきは言うまでもないが、花山のなげきも言いようもないほどだ。簾《すだれ》や帳《とばり》をたれた居間にこもって、声もおしまず泣きむせぶのが、物狂おしいほどであった。花山の乳母達が、

「そんなにおなげきになってはなりません。外聞が悪うございます」

といさめたが、聞きいれず、一途《いちず》のなげきに身も世もない風であった。

葬式には、花山は特に親しくしている公卿・殿上人を参列させたが、自分ではそれに参列することの出来ないのを悲しんで、終夜寝もせず、物思いにふけっていた。

葬儀はすんだが、花山の悲しみは日を追うてつのるばかりで、いつも涙ながらに写経ばかりしている。中陰も過ぎたが、他の女御達を召すこともなく、ひとり寝をつづけていた。忯子をのぞいては婉子がお気に入りだったので、近侍の殿上人らが、お召しになっては、とすすめることもあったが、

「おん心地なやまし」

など言って、召さない。気分が悪くてその気になれないというのだ。

花山のなげきのうちに年が暮れて、寛和二年になると、不思議なことばかりあって、正月から世の中が平穏でなかったと、栄華物語は言う。日本紀略によって検索してみると、

正月十八日に左京の一条大路以南、中御門《なかみかど》の以北数町が火災で焼けている。二月十六日に太政官正庁の戸内に虹が立ったのでうらないしている。六月十九日に伊勢神宮の斎宮済子内親王が滝口伺候の武者平致光《むねみつ》と密通しているという風聞が立って、神祇官《じんぎかん》に命じて祭文を奏せしめている。以上が日本紀略から検出したところだ。

栄華物語にはまた、この年のいつ頃からか道心をおこして法師や尼になることがはやり出したともある。これも日本紀略を参照すると、四月二十二日に大内記・従五位下慶滋保《よししげやす》胤《たね》が出家している記事が見える。保胤は儒者で文章にかけては当時の第一人者であった。入道して寂心と号し、今昔物語によると、空也上人の弟子となり、奇行ある生涯を送ったとある。栄華物語の記述と対照して考えると、彼の出家は当時の流行によったことがわかる。

いろいろな変異にたいしては、当時は必ず卜筮《ぼくぜい》して、それが何のためのさとしであるかをつきとめることになっている。天皇は最高責任者だから、こんな場合は必ず、「天子重きおんつつしみ」ということになる。花山は物忌みがちな生活を送らねばならなかった。そこに、出家の流行だ。しかも、その出家した中にはかねてよく知っている慶滋保胤もいる。悲しみに沈んでいる花山には相当強い衝撃となったであろう。仏道に心が向いて、おりにふれては、

「弘徽殿はあんなに美しい人であった故、知らずして罪を造っていることも多いであろう。さぞやあの世に行って苦患《くげん》しているであろう。まろはどうにかして、その罪障を消滅させて成仏《じょうぶつ》させたい」

と思うようになり、時々、大集経中の「妻子珍宝及王位、臨命終時不随者、唯戒及施不放逸、今世後世為伴侶（妻子も珍宝も王位も、生命終る時に臨んでは随えることは出来ない、ただ戒と施と不放逸とだけは、今世にも後世にも身に伴うて離れない）」という文句を口ずさむようになった。

関白の頼忠と花山の伯父の義懐中納言とは、仏法尊重は当時の紳士・淑女のたしなみだから、一応ありがたいお心と思いはしたが、天皇の尊位にあり、しかもまだ若い身でありながらと、いまわしくも思い、おりにふれては諫《いさ》めていた。しかし、花山の心は厭世的になって行くばかりであった。

五

花山のこの道心をひそかによろこんだのは兼家だ。花山が退位すれば、女詮子が円融によって生んだ懐仁《やすひと》が即位することになるのだ。兼家としては一日も早くそうなってほしいところであるのに、彼は当時五十九であった。今日では老年というほどの年ではないが、三十・四十で賀の祝いをした時代だ。相当な老年といってよいのである。おまけに彼の父師輔は五十三、長兄伊尹は四十九、次兄兼通は五十三で歿している。父兄よりずっと生きのびているのだ。大いにあせる気持があったにちがいない。彼は花山の道心に乗じて、これを退位に追いこむことを考えた。

彼の次男道兼は蔵人兼左少弁として、いつも花山に近侍していたが、これを呼んで、ともに策をねった。おそらく、こんな工合だったのではないか。兼家は道兼に花山の近況を聞いたろう。道兼は花山が弘徽殿の女御の死をかなしみ、世の無情を感じ、仏くさいことばかり言っていることを語ったろう。兼家は黙然として聞いて、言ったろう。

「どうだの、ご出家のご意志はないようかの」

「さあ、よほどに浮世をきらっておわすことはたしかですが……」

「みかどがご出家なさると、東宮がお立ちになるわけだな」

道兼はハッとし、父の考えていることが鏡にかけて見るようにはっきりとわかったろう。

「それはそうなります」

「まろも年だ。東宮のご即位を見んで世をまかることになるかも知れんな」

そこからいろいろと話がほぐれて行き、くわしい策を練ったろう。

その相談の結果、まとまった策は、元慶寺《がんきょうじ》の厳久《ごんきゅう》阿闍梨《あじゃり》を花山のお伽僧《とぎ》とし、道兼とともに、花山の心を出家遁世の方へ誘導して行こうというのであった。元慶寺は花山寺《かざん》ともいい、宇治郡山科の北花山にある寺だ。厳久の後のしわざを見ると、兼家のひいきにしている僧であったのではないかと思う。栄華物語は、花山天皇が気に入って常に召して経を誦《よ》ませたとあって、別段兼家の方からさし向けたようには読みとれない書きぶりをしているが、もしそうなら、兼家は利をくらわして籠絡したのであろう。

ともかくも、厳久はおりにふれては、この世の厭うべきことと、出家の功徳とを説く。ついに花山は心を動かした。すかさず、道兼は、

「上《うえ》がご出家遊ばしますなら、まろもお供して出家いたします」

と言う。

「そなた供してくれるか、忠志のほど生々世々《しょうじょう》に忘れぬぞ」

と花山はよろこんだ。そして厳久に導師となることを頼むと、厳久は承諾し、花山の発《ほっ》心《しん》を賞讃した。愚管抄にはこの時厳久が言ったであろうことばを推察して書きつらねているが、長文にわたるから省略しよう。

三人は時機を待っていたが、ついに六月二十二日の夜、内裏をぬけ出した。厳久と道兼とが供をして同じ車に乗って出た。

古事談によれば、内裏を抜け出す時、花山は道兼と厳久を従えて貞観殿《じょうがん》の方に向った。ここの高窓から脱出することに計画がきまっていたのであろう。おそらく、いつも人気《ひとけ》のとぼしい場所であったと思われる。その高窓の際《きわ》に立つと、空には二十二日の月があって、隈なく庭を照していた。二十二日の月が出ているのだから、夜半を過ぎている。あまりに月が明るかったので、見とれていたのか、人目にかかることをおそれたのか、花山はしばし凝立していたが、月が雲にかくれると、

「わが願ひすでに満つ、衆望また足れり」

と朗詠の句を誦《ず》して、ひらりと高妻戸から飛びおりた。つづいて道兼も厳久も飛びおりた。

そこから北の陣をさして進んだが、花山はふと立ち止まると、一足二足引きかえそうとした。道兼は袖をひかえた。

「いかがなされました」

「あまりにとり急いで、弘徽がかたみの手蹟をわすれて来た。取って来たい」

「これまでどんな工合に説経をお聞きでございましたか？　そういうところについ成道《じょうどう》のさまたげが出てまいりましょう」

と空泣《そらな》きして言ったというのが大鏡の記述。

「もう剣璽《けんじ》が東宮の方に渡御してしまいました。お引きかえしあっても、間に合わぬことでございます」

ときめつけたというのが古事談の記述。

愚管抄では、花山が足をとめて、もう一ぺん考えてみようと言ったのにたいして、道兼がこう言ったことになっている。

弘徽殿のかたみの手蹟を忘れたからとりに行こうといったのも事実であろうし、もう一度考えなおしてみようと言ったのも事実であろう。いざとなって、躊躇する花山の心理がよく出ている。

兼家の用意は周到であった。大鏡に、「さるべきおとなしき人々、なにがしかがしといふいみじき源氏武者《むさ》たちをこそ、御送りにそへられたりけれ」とある。子分の公家と武士とを待機させておき、これに一行を守護させたというのだ。市内はかくれてひそかに、鴨川の堤のへんから立ちあらわれて守護したともある。もちろん、内裏で気づいてとりかえしに来たら撃退するためである。

この時の源氏武者は、思うに清和源氏の嫡流で、当時無双の武勇者として世におそれられた頼光・頼信らが総出であったろう。先きに行ってわかってくるはずだが、頼光は兼家の家人《けにん》、頼信は道兼の家人になっている。

古事談と愚管抄には、こうして天皇が内裏を出るとすぐ兼家が東宮御所にやって来て、諸門をかためて出入を禁じたとある。

やがて、内裏では宿直《とのい》の蔵人が天皇の不在を知った。大さわぎになった。

「殿上人・上達部《かんだちめ》、あやしの衛士《えじ》・仕丁《しちょう》にいたるまで、残るところなく火をともして、到らぬくまなくもとめ奉るに、夢にもおはしまさず。太政大臣より初め、諸卿・殿上人のこらず参り集まりて、壺々（建物にかこまれた中庭）をさへ見奉るに、いづこにかおはしまさむ」

と、栄華物語にある。

太政大臣頼忠まで来て、一室ごとに、壺庭ごとにさがしたが、どこにおられようはずがあろうか、行ってしまわれたものを！　という意味である。

先例もないいまいましいことだ。人々はただあきれまどった。中にも天皇の伯父である中納言義懐《よしかね》と、義懐の政治上の同志である左中弁藤原惟成《これなり》とは、賢所《かしこどころ》の守宮神《すくじん》（宮殿や役所等を守る神）の前に伏しまろんで、

「わが宝の君（大切な君）はいづこに失せ給ひしぞや」

と、伏しまろび泣いたと、栄華物語は伝える。

一方、花山の方は、山科の元慶寺につくと、厳久は早速花山を本尊仏の前にすわらせ、

戒を授け、髪を剃りおとし、「入覚」という法名を授けた。

次に道兼の番となった。すると、愚管抄と古事談によると、道兼は、

「今この場になって、ふと思い出したのでございますが、まろはもう久しく父に会っていません。出家の前にかわらない姿を父に見せてからにしたいと存じます。もしこのまま出家してしまいますと、不孝な身になります。それでは、三宝《さんぼう》も受入れて下さいますまい」

といって立ち去ったので、天皇は、

「いかにわれをすかしつる」

と言ったという。あざむかれたことを知ったのである。

夜が明けてから、天皇のおいでになる所がわかったので、義懐中納言と惟成左中弁とは、元慶寺に駆けつけた。

「そこに目もつづらかなる小法師にてついゐさせ給へるものか」

と、栄華物語は記述している。簡素だが、情景目に見えるような名文だ。

「みかどはいづくにおはす」

とせわしく寺僧らに問い、案内されて奥へ通ったへやに、青々とした頭の若い小柄な坊主が、墨染の法衣をまとい、うずくまるように背をかがめ、目をまるくして二人を仰いでいる、よくよく見ると、それが天皇であったので、あっとおどろいたという経過が、この

短い文章に生き生きと感ぜられるのである。

六

こうして、兼家の策謀は見事に成功して、ここに懐仁《やすひと》親王即位となる。一条天皇である。年わずかに七歳である。頼忠は関白を停められ、兼家が摂政となった。同時に氏ノ長者となり、さらに随身兵仗を供せられ、従一位に叙せられた。彼には道隆・道兼・道綱・道長の四子があったが、これらも皆それぞれに官位昇進したことが、公卿補任でわかる。道隆は非参議・右中将・春宮権大夫・従三位であったのが、七月二十日に正三位になり、二日後には従二位になっており、道兼は十月十五日に従三位、十一月二十二日に正三位になっている。道綱と道長の名はその年の条には見えないが、翌年の条に見える。道綱は従三位・右中将もとの如し、道長は従三位・左京大夫もとの如しとある。この時は兼家は准三后となり、道隆は権大納言・正二位であり、道兼は権中納言・正三位だ。

ともあれ、これまでは基経の系統はすべて同じように栄えていたのだが、この時からこの兼家の系統だけが栄えることになり、中ノ関白道隆、粟田ノ関白道兼を経て御堂《みどう》関白道長に至って絶頂の盛《さかり》をきわめるのである。

一条の即位があって間もなく、一条の生母詮子は皇太后に立てられ、これまでいた東三条殿から内裏に入ることになったが、その時、おもしろいことがあった。藤原公任《きんとう》は前関白頼忠の長男だ。才気抜群で、その撰した和漢朗詠集は後世長く教養の書となって現代におよんでいるが、この時代でも教養の書として賞翫《しょうがん》されている。彼の才芸を物語る話がある。この年の秋のことである。円融法皇が大堰《おおい》川に詩・歌・管絃の三船を浮かべて遊宴したことがある。公家さん達はおのおのその得意とするわざの船にのるわけだ。古事談によると、公任はこの時次々に三船に乗ったというので、人々は彼のことを「三船の才あり」と嘆称したというのだ。

異説もある。これは円融法皇の御遊《ぎょゆう》の時ではなく、道長が大堰川に遊宴した時のことで、道長が公任に、

「おことはいずれの船になさる」

といったことになっている。どの船に乗ってもりっぱに才能を発揮し得るという含みだ。いずれにしても、「三船の才」といわれるようになったのだ。

この時、公任のよんだ歌は、

朝まだき嵐の山の寒ければ
紅葉の錦着ぬ人ぞなき

というのだ。つまらん歌だが才気はうかがわれよう。

以前関白頼忠の女遵子と兼家の女詮子とが中宮争いをして、遵子が立てられた時のこと、その内裏入りにあたって、行列が東三条殿の前を通った。公任は妹の立后であるから、騎馬で供奉《ぐぶ》していたが、得意の情にたえられなかったのであろう、馬をひかえ、門内をかえりみて、

「ここの女御はいつ后《きさき》に立ち給うのであろう」

と言った。これを聞いて兼家をはじめ皆腹を立てたが、すでに詮子が男宮《おとこみや》(懐仁)を生んでいることとて、

「得意になってやくたいもないことを言うものじゃ」

と胸をさすってこらえた。

しかるに、今懐仁が皇位に立ち、詮子がその生母として皇太后に立てられることになった。公任はこの日の役人のひとりとして奔走していたが、ふと行列に供奉している女官の車から扇を出して公任をさしまねくものがあった。

「やや(もしもし)、物申さん」

と呼びかける。

何事であろうと、近づくと、すだれの下から進《しん》ノ内侍《ないし》が顔を出して、

「おん妹の素腹《すばら》の后《きさき》はどこにおわしますか」

と言ったという。大鏡にある話だ。

一栄一落に露骨に得意になり、みえもなくしおれかえった当時の公卿らの生態がよくわかるのである。権勢の獲得に死力をつくしたはずである。

詮子が皇太后に立てられてから十日ばかり後、居貞《おきさだ》親王が皇太子（後の三条天皇）に立てられた。やはり兼家の女超子が冷泉天皇の女御として生んだ方である。天皇は七歳の幼帝、皇太子は十一であった。栄華物語では奇異なことのように書いてあるが、権臣の都合で皇位が定められるのであれば、こんなことも不思議ではない。ともかくもこれで兼家の家の栄えは次の代まで磐石《ばんじゃく》の上にすえられたわけであった。

兼家が摂政になった翌々年の永延二年八月十六日に、彼は新たに営んだ二条京極の第《やしき》で、大いに公卿さん達を呼んで宴をひらいているが、「会する者詩句を誦し、歌曲を唱し」、また河陽《かや》（今の山崎）の遊女等が群集して盛況をきわめた、この遊女達に纏頭《はな》として兼家のあたえたのが絹四十匹、米六十石であったと、日本紀略にある。またこの時、東宮ノ大進《だいしん》源頼光が名馬三十匹を兼家に献上したとも書いてある。東宮ノ大進は従六位相当官だ。廷臣としては微官といってよい。それがこんなはでなことが出来るのだ。親分のお祝いだから、頼光も大いにはずんだにはちがいないが、それにしても当時の武士の富力のほどがわかるのである。もちろん、これは荘園制度のためである。

この翌年の永祚《えいそ》元年に太政大臣頼忠が死んだので、兼家がそのあとを襲った。この頃は太政大臣より関白がえらいことになっているのだが、やはりきまりはきまりだから太政大臣にならなければかっこうがつかなかったのであろう。

翌年永祚二年の五月五日、兼家は太政大臣と摂政とを辞している。朝廷ではあらためて関白に任じた。これはもののけにたたられて、病気になったためだと栄華物語にある。彼は前々年に新築した二条院に住いしていたが、病気になったので、一族の人々は修法《ずほう》・祈禱のかぎりをつくした。栄華物語は、この兼家にとりついたもののけだけでもおそろしいのに、この院はとくに物のけが多く、人々は身の毛をよだたせておそれ、兼家に転居するように言ったが、兼家はここが気に入っていて、なかなか承知しなかった、しかし、あまり病苦がひどいので、ついに我《が》をおって、東三条殿にかえったと書いてある。

こうした場合、もののけがついているかどうか、ついているならどんなもののけかを知るのは、すべて巫《みこ》による。今日でも一部にある口よせのイタコなどそのなごりであるが、巫《みこ》が音楽や修法などにせめ立てられて精神錯乱の心理になって、無意識に口走るのを、もののけのことば、怨霊《おんりょう》のことばと、当時の人は考えたのである。

この巫にたいする信仰が当時さかんであったことは、平将門伝でのべたが、とりわけこの兼家はそれにたいする信仰が厚かった。彼の信仰していたのは賀茂ノ若宮（別雷神《わけいかずちのかみ》）が憑《つ》いているといわれていた巫で、いつもうつ伏して託宣したので、「うちふしのみこ」と世間ではいっていた。兼家はこれを信仰して、何か伺いを立てたい時には、新しく仕立てた衣冠を着せ、自分のひざを枕にさせて聞いたと、大鏡にある。この時の巫もこの「うちふしの巫」であったろう。あるいはこの巫が賀茂ノ若宮の託宣として、移転をすすめたのかも知れない。

兼家の摂政辞任は五月五日のことであり、即日関白になったが、八日にはこれもまた辞任して入道し、如実と名のり、長男の道隆を関白とし、氏ノ長者とした。

この時のこととして、こんな話が伝わっている。兼家の次男道兼は、花山天皇を出家させるについて大いに働いているので、自分こそ次の関白に任ぜられることと信じていたので、おそろしく腹を立てた。

彼の容貌・性質は栄華物語に精写してある。

「おん顔色悪《あ》しう、毛深く、ことのほかに醜くおはするに、おん心様《こころざま》いみじうらうらうしう（老練で）、雄々しう、けおそろしきまで煩はしう（細心で）、さが無う（意地悪く）おはす」

とある。刻深《こくしん》な感じがよく出ている。

道兼は以後父のところへ出入りもせず、憤々としていたところ、家人《けにん》の源頼信は昂然として、

「わが君を関白にし奉るために、中ノ関白（道隆）をおれが殺そう。おれが刀を引きぬいてあの御殿に走り入るなら、何者の防ぎ得る者がいようぞ」

と言った。これを聞いて、頼信の兄頼光はおどろいてとめた。

「それはやめるがよい。第一には必ず殺し得るとはかぎらぬ。第二にはたとえ殺し得ても、その罪過がおよんで、主君は関白になれないかも知れない。第三にたとえ関白にし奉ることが出来ても、先方でも報復を考えるであろう。とすれば気をつけてご守護せねばならんわけだが、一生の間お守護することは出来ることでない。やめるがよい」

これは古事談にあることである。当時の武士の殺伐な気風、主君と仰ぐものにたいしての理否を問わぬ犬のような忠義心、よくわかる話である。

関白を辞して入道した翌々月、永祚二年七月二日、兼家は東三条殿で死んだ。年六十二。法名法興院。あれほどのことをして摂関になってから満四年目だ。はかないものであった。

この兼家の死にあたって、道兼はなお怒りをとかず、喪にも服せず、暑熱のきびしいにことよせてすだれなども上げわたし、念仏《ねんぶつ》・誦経《ずきょう》などもせず、友人らを呼び集めて、歌会などして、少しもかなしむ色がなかったと、大鏡は書いている。

五年にして道隆が死んだので、道兼は待望の関白になることが出来たが、わずか七日で死んでいる。これはまたはかないかぎりだ。どんな気持で死んで行ったろう。彼らの権勢欲のすさまじさを考えると、この疑問がむらむらと湧いて来ずにいない。時の人、「七日の関白」とあだ名したという。

当時の廷臣らの権勢にたいする欲望の熾烈さは、われわれの想像を絶する。従ってそのための苛烈な競争や、敵手をおとしいれるための深刻な陰謀等は、そうめずらしいことではないが、天皇をだまして出家させるようなことをしたのは、兼家一人である。悪人伝に入る資格は十分にあろう。

北条政子

伊豆の北条氏は桓武平氏である。平貞盛の子維将《これまさ》の末だ。維将から数伝して時家に至って、伊豆権守《ごんのかみ》伴為房の聟《むこ》となり、伊豆の北条に住んだので、北条を氏とした。政子の父時政は時家の孫である。現在の北条は狩野川《かのがわ》右岸の狭い地域になっているが、曽我物語に北条郡とあるところを見ると、ずいぶん広い地域であったのであろう。とまれ、時政の代となっては伊東の伊東祐親《すけちか》とともに、最も大きい伊豆の豪族となっていたようである。

政子は時政の長女として、保元《ほげん》二年に生まれた。彼女の四つの時、後に彼女の夫となる頼朝は十四歳で、蛭《ひる》ヶ島に流されて来た。

蛭ヶ島も狩野川右岸の地で、北条と隣接している。あるいは北条の域内であったかも知れない。頼朝の時代すでに島ではなくなっているが、そのはじめは狩野川の川中島であったから、島という名がのこったのであろう。

頼朝がここに流されたについて、時政は伊東祐親とともに、平家から頼朝の監視役を命ぜられた。両家とも東国の武士のご多分に漏れず源氏の家人《けにん》であったのだが、時の勢いはせん方がない。

「かしこまりました。変ったことがありましたら、何にまれ直ちにご報告し、決して包みかくしはいたしません」

と誓って、厳重な監視をつづけた。頼朝は流人《るにん》の生活をつづけること二十年にわたったわけだが、最初から、平氏を討って家を再興しようという心があったかどうか。後年の彼を見ると、ずいぶんねばり強い性格であり、恩怨《おんえん》ともに忘れぬ執拗さがあり、冷酷なくらい理性的であるようであるから、心ひそかに復讐の刃《やいば》をといでいたとも思われるが、平家は全盛をつづけており、自分の同族は見るかげもなくおちぶれて、わずかに同族としてのこる武田・一条・新田・足利・佐竹らは平家の鼻息をうかがって、なるべく目立たないように身をすくめている状態だ。理性的な性質だけに、とうていなる角力《すもう》ではないと考え、平穏無事に生涯をおえることが出来ればよいと考えていたのではなかろうか。もちろん、機会がむいて来れば起ち上るつもりは持っていたろうが、そんな機会があろうとは予期しなかったろう。この世のものは皆盛衰をまぬかれない、盛衰ともに一時のものであるということを、人が実感をもって悟ることの出来るのは、相当の年齢になってからのことだ。

盛者必衰《しょうじゃひっすい》の理《ことわり》は仏法の根本哲理なのだから、もちろん頼朝も理窟としては知っていたろうが、それと実感による覚悟とは別である。

とにかくも、日毎に読経《どきょう》仏事をこととして、父祖の菩提、わが身の後生の安楽を願っているとより見えない生活ぶりであったが、年頃になって恋人が出来た。伊藤祐親の三女だ。源平盛衰記によると、祐親には四人の女《むすめ》がおり、長は相州三浦の住人大介《おおすけ》義明のむすこ義連《よしつら》の妻、次は伊豆土肥《とい》の住人実平《さねひら》がむすこ遠平《とおひら》の妻となっていた。三女は伊豆地方の伝説では八重姫という名であったそうだが、やっと年頃になって、これから聟さがしとというところであったのを、頼朝と恋におちた。

後世織豊時代から江戸時代になると、武家社会の結婚は大へん厳重なものになって、婚姻とは家がするのであるとの考え方が強くなり、恋愛結婚など絶無といってよいほどになった。盃がすんで床入りまで新郎が新婦の顔を知らないということもめずらしくないことになった。しかし、この時代はちごう。われわれが源氏物語やなんぞで見る形態の結婚が普通であった。すなわち、恋愛から出発する。男が女に文を通わして求愛し、色よい返事があれば忍んで行って共臥《ともぶ》しする。文通を省略して、いきなり忍び行《ゆ》いて求愛し、共臥しとなる場合ももちろんめずらしくない。男は夜の明けないうちに人目に立たないようにしてかえる。これを「後朝《きぬぎぬ》」という。「きぬぎぬ」は「衣々」であろう。肌を合わせて寝た後、朝になって共に衣服を着て別れるところから出来たことばにちがいない。男は家にかえると、かならず文をしたため、使いの者に持たせて女の許にとどける。これを「後朝の使い」という。この文がとどけられないと、女は男にきらわれたものとして、なげきかなしむのである。有名な好色公卿平好文《よしぶみ》（平仲）がある女の許に行き、一夜寝てかえったが、公用にまぎれて後朝の使いを出さなかったため、女は、

天の河よそなるものと聞きしかど
　わが目の前の涙なりけり

という歌をつくって尼になってしまったという話が、大和物語に出ている。

平仲の場合は公用やみがたきものがあったためであるが、こんなわけだから、一夜逢ってみて気に入らなければ後朝の使いを出さなければそれでよいわけである。婦人の処女価値を後世のように大事がっているのではないから、男にだけ都合のよい習慣であったのではない。合理的で、便利だったといってよいかも知れない。

こうして逢う瀬が重なって、たがいの愛情が深まり、女の父母もこれを認めることになると、ある朝父母は男に対面する。聟であることを認証するのである。これを「床顕《とこあらわし》」という。これで二人は正式の夫婦であることになる。後世のように四角ばった結婚式はないのである。

かくして成立した夫婦にとって、同居は必須の条件ではなかった。男女居を別にして、男の方から女の家に通って行くのが一番普通だったが、反対の場合もないわけではない。もちろん、夫婦同居してもさしつかえない。この場合、後世のように女が男の家の人となるのももちろんあったが、この反対の場合も少なくなかった。武将列伝上巻の木曽義仲伝で義仲の父帯刀先生義賢《たてわきせんじょうよしかた》が秩父重隆の聟となって上州大胡《おおご》から武蔵大蔵に移住したと書いたが、それも、また北条時政の祖父時家が伴為房の聟となって北条の住人となったのも、この最後のケースである。

頼朝の恋もいずれは文からはじまり、次に忍んで行ったのであろう。流人ながら彼には安達藤九郎盛長・野三刑部《やさんぎょうぶ》盛綱・鬼武などという従者がいるのだから、文使いにこと欠くことはない。

とりわけ、安達藤九郎と、祐親の二男祐清とが相聟なのである。頼朝はその長い流人生活の間、生活の資を比企《ひき》ノ尼にみつがれている。比企ノ尼は武蔵比企郡の豪族比企掃部《かもんの》允《じょう》の妻で、若い時頼朝の乳母の一人であったところから、ずっと生活をみついだのであるが、この尼が掃部允との間に生んだ長女の聟が安達藤九郎盛長、三女の聟が伊東祐清だ。

藤九郎が祐清に、

「佐《すけ》殿もうお年頃をとっくに越えられたに、定まる女《ひと》がおわさぬ。どうじゃろ、おぬしの妹御の八重どのは」

　と言ったのにたいして、祐清が、

「よかろう。いい縁だ。わしから話しておこう。お文をおつかわしあるよう申し上げられよ」

　と、いった調子に答えて、ことが運んだのではなかろうか。相聟という関係があるのに、彼らがタッチしなかったとは考えられない。

　ついでに、頼朝の生活費のことをもう少し書くが、彼の生母の実家である熱田の大宮司藤原氏からもおりおりは補給があったようであるから、ぜいたくは出来ないまでもそう乏しくはなかったろう。

　こんな風であるから、頼朝の恋は八重の家族の者は皆知っていたろうが、祐親入道（当時はすでに入道していた）だけが知らなかった。頼朝は流人とはいいながらついこの前までは全東国武士の頭領であった清和源氏の嫡流だ。またたけはひくかったが容貌優美だったというから名家の人らしい品位もあったわけだ。家柄を重んずる時代だから、祐親の家族らはふさわしくない聟とは思わなかったのであろう。しかし、祐親入道が頑固で、平氏にたいする忠勤ぶりを一途に心掛けているので、知らせるには時機があると用心深くかまえていたのであろう。

やがて、八重が妊娠したが、やはり、祐親には知らされなかった。

やがて大番役の時が来て、祐親は京に上った。大番役というのは諸国の武士が交代に京に上って皇居を警衛し、また市中を巡邏《じゅんら》して治安の維持に任ずる役目で、豪族といわれるほどの地方武士の朝廷に負う義務になっていた。期間は時代によって長短があるが、この時代は三年間であった。三年間も旅のくらしをするので、ずいぶん費用がかかり、上京の時には乗りかえの馬をいく頭もひかせ、屈竟《くっきょう》な従者を多数つれ、美々しい姿であるが、帰りは尾羽うちからして乞食のような姿の者が多かったと伝えられている。

祐親入道が京へ上った翌年、八重は男の子を生んだ。千鶴《せんつる》と名づけられた。頼朝もよろこんだし、八重の家族らもよろこんで、これで再来年《さらいねん》入道殿がお帰りになって、この可愛い児をお目にかけたら、二人のなかもゆるして下さるものと思っていたらしい。

頼朝にとっても、生涯を通じて、この三年間が最も楽しい期間であったかも知れない。天下人《びと》の地位は男子として最も本懐とする地位であるには相違ないが、比例して気苦労も大へんであろう。しかし、この三年間は流人の身ながら、生活苦はないし、若く美しい恋人と愛児はあるし、監視の役にあるのはその恋人の家族で自分に好意を持っているしするのだ、楽しからぬはずはないのである。

三年立って、祐親入道は帰って来た。おそらく帰って来て両三日以内のことであろう、この子をはじめて見た。

源平盛衰記にこうある。祐親入道が前栽《せんざい》（庭の植込み）のあたりを見ていると、三歳ばかりの児《ちご》を乳母が抱き、遊び相手の子供らを多数引きつれて出て来て、前栽の花をつんで遊んでいる。春のことであり、伊豆のことだ、椿の花かなんぞひろって、つないで花ぐさりにでもしていたのであろうか。乳母や子供らの態度といい、児の服装といい、よしありげな身分の家の児と見えるが、そんな子が自分の家に生まれたことを入道は聞いていない。不思議に思って、乳母に、

「これよ、その児はだれじゃ」

とたずねた。乳母はおどろきおそれ、返答しないでこそこそと逃げ去った。

入道は家に入って、妻に問うた。

「あれこそ京上りし給ひたりし隙《ひま》に、斎《いつ》き娘のやんごとなき殿《との》してまうけたる少《おさな》き人よ」

と妻は答えたとある。殿が京に行っておいでになっている間に、大事に大事にお育てになった娘ごが上臈聟《じょうろうむこ》とって生まれた児ですよという意味だ。語気に鋭い皮肉がある。八重にとって継母だったのであろう。

入道はかっとなった。

「上臈聟とは誰がことじゃ」

「兵衛佐殿《ひょうえのすけ》のことでございますよ」

「商人《あきびと》・修業者などを男にしたらんは、なかなかさもありなん。源氏の流人、聟にとりて、平家のお咎めあらん折には、いかが申すべき」

と入道は言った。商人や山伏などにくれてやるのはまだよい、今時源氏の流人なんど聟にとって平家にとがめられてはどう申し開き出来ようぞ、というわけだ。

そこで家来共に申しつけ、千鶴を淵に投げこんで殺させたばかりか、八重は江間（狩野川右岸の地、北条からほど近い）の豪族小次郎（曽我物語では小四郎）という者に縁づけてしまった。

しかもなお、この頃は頼朝は伊東に住んでいたらしいが、祐親入道は兵をさし向けて頼朝を殺そうとし、頼朝はやっとこの難をのがれて、蛭ヶ島にかえった。吾妻鏡によると、一旦湯山に走り、さらにほどへて蛭ヶ島にかえったことになる。

政子との恋愛はこれから間もなくのことである。

二

頼朝と政子との恋愛については、曽我物語にくわしくは出てないが、なかなかおもしろい。

政子の妹が奇夢を見た。日月を左右の袂《たもと》におさめ、橘《たちばな》の三つ実った枝をかざすという夢だ。妹はこれを政子に語った。すると、政子は、

「この夢はかえすがえすもおそろしい夢です。わたしにお売りになりなさいな」

凶夢は売れば禍を転嫁することが出来るという信仰がこの時代にあった。妹は承知した。政子は、夢の代《しろ》として鏡と唐綾《からあや》の小袖一かさねを妹にわたした。

さらにこの物語の作者は、この夢売買に合わせて、こんな工合に話を構成している。

頼朝は最初妹の方に心を寄せた。政子の方が美人だが、これは先妻の子で、妹は当妻腹だ。当妻腹の方が何かと利益が多かろうと思った。

そこで、したためた艶書を、妹姫に持って行くように言って藤九郎盛長にわたしたのだが、盛長は、途中で、

「妹姫は醜女《しこめ》だ。佐殿の愛情もし末遂《すえと》げずば、かえって北条と仲違《たが》いになって禍《わざわい》の種になろう。大姫に奉らばや」

と思案して、政子にとどけたとある。

政子の夢物語と頼朝側とを裏表にして、きちんと辻褄を合わせたところ、作者の苦心と工夫の存するところであり、同時にきわめて巧妙な性格描写にもなっているところ、見事

な手際である。

あるいは、この話は根も葉もないつくり話ではなく、相当根拠のある話かも知れない。八重の母が実の母であったら、うまく祐親入道をなだめてあんな悲惨な結果にはならなかったろうという感懐は、当時の頼朝にはあって不思議がないからである。

ともあれ、恋愛にたいしてまでこれほど勘定高い配慮をしなければならなかったとすれば、当時の頼朝の心情はまことにあわれである。

とにかく、二人は恋を語ろう身となったわけだが、当時頼朝三十二、政子二十一であったと曽我物語は伝える。

この時、政子の父時政も大番で京都に行っていたが、やがて、期が満ちて帰って来た。盛衰記と曽我物語によると、彼には同伴者があった。それは平家の伊豆目代《もくだい》である平兼隆であった。この男は吾妻鏡によると元来は流人であったとある。京にある頃は検非違使《けびいし》の尉《じょう》で、父信兼が和泉守《いずみのかみ》であるところから和泉ノ判官といわれていたが、父に不孝なふるまいでもあったのであろうか、父に訴えられて、流人となって伊豆に来て山木（八牧とも書く。今の韮山である）に住み、山木ノ判官といわれていた。その後平家全盛の時代となると、元来が同族であるところから伊豆ノ目代（代官）となって、なかなかの羽ぶりとなって来た。この時はいずれ目代としての役目の上で京に上っての帰途であったろう。

時政は途中で、多分国許からの便りでも受取ったのであろうが、長女の政子が頼朝と恋に落ちていると知った。時政は後年の行動から考えてもわかるように老獪《ろうかい》な男だ。伊東祐親入道のような激情的なことはしない。そしらぬふりで、要領よく処理するにかぎると思ったのであろう、兼隆に、

「われらの長女、今年二十一になるがいます。わが娘ながら器量も悪うはござらぬ。われら貴殿が大変気に入りましたが、聟となってはいただけまいか」

と切り出した。

山木判官はこれを承知した。おそらく、大いによろこんだ。時めく平家の目代ではあっても元来は流人だ。伊豆の国人《くにびと》らは権勢をおそれてはいても、内心では軽蔑感があったろうし、判官にしても馬鹿でないかぎりそれを知っていたろう。その彼に伊豆で最も大きい豪族が娘をくれようというのだ。うれしくないはずはない。二つ返事で受けることにしたろう。兼隆にとっては楽しい旅になったろう。

この時の時政の心理は複雑だ。源氏の嫡流を聟にとって平家に二心を抱いていると報告されることを恐れ、それをふせぎとめようとの目的であったことは明らかだが、後年になってうんと鮮明になった政子の強い性格はこの時代もうその鋒芒《ほうぼう》はあったろうから、時政がそれを知らないはずはない。強いようでも若い娘だ、親の権力でおさえつけて嫁《かた》づけて

しまって夜毎の枕が重なれば、新しい男への愛情が古い恋情を忘れさせるであろうとたかをくっていたのであろうか。やがて不縁になっても、自分の意志でなかったとの言訳だけは立つと思ったのであろうか。どちらにころんでも、家の安泰だけは保てるわけだ。当時の地方の豪族としてはやむを得ないところであったろうが、咄嗟の間に決心をつけて話をまとめてしまったところ、時政がなかなか食えない人物であったことがわかる。

さて、時政は家に帰りつくとすぐ、山木判官と婚約をしたことを家族に披露した。政子のことだから、頼朝とのことを打ち明けてこの婚約の解消を要求し、父娘《おやこ》の間に相当論争が行なわれたろうと思われるのだが、この事件について書かれているただ二つの古い書物である源平盛衰記にも曽我物語にも、格別な記述はない。盛衰記には、「国に下り着きければ、知らざる体《てい》にもてなして、かの娘をとりて兼隆が許へぞつかはしける」とあり、曽我物語には、「伊豆の国府《こふ》に着き、かの目代兼隆に言ひ合せ、知らず顔にて女《むすめ》を山木判官に取らせけり」とだけある。

しかし、あとのことを考え合わせると、父娘の間で、ある程度の談合、おそらくは、「とにかくも一応嫁《い》ってだけはくれよ。でなくば、わしの立つ瀬がない。当家の運命にもかかわる。一応嫁ってくれれば、その夜のうちに逃げ去ってもよい。それでわしの心から佐殿を聟にとったのではないことはあかしが立つ。あとは何とでもなる。してみせる」

といったような。

山木判官こそいいつらの皮だが、こうして政子は山木へ輿入れ（この場合は妻を夫が引き取るケースの結婚だったわけだ）したが、その夜のうちに山木を抜け出して、おりからの雨をおかして伊豆山の文陽房覚淵阿闍梨《あじゃり》の許へ逃げこんだ。この坊さんは頼朝の祈りの師であった。当時今の熱海近くの伊豆山にあった伊豆山権現（今、伊豆山神社）はなかなかの大社で、神仏混淆の時代であったので、別当寺《べっとうでら》は七堂伽藍そなわった大寺院であった。覚淵阿闍梨はこの寺の別当だったのである。

源平盛衰記の記述では、「かの女《むすめ》夜もすがら伊豆山へ尋ね行きて、兵衛佐の許にこもりにけり」とあるから、頼朝と前もってしめし合わせて、多分覚淵阿闍梨も相談に乗って、頼朝は参籠《さんろう》を名目にして寺で来るのを待っていたのかも知れない。

それとも、頼朝はまた失恋かと心を傷《やぶ》り、その傷手《いたで》を癒《いや》すために伊豆山へ参籠していたのかも知れない。とすれば、政子が女の身で韮山から伊豆山まで数里の夜の山路の露をわけて逃げて来たことに、狂喜したにちがいない。岩が根も焼き通すような政子のこの情熱を見て、世捨人の覚淵も一肌ぬいでやる気になったろう。

曽我物語には、頼朝は伊豆山へは来ていず蛭ヶ島にいたが、山からひそかに知らせて来たので、すわやと、馬に打ち乗り、鞭をあげて駆けつけたとある。

いずれを採るも読者の自由である。きめ手はない。しかし、ぼくは前もっての連絡があったと考えたい。この後のことがそう考えた方が自然のようだからだ。

ともあれ、二人は覚淵阿闍梨の庇護の下《もと》に、伊豆山にひそんで暮すことになる。山木ではもちろんさがした。時政へ抗議もしたが、時政は「知らず顔で年月をぞ送りけり」と曽我物語にある。あわてふためく様子を見せ、けしからぬ娘の所業かな、おわびのいたしようもござらぬ、と散々わびて、大いにさがすような風をしながらも、いいかげんにあしらったのであろう。

山木ノ判官は頼朝が伊豆山にいることを偵知して尋ねる人数を向けたが、二人はなお山深く入ったので、ついに踪跡を失ったともある。盛衰記では、伊豆山にいることはわかっていたが、この山は大衆《だいしゅ》（僧兵）が多数いるところで、平家の武威など少しもこわがっていないので、手出しのしようがなく、歯がみしながらこらえていたとある。盛衰記の説の方がよかろう。当時の大寺院は自治を厳守することと現代の大学よりきびしい。一切俗権の介入を拒否し、また拒否し得る実力を持っていた。何よりも悪くすると祈り殺されるおそれがあった。呪詛・調伏《ちょうぶく》等の摩訶不可思議な力を修業をつんだ坊さん達は持っていると、人々は信じていたのである。

三

頼朝と政子がどれくらい伊豆山にこもっていたか、はっきりとはわからない。彼らが恋に落ちたのは政子二十一の時であるとの曽我物語の記述を信ずれば（盛衰記には記述なし）、治承二年であるが、時政が大番役はてて山木判官と京から帰国したのも、政子を輿入れさせたのも、ともに年月が明らかでない。しかし、どうやらぼくにはやはり治承二年中のことであったような気がする。時政の帰期については時政の家族らは大体知っていたはずであり、ひょっとするとすでに京都を出発していることもわかっていたかも知れないと思われるのに、大急ぎで政子と頼朝とのことを知らせてやっているのは、家族らが――とりわけ継母がその頃知ったからだと思われるのだ。同じ屋敷内でのことだから、そう長いこと知れないですもうとは思われない。秘密の保てるのはせいぜい半年くらいのものだろう。治承二年の夏か秋頃であったと考えてよくはあるまいか。

さて、その頃から相当長い間伊豆山にいたはずだが、翌々年の夏には頼朝は伊豆北条の自分の館《やかた》にいたと吾妻鏡にある。これは時政の館でなく、蛭ヶ島の謫居《たくきょ》のことを言うのだろう。蛭ヶ島は北条の中だったかも知れないと以前に書いたのは、この記事をもって想像したのだ。この翌々年とは治承四年のことだが、この年の四月二十七日、頼朝はここで以仁《もちひと》王の平家追討の令旨《りょうじ》を受けている。令旨は彼の末の叔父である新宮十郎行家《ゆきいえ》がニセ山伏となって持って来たことは、木曽義仲伝で書いた。

この頼朝の家に政子が同居していたかどうかは明らかではないが、山木から半里あるやなしの地でそんな危険なことをしていようとは思われないから、政子は依然として伊豆山にとどまり、頼朝は知らぬふりして蛭ヶ島にいて、時々信心のためと称して通って行ったのではないだろうか。吾妻鏡のこの年八月十八日の条に、伊豆山に政子の経師（ここではその人のために経を誦む役の僧という意味であろう）をつとめる法音という尼のことが出ていて、一生不犯《ふぼん》の尼であるとあるが、この尼のところにでもいたのであろうか。

頼朝が挙兵したのは、この時から四月後の八月十七日だ。先ず山木判官を討って血祭にあげた。この男は気の毒な男だ。女房に逃げられて面目をふみつぶされた上に、こうして殺されているのだから。この日は三島神社の大祭の翌日であるが、この日もまだ祭礼がつづいて、社参の人々で各道路はにぎわっている趣きが、吾妻鏡に見える。

頼朝は以仁王の令旨を受けて立つ決心はしたものの、間もなく以仁王の挙兵が失敗に帰して、主謀者である源頼政も戦死した報告が入ったので、挙兵は見合わせていたのであるが、平家が以仁王の令旨を受けた諸国の源氏を討伐にかかるというので、窮鼠《きゅうそ》の気持で立ち上ったのだ。しかし、その最初に山木判官を討取ったのはなぜであるか。

言うまでもなく、判官が平家の伊豆目代で、この地方における平家勢力の代表者であったのが、第一の理由であるが、政子をはさんでの意趣もからんでいなかったとは言えなかろう。見当だけのことであるが、ひょっとすると、山木はこの頃になってはじめて政子と頼朝との仲を知り、平家からの内意もあるので、頼朝追討の計をめぐらしていたところ、それが頼朝にわかったので、頼朝はいよいよ追いつめられた気になって、心を決して起ち上ったかも知れない。ここまで入ると、小説になってしまうが、案外これが真相かも知れない。

山木館の夜討ちは成功したが、その六日後に行なわれた石橋山の合戦には大敗し、頼朝は行くえ不明になった。政子は伊豆山にいたろうと思われるのだが、どんな気持でこの悲報を聞いたろう。

しかし、これが彼女の運命のドン底であった。頼朝はこの月の末二十九日に安房にあらわれ、彼女の父時政以下の人々に迎えられて上陸し、二十日の後には非常な大軍となって武蔵と下総《しもうさ》の境の隅田川までおし出して来ており、さらに十数日の後には関東の武士ほとんど全部をひきいて鎌倉に入っている。これらのことはすべてその度毎に頼朝や時政から通報があったろうし、うわさも伝わって来たろうから、政子は皆知っていたろう。政子はその性格が意志的で、相当権力的であったようであるから、頼朝にたいする気持も愛情一本槍であったとは思われない。権力につながる人という意味で愛していた点がずいぶんあり、従って彼女のよろこびは世間一般の妻が夫の成功にたいするよろこびとはちがったものがあったのではなかろうか。

もっとも、これは彼女が夫にたいして世間普通の妻の愛情がなかったという意味ではない。愛情の問題は複雑だから一刀両断的に言い切ることは出来ないもので、もちろん彼女にも妻としての愛情はあったろう。

実例一。

頼朝は木曽義仲の長男清水冠者《かじゃ》義高を自分の養子にするといって人質にとり、それを彼と政子との間に生まれた大姫の聟にしているが、義仲を亡ぼした後、義高を殺すことにきめた。それを漏れ聞いた女房らがこのことを大姫に告げた。大姫は義高に告げ、義高はひそかに鎌倉を逃げ出したが、追手がかかって、武蔵国入間川のほとりで討取られてしまった。これを聞いて大姫は悲嘆一方《ひとかた》でなく、一切の飲食を絶ち、ついに病床に臥し、日を追うて衰弱して行った。このため政子は深く嘆き、討取った堀藤次親家という者をうらみ憎んだので、頼朝はついに堀に命じて、下手人である郎党を斬罪梟首《きょうしゅ》の刑に処したことが吾妻鏡に見える。

堀藤次は頼朝の命を受けて追手になったのであり、藤次の郎党は武士として当然なことをしたのであり、あたり前なら賞をあたえるべきところを、こんな目にあわせるなど、わからん話であるが、政子の母性愛の強烈さはわかる。

実例二。

義経の妾の静《しずか》が鎌倉に呼び下され、義経の行くえを尋問された時のことだ。一日、政子は頼朝に静の舞を見たいと所望した。頼朝は承知し、政子をともなって鶴ガ岡八幡に行き、静の宿所へ使いを出し、来て、廻廊で舞を舞うよう所望した。静は病気の由を言い立てて所望に応じようとしなかったが、政子が、

「静とやらは舞においては天下の名人であります。近く帰洛するというのですから、今見なければついに見ることが出来ないでありましょう。ぜひ見ることの出来るようにして下さいな」

と言ったので、頼朝はまた使いを立て、強いて所望した。

せん方なく、静は出て来て、工藤祐経の鼓、畠山重忠の銅拍子《どびょうし》を伴奏として、

よし野山みねの白雪ふみ分けて
　入りにし人のあとぞこひしき

と和歌を朗詠しながら舞い、さらに、

しづやしづしづのをだまきくりかえし
　昔を今になすよしもがな

と吟じつつ舞った。

前者は義経にたいする慕情をうたい、後者は現在の義経の悲境をかなしみいたんだ歌だ。

頼朝は怒って、

「八幡のご宝前で、神明に奉献する芸を演ずるのであるから、関東の万歳をこそ祈り乞うべきに、わしの前をもはばからず反逆者である義経を慕う歌を吟詠するとは奇怪である」

といったところ、政子が、

「君がまだ流人《るにん》でおわした頃、わたくしは君の妻となったのでありますが、父は平氏を恐れはばかり、わたくしをおしこめました（山木判官に輿入れさせられた時、こんなことがあったのであろう）、それでも、わたくしは君を慕う心を存し、暗夜、雨をしのいで君のところへ逃げて行きました。また石橋山の合戦の時、わたくしはひとり伊豆山にとどまりましたが、お戦《いくさ》不運となってあとはご存亡のほどもわからず、日夜悲しみに暮れていました。ちょうど今の静の心と同じであります。静とてどうして伊予守（義経）殿との多年の好情を忘れることが出来ましょう。女として夫を恋慕しないようでは、貞女とは申されません。お心を風情深い芸にあらわしました段、見事でございます。お心をやわらげてご衷心の熱い心を賞翫《しょうがん》下さい」

と言ったので、怒りをやめて、褒美の品を取らせたと、吾妻鏡にある。

実例三。

また、これから間もなく、静が義経の子供を生んだ。頼朝は女子ならば助命し、男子ならば殺すということにきめていたところ、男の子であったので、安達新三郎という者を子供を受取りにつかわした。静は悲しみなげいて、抱いて打ち臥したまま渡そうとしない。使者もつらいことだ。数時間待ったが、いつ果てるともないのでさいそくした。静の母磯《いその》禅師《ぜんじ》が静を説き、無理に子供を取って使者にわたした。使者はこれを由比《ゆい》ヶ浜に連れて行き、海に投じて殺した。このことを政子は前もって聞いて、頼朝に命乞いしたが、ついに許されなかったという記事もある。

実例四。

建久四年五月、頼朝は富士の裾野に巻狩りした。この狩猟の期間中に、曽我兄弟の敵討があったのだが、その敵討の数日前、頼朝の長男一万（頼家）は十二歳で供をして行っており、鹿を射取った。頼朝はよろこんで、梶原景時の次男景高に、その鹿を政子のところに持って行き、一万の高名を報告するように命じた。景高は鎌倉に急行し、政子のご殿の女房らを通じて、使命のほどを申し入れたところ、政子は会いもせず、

「武将の嫡嗣たるものが狩りに出て鹿や鳥を獲るくらいなことは格別めずらしいことではありません。それくらいのことで、一々お使いをたまわるようではわずらわしくてなりません」

と答えて追いかえしたので、景高は面目を失ってすごすご富士にかえり、この旨を報告したという。

これらのことは、政子がいかに女らしい愛情が豊富であったかを物語るものだが、同時にその底に意志的で強烈で、まことにりっぱな武家女房の素質を持っていたことも物語っている。しかしながら、この程度のところでとどまっていれば、文句はないのであるが、人間の性格というものは、時と場合によって、美しくばかりは発露しない。昔から、「彼女は性妬悍《とかん》であった」といわれているが、それはここから出て来るのである。

四

一体、頼朝という人は女にたいして相当うるさい人で、吾妻鏡の中に、彼の婦人関係のことがちょいちょい出て来る。

その一。

治承四年十一月十日の条に、常陸の佐竹義秀がやはり清和源氏の流れであることを誇りとし、自立の志があるので、これを征伐しての帰途、武蔵の葛西《かさい》清重の宅に泊まり、同国の丸子《まりこ》の庄（今の丸子玉川の辺であろう）を清重にあたえた。清重は妻女をして御膳をそなえさせたが、これを妻女であるとは言わず、お給仕のためによそから若い女を雇ったと言上した云々という記事が見える。頼朝がどうしたとは明記してないが、枕席に召したことは確実であろう。感謝のためとはいいながら自分の妻に枕席をはらわせた清重の根性は別として、機会さえあれば決してのがさなかった頼朝であることはよくわかる。

その二。

寿永元年六月一日の条には、頼朝が寵愛の妾亀の前を小中太光家という者の小窪（小坪であろう）の宅（別荘であろう）に召し、ここにおくことにした。鎌倉では人目に立つし、ここは海浜出遊の便もあるからこうしたとある。この女は良橋《よしはし》太郎入道の娘で、去年平家追討《ついとう》のために伊豆まで出陣した時、寵愛したのがはじめで、日を追うて寵愛が深くなっている。顔貌美麗であるだけでなく、心とりわけ柔和であるとある。政子と対蹠的な性格である。この点からも、頼朝には魅力があったはずである。

この女には後日談がある。この年十一月十日・十二日・十四日・十二月十日・十六日の記事を綜合すると、こういうことになる。その後頼朝は小坪ではやはり不便だったのであろう、飯島（小坪の鎌倉寄りの隣部落）の伏見冠者広綱の家に移していたが、このことを政子の継母の牧の方が知り、政子に告げ口したからたまらない。政子は腹を立て、牧の方の父である牧三郎宗親に命じて、広綱の宅におしかけさせ、家をたたきこわし、すこぶる侮辱を加えさせた。広綱は亀の前を連れてやっと逃げ出し、大多和五郎義久の鐙摺《あぶずり》（小坪にこの地名あり。逗子桜山の南の海辺にもある）の別荘に入った。

頼朝は多分広綱からの報告があったからであろう、遊山《ゆさん》にことよせて鐙摺の義久の別荘に行き、広綱に一昨日のことをくわしく聞き、牧三郎宗親を召しよせ、

「御台《みだい》の命を大事にするのは神妙であるが、このような命を受けたならば、内々にわしに申して指揮を仰ぐべきであるのに、いきなり乱暴におよぶとは奇怪である」

と叱りつけた。宗親は顔を地べたにすりつけて散々わびたが、頼朝は怒り散せず、宗親のもとどりを手ずから切った。宗親は恐れて、どこへか逃げてしまった。その夜、翌夜と頼朝はそこに泊まった。亀の前を慰めるためであったろう。

ことは政子に関係し、政子の継母牧の方に関係し、牧の方の父である牧宗親に関係している。時政は腹を立て、頼朝が十四日の夕方鎌倉にかえって来ると、夜に入ってにわかに支度して伊豆へ引き上げてしまった。

頼朝はおそろしく機嫌を悪くし、梶原景季を召し、

「時政が息男義時はおだやかな人物である。父はわしに不義のうらみをさしはさんで、暇乞いもせず勝手に本国に帰るようなことをしても、義時はそんなことはせんと思う。鎌倉にいるかどうか見てまいれ」

と命じた。時政が一族をひきいて立ち去ったことがわかる。こんなわがままなことをしているのに、頼朝は腹を立てるだけで別段な処分もしていない。時政の権勢のほどがわかるのである。頼朝が政子を憚《はばか》ったのは、政子の強い性格にもよろうが、時政のこの権勢をおそれた点も大いにあろう。

さて、景季は時の間にかえって来て、義時は鎌倉にいると報告した。頼朝はまた景季をつかわして義時を召し、

「その方の父はわしが牧宗親を叱責したのに腹を立て、無断で帰国した。わしは面白くなく思っている。しかし、その方はわしを重んじて、父の帰国に従わなかった。きっとわしが子孫のよき護りとなってくれるであろう。やがて賞をつかわすぞ」

とほめたところ、義時は恐れ入り、お礼を申しのべて退出した。

十二月十日になって、頼朝は亀の前をまた小坪の小中太光家の別荘にうつした。頼朝は政子の嫉妬を恐れながらも、亀の前への愛情が日を追うてつのって来る。そのため、小中太もびくびくしながらおあずかり申すことにした。

十六日、伏見冠者広綱が遠江《とおとうみ》に流された。これは彼が亀の前を飯島の宅にあずかっていたことを政子が怒り、処分しなくてはならないことになったからである。いやはや、いやはやである。

その三。

寿永元年七月十四日の条にこうある。新田冠者義重の息女は頼朝の長兄悪源太義平の未亡人である。頼朝はこれに懸想《けそう》して、伏見冠者広綱をつかわして艶書をとどけさせたが、未亡人は応じない。そこで直接義重に談じこんだが、義重は政子をはばかって応諾しないばかりか、こと面倒と見て、未亡人を帥六郎《そつのろくろう》というものに縁づけてしまったので、頼朝は怒って、義重を勘当した。これが新田氏の勢力が弟の家筋である足利氏におよばなくなった一原因であることは、足利尊氏伝でのべた。

その四。

文治二年二月二十六日の条。この日頼朝の愛妾が男の子を生んだ。この愛妾は常陸介藤時の長女である。はじめ殿中に奉公している女房であったが、頼朝がひそかに手をつけた。これが政子にわかって、嫉妬はなはだしかったので、他へ移し、長門江七《ごうしち》景国の浜の宅で産をさせたのだが、政子をはばかって、いろいろな儀式もすべて省略した。

これも後日談がある。この年の十月二十三日の条を見ると、この時生まれた若君のことが政子の耳に入り、その怒りがはげしかったので、あずかり主の長門景国は若君を抱いて深沢《ふかさわ》（今の鎌倉市内の長谷の大仏のあるあたりを深沢村といった）あたりへかくれたとある。

その五。

この年六月十日の条に、丹後内侍が甘縄《あまなわ》（大仏の東南に甘縄神明宮あり。このへんであろう）の家で病気になったので、頼朝は供まわりもわずかに二人召連れただけで、ひそかに見舞った。十四日の条を見ると、丹後内侍の容態が大分好転したので、頼朝はいささか安堵《あんど》した。頼朝は内侍の平癒を神仏に立願していたのであるとある。

丹後内侍は、頼朝の乳母でその流謫《るたく》中の生活費をみついでいた比企《ひき》ノ尼の娘であるから、頼朝が特別な情愛を持つのは当然のことではあるが、供まわりも少なく、ひそかに見舞うなど尋常ではない。愛欲の関係があったと見るべきであろう。薩摩島津家の始祖忠久はこの丹後内侍の子である。島津家が頼朝の子孫と称しているのは、この事実があるところからである。

島津家の伝えるところでは、やはり政子が嫉妬してやまないので、妊娠中の丹後を九州におとしたことになっている。年代的に合わないところがあって信用出来ないのであるが、政子が妬悍《とかん》であったというところからでっち上げた系図作者の手腕は凡でない。

その六。

建久二年正月二十三日の条に、伊達常陸入道念西《ねんさい》の娘で大進局《だいしんのつぼね》という女房が頼朝の寵愛を受け、男子を生んだが、政子にわかって、政子が怒り狂うので、京都に住わせることにし、伊勢国に領地をあたえたという記事がある。

これにも後日談があって、建久三年四月十一日の条に見えている。この時生まれた若君と乳母とを、京都に上《のぼ》せるについて、頼朝が野三刑部《ぎょうぶ》成綱・法橋《ほっきょう》昌寛・大和守重弘などに供して行くよう命じたが、皆政子の嫉妬と怒りを恐れて固辞するので、頼朝は長門景国（前出）に命じ、来月ひそかに連れて上洛させることにした。

その七。

建久三年九月二十五日の条。幕府の大奥の女房姫《ひめ》の前《まえ》は比企朝宗《ともむね》の娘で容貌太《はなは》だ美麗で、頼朝の大の気に入りで、権勢ならびなかったが、一両年前から北条義時が懸想《けそう》してしきりに艶書を通わしたが、なびく色がなかった。頼朝は聞いて、

「決して離別はしない」

という誓書をとって、この女をこの日義時のところへ輿入れさせた。

頼朝と特別な関係があったとは書いてないが、あったにちがいない。だから権勢もあったのであろうし、義時の度々の艶書にもなびかなかったのであろう。しかし、義時は政子の弟だ。いつまでも拒絶させていては政子にばれる心配がある。それを恐れて、ついに手

離す決心をしたが、女の行く末の幸福を考え、絶対に離婚しないと誓わせた上で、つかわすことにしたのであろう。

丹念にさがせばもっとあるかもしれない。また吾妻鏡は寿永二年の分、建久七、八、九年の分が全部脱落しているから、もっともっとあったにちがいない。

これほど女にうるさい男を亭主にもっていては、政子が油断もすきもならなくなり、そのために嫉妬深くなったとも思われるが、人間にはきびしく取りしまられるとかえって犯したくなる心理もある。政子があまりに嫉妬深かったから、箸豆《はしまめ》になったのかも知れない。

愛情生活における嫉妬は切ってはなせないものだ。あるのがあたり前である。愛情と独占欲とは最も深く、最も根源的なところでつながっているからだ。だから、嫉妬は本来は善でもなければ悪でもない。食欲や性欲と同じだ。ただそれが限度を越すところに、はじめて悪徳とされる。過度の性欲や食欲が世の秩序を乱せば悪徳といわれるように、過度な嫉妬が社会の秩序や家庭の秩序を乱せば悪徳となるのは当然のことだ。

政子にはこの度を越した嫉妬心があった。しかも、一夫多妻が常とされている時代にだ。病的というべきであろうが、おそらくこれは彼女の強すぎる性格の自然の発展であろう。強い性格は人を支配しきろうとする。彼女は頼朝を愛情生活の上で支配しきらねば満足出来なかったのであろうが、頼朝が死ぬと、その支配欲は政治の面に出て来ずにいない。彼女は政治を支配し、尼将軍と異名《いみょう》されるようになるのである。

五

頼朝は正治元年正月十三日に死んだ。五十三であった。政子は髪をおろして尼となった。四十二であった。

頼朝のあとは長男頼家が十八で嗣《つ》いで立ったが、不肖《ふしょう》の子であったので、政子は頼家が自らいろいろな訴訟を裁くことをやめさせ、大小のことすべて北条時政・大江広元以下の十三人の合議によってさばくことにした。これは、梶原景時伝で書いた。

頼家が驕逸《きょういつ》で素行の修《おさ》まらない人物であったことは梶原景時伝で書いたが、政治上にも乱暴であった。吾妻鏡の正治二年五月二十八日の条にこんな話が出ている。陸奥国葛岡《かどおか》郡新熊野の社僧らが、自分らの坊の所領地の境目争いをし、それぞれに証拠文書をたずさえ、そのへんの総地頭である畠山重忠に裁きをもとめた。重忠は、

「当社はわしが領内にあるとはいえ、平泉藤原氏時代には京都朝廷の仰せを受けてご祈禱をし、今日では幕府の命を受けてその繁栄を祈禱申していているという由緒ある寺である。わしなどが裁くべきではない」

と、幕府の三善《みよし》康信入道に書面をつけて送ってよこした。康信はこれを受理し、文書類を持って頼家の前に出て、ことの由を言上したところ、頼家はその図面を一見するや、筆に墨をふくませ、中ほどに黒々と一線を引き、

「こうきめい。広狭はその身の運不運じゃ。わざわざ人をつかわして実地検分などするひまはない。今後境目争いはこう裁く故、左様心得い。それがいやなら訴訟などおこさぬがよいのじゃ」

と言ったというのだ。

一見豪快な所業であるが、武士をはじめ天下の在地地主共が幕府の存在を必要とし、これに忠勤をぬきんずる心になったのは、幕府が自分らの領地所有権を保護してくれるからなのだ。幕府にとって、境目争いの裁判は最も重要な政治事項なのである。

こんな裁判ぶりは幕府存立の理由を自ら否定することにほかならない。豪快だなどといってすまされることではないのである。こういう頼家であるから、政子は彼が自ら政治にタッチすることを禁じて、長老らの合議組織にしたのであろうから、やむを得ない処置であったといえよう。おそらく、政子は、頼家が年長じて、素行も改まり、政治上にも老成した心になるのを待って、彼の親政に返すつもりであったのであろうが、頼家はすねて益々くだらん人物になって行くのに、長老中の第一人者である彼女の父時政の勢力は増大

する一方だ。時政の勢力には頼朝すらはばからざるを得なかったことは、前に頼朝の女出入りを書いたところで述べた。こんな情勢になってはその権勢が益々大きくなって行くのは、当然しごくのことだ。

権勢には魔力がある。一度にぎりしめると、離したくなくなるのである。政子はかしこい女だから、こんなことはよくわかったろう。彼女は頼家をおりにふれては諫言しているが、頼家の行状はすさんで行く一方だ。母の圧迫にたいするレジスタンスの一種であったろう。

頼家のレジスタンスは、政治上にもあらわれた。正治二年十二月三日、二十八日の条にそれが出ている。彼が大輔房《だいぶぼう》源性という無双の算術者を召しかかえ、政所《まんどころ》に命じて諸国の田文《たぶみ》を提出させ、源性に命じて算出させ、治承・養和以後に幕府からあたえた土地は人毎に五百町歩を限りとして、それ以上は没収し、所領のない近仕の者共にあたえることにするとの旨を発表したのだ。

言うまでもなくこれは、将軍としての実権を回復し、なお進んでは将軍の権力を独裁化しようとの目的であったろうが、これを遂行し得るためには彼にある程度の力がなければならない。飾雛《かざりびな》の存在である将軍にすぎない彼にやれるはずはないのである。果せるかな、長老連中の大反対に出逢った。一体長老の連中の多くは頼朝によっておこり、その信任を受けて功を立てた人々だから、新恩の土地を多く所有している。その利益を侵害するようなことに賛成するはずがない。おどろきあわてて、大江広元は、

「はなはだ珍事たり。人の愁、世の謗《そし》り、何事かこれにしかんや」

といって反対し、三善康信はしきりに諫言して、命令の撤回をもとめた。頼家にはもちろん強行する力はない。やむなく、明春新たに沙汰するであろうと言って引っこめた。一時は大へんなさわぎであったが、自己の力をはからずして発令し、抵抗にあってすごすごと引っこめ、益々その器量を下げただけという結果になってしまったのである。

頼家はヤケになる一方だ。気に入りのつまらん連中を集めて酒宴を催したり、特に蹴鞠《けまり》を好んで都から師匠を呼び下して、日々鞠を戦わし、遊惰な日ばかりを送っていた。彼のおかれた境遇が境遇だから、同情すべき点は大いにあるが、これでは、人心の離れることは確実だ。政子も、心ある家臣らもおりにふれては諫言するが、まるできさめがない。ひがみ根性をつのらせて行くばかりだ。子を教育することはまことにむずかしいのである。

将軍がこうである以上、長老中別格に勢力の強大な北条時政の権勢が益々増大するのは自然の勢いであり、ついには源氏にとってかわらんとの野心を抱くようになった。当然幕府の紀綱《きこう》は弛《ゆる》み、地方の御家人の中には謀反するものが出て来た。

これらの叛乱の中で最も強大であったのは越後の城氏の叛乱であった。城氏の当主長茂《ながもち》

がどんな人物であったかは梶原景時伝で書いたが、彼は梶原景時の世話で捕虜の身を解放され、越後の豪族に返り咲くことが出来たので、景時を徳とし、景時の党派であったので、景時が亡ぼされると、工合の悪いことになった。建仁元年二月三日、彼は京都に入って兵を起こして、大番役で在京していた小山朝政の宿所を不在中に襲い、後鳥羽上皇の二条の御所に行き、討幕の院宣《いんぜん》を要請したが、押問答しているうちに小山朝政が兵をひきいて追撃して来た。長茂は逐電したが、二十日ばかりの後、吉野にいることがわかって討取られた。越後にいる彼の一族は結束して立ち、鳥坂《とりさか》城に拠って一時なかなか強勢であった。四月上旬、鎌倉では佐々木盛綱を討手として向わせて討平したが、この時城氏の一族に勇婦板額《はんがく》がいた。長茂の妹だ。勇敢多力で屈強の強弓だ。髪を童形《どうぎょう》に結い、腹巻をつけ、櫓《やぐら》の上からさしつめ引きつめて射放つ長箭《ちょうせん》に空矢《あだや》がなく、大いに寄せ手をなやました。寄せ手の信濃国の住人藤沢清親という者、一策を案じて城《しろ》の裏山に上り、高みから狙いすまして射たが、その矢が板額の左右の股を射通した。さすがの女剛もたまらない。どうとたおれるところを、藤沢の郎党らが櫓によじのぼり生捕りにした。このため、城方敗北、城ついにおちいって、乱は平いだ。

　藤沢は板額を連れて鎌倉に出頭し、頼家の実見にそなえた。勇士豪傑雲のように居ならんでいる中に連れ出されながら、板額は「無二聊《いささカノ》諛気《ゆき》一」とある。媚びおそれる色がな

かったのである。阿佐利《あさり》与一義遠が、

「この女を申し受けて妻とし、無双の勇士を生ませたい」

と願ったので、頼家はこれを許したという。

板額は醜婦であったということになっているが、吾妻鏡には頼家は、

「件《くだん》の女面貌宜しきに似たりと雖《いえど》も、心の武《たけ》きを思へば、誰か愛念あらんや。義遠の所存、已《すで》に人間の好む所にあらず」

としきりに嘲弄《ちょうろう》した後、ゆるしたとある。

相当なる美人だったのである。しかし、頼家には気の強い女はおふくろだけで沢山だったのであろう。このことば一つにも、政子にたいする頼家の抵抗が出ていると見るのは、小説家の思いすごしであろうか。

建仁二年七月、頼家は正式に征夷大将軍になった。この時までは左衛門督《かみ》だったので、吾妻鏡には左金吾《さきんご》と唐名で書いてある。さて、この後も蹴鞠会は連日、その間には遊猟・遊楽・酒宴という有様で、依然惰弱《だじゃく》で、素行の改まる風は見えなかった。頼家も二十一だ。本来の職務である政治にタッチすることを許さんでおいて、素行を改めよというのは、無理なことかも知れない。気の強い、賢母のあやまちであるといえばいえるだろう。

翌年の春から病気になって、八月には重態になった。政子は長老らと相談して、家督を

分割して、全国総守護職と東二十八カ国の地頭職とは頼家の子一幡《いちまん》（六歳）に、西三十八カ国の地頭職は頼家の弟千幡《せんまん》（実朝、十二歳）にあたえると発表した。かしこい後家さんにはよくあることだが、素行が修まらず反抗的にばかり出る長男に望みを失って、賢い弟むすこに望みをつなぐ気持になったのを、時政に乗ぜられたのであろう。時政にしてみれば、これで源家の勢力を分割し弱め、やがて奪える下地が出来ると意図したのであろう。あるいは、時政が先ず計画し、上手に政子を説きつけたのかも知れない。

この処置を憤ったのが、比企能員《ひきよしかず》だ。能員は頼朝の乳母であり大恩人であった比企ノ尼の子供であり、前出の頼朝の愛人の一人であったらしい丹後局の兄であり、頼家の愛妾で、一幡の生母である若狭《わかさ》の父だ。源氏とは重々の縁があるし、一幡の世となれば外戚の権をふるい得る人だ。腹を立てないはずがない。

能員は若狭にことを告げ、若狭から頼家に説かせた。

「父はこれは源家の勢力を二分し、たがいに争わせ、これに乗じて天下を奪わんとの北条家の陰謀であると申しております」

頼家はおどろいて能員を召し、北条氏追討の相談をした。

政子はこれを障子ごしに聞き、おどろいて時政に知らせた。時政はすでに幕府を退出して名越《なごえ》の屋敷に帰ったという。政子は手紙をしたため、使いの若い女に持たせてやった。

その女は途中で追いついて、手紙を渡した。時政は馬を下りて披見《ひけん》し、馬にのってしばらく思案したが、馬首をめぐらして大江広元の家に行き、ことの由を告げて相談した。ちょうどその頃、時政の家では薬師如来の像をつくっていたので、その供養の法会《ほうえ》をひらくことにし、能員を招待したところ、能員はやって来た。前もって天野蓮景《れんけい》入道、仁田四郎忠常の二人を伏せておいたので、わけはない。廊の沓脱《くつぬぎ》を上り、妻戸を入ったところを、左右にかまえて引きもうけていた矢で討取られた。左右のわき腹に鏃《やじり》をおしつけるようにして射た矢だ。あっという間もなく十字に射《い》つらぬかれてたおれた。

供の者の逃げかえっての報告で急変を知った比企一族は一幡を擁して一幡の住所である小御所にこもって反抗した。政子は自ら命を下して討手の兵をさし向けた。「雲霞《うんか》の如し」と吾妻鏡にあるからずいぶん大軍だったのである。こんな大軍が向ったのではどうしようもない。一幡をはじめ比企一族皆ほろぼされてしまった。

余談だが、薩摩島津家の始祖忠久はその生母が比企家の出身なので、一時薩・隅・日三州の守護たることをとどめられている。この乱に与《くみ》したのではないが、縁につらなるところから飛ばっちりをくったのだ。

比企の乱は九月二日のことであったが、五日に頼家の病気が少しよくなったので、比企の乱のことの報告を受けた。最愛の子も、最も力としていた比企能員も殺されてしまったというのだ。怒りにたえず、書をしたためて、和田義盛と仁田忠常とに持って行かせた。北条追討の文面であることは言うまでもない。忠常は受取ったが、義盛はその書を時政に渡した。幕府では使いに立った堀親家を捕えて斬った。頼家は事の暴露したのを知ったがどうしようもない。自らの無力をしみじみと思い知ったろう。

翌六日夕方、時政はこの前比企能員を討取った賞をあたえると称して、仁田忠常を名越の自分の館《やかた》に呼んだ。忠常は騎馬で出かけ、館に入ったが、なかなか出て来ない。とっぷり暮れた。供の者は怪しみながらも、忠常の馬をひいて帰宅して、このことを報告した。忠常の弟五郎・六郎らは、昨日兄が将軍家から北条追討の御教書を賜わっていることを知っている。

「てっきりばれて、罪科に処せられているのじゃ」

と判断したからたまらない。すわや、向うから押しかけられぬ間に、こちらから押出せと、ひしひしと甲冑《かっちゅう》に身をかためておし出したが、途中時政の長男の義時が政子の住いである大御所にいると聞いて、大御所におし寄せ、散々に矢を射放って攻撃した。義時の従者らが手痛く防戦したので、五郎は討取られ、六郎は台所に火を放って炎の中で自殺した。この火の手を見て、鎌倉中の御家人らがそれぞれ武装して馳せ集まったので、大へんなさわぎとなった。

一方、仁田忠常はどうであったかといえば、北条館ではなにごともなかったのである。彼は賞を受けて、家路についたが、その途中さわぎを聞き、

「しまった！　命を捨つべき時ぞ！」

と、さけんで、御所（頼家の御所であるか、政子の大御所か不明）に駆けつける途中、加藤次景廉《かげかど》に討取られてしまった。

思うに、仁田一族はみごとに北条一門の計略に引っかかったのであろう。忠常を中に入れたまま中々退出させないことによって忠常の弟らの疑心をあおり立て、義時を政子の御所に居らせることによって彼らの攻撃をここに向けさせ、叛逆として討取ったのだ。巧妙、そして恐るべき姦悪な策だ。もちろん、政子には関係のあることではなく、彼女はだしにつかわれただけであろう。

翌日、政子は頼家にせまって落飾《らくしょく》させ、二十九日に修善寺《しゅぜんじ》に移して幽閉したが、この以前の十五日に千幡が将軍となっている。将軍宣旨は七日の日付で出て、この日鎌倉に到着している。この手まわしのよさから考えても、比企の乱が平ぐとすぐ京に急使を差し立て、朝廷方面のからくりをつけたことがわかる。

千幡は後の実朝であるが、わずかに十二歳の少年だから、政子が後見し、時政が執権と称して政《まつりごと》を見ることになる。

執権とは元来は政所《まんどころ》別当《べっとう》の別名で、侍所の別当や問注所の執事などと同格で、とくべつ重いものではなかったのだが、この時時政が政所別当となり、同時に幕府の全権をにぎるようになったため、おそろしく重いものになった。幕府のすべての政治を総轄《そうかつ》し、一名を理非決断職ともいって、朝廷における摂関同様に、幕府無上の権威あるものとなったのだ。

実朝はこの以前十日から時政の屋敷に行っていたが、将軍宣下を受けた十五日に、時政の娘であり、実朝の乳母である阿波局が政子のところへ来て、こういった。

「若君があの家にいらせられるのは最も当然のことではありますが、つらつら牧の方の様子を見ていますと、笑中害心を含んでいるようなところがあるようで、不安でございます。きっとことが起こりましょう」

「それは前から考えていることでした。早速に引きとりましょう」

と、政子は答え、使者をつかわして千幡を迎え取らせた。時政はなぜにわかにこんなことになったかわからず、あわてて駿河局という女房をつかわして、何がお気にさわったのであろうとわびたところ、政子は、

「成人するまでこちらで育てたいと思いましてね」

と返事したとある。

阿波局と政子は姉妹であり、二人にとって牧の方は継母だ。二人ともにこの継母と折れ合がよくなかったらしく思われるのだが、これは二人のひがみからの疑心暗鬼ではなかった。やがて牧の方の恐るべき野心が暴露するのである。

千幡は翌月の十月八日、元服して実朝となったが、あわれであったのは、頼家である。十一月六日に政子と実朝に手紙を寄せて、

「深山の幽棲、今さら徒然《とぜん》を忍び難し、日ごろ召使ひし所の近習《きんじゅう》の輩、参入を免ぜられんことを欲す」

との意味を申し述べて来たが、政子は三浦義村を使者としてつかわし、

「ご所望の条々は聞き入れることは出来ない。また向後《きょうご》書面など通ぜらるべからず」

と返事させた。

十日、義村が修善寺から帰って来て、頼家の閉居の様子をくわしく報告したところ、政子はすこぶる悲嘆したとある。

この翌年七月十八日、時政は兵を修善寺につかわして、頼家を殺させた。頼家は年二十三、不幸な生涯であった。

六

曽我物語を信ずれば、時政は少なくとも三人妻をめとっている。政子の母、政子から夢を買われた二の姫の母、最後に牧の方の三人。

ともあれ、時政は牧の方の前の妻――それが一人であったか、二人であったか、あるいは三人であったかわからないが、これに男の子としては義時・時房、女の子としては政子・畠山重忠の妻・阿波局等を生ませ、その妻の死後牧の方をめとって、一男・一女を生ませた。前に出た牧三郎宗親の女《むすめ》であるところから牧の方という。名前はわからない。牧の方の生んだ男は左馬助（名不明）といい、女は信濃源氏の一派である平賀朝雅《ひらがともまさ》に嫁した。

牧の方は保暦間記に「心悍《たけ》く、驕れる人なり」とあるが、佞奸《ねいかん》で、気が強く、嫉妬深い人がらであったようである。前に頼朝の寵妾亀の前のことが政子に知れて大騒ぎになり、牧の方の父宗親は頼朝にもとどりを切られ、その処置を怒った時政は一族をひきいて無断で伊豆に引き上げ、さらに頼朝を怒らせたことを書いたが、これらのさわぎは皆牧の方が政子に告げ口したところにそもそもの起こりがある。これは政子の心の平安をかき乱し、その幸福を破壊したいと思ってのことかも知れない。人の幸福を黙って見ていられない女性が間々あるものである。また、時政が頼朝に無断で国許に引き上げたのも、父に侮辱を加えられたと牧の方がヒステリーをおこして泣き狂うので、それをなだめるために時政も腹を立てたふりをしてのことかも知れない。牧の方の機嫌をとること以外には時政のこの行動は意味がない。

元久元年十月、坊門前《さきの》大納言信清の姫君を実朝将軍のみ台所として迎えることになり、迎えのために多数の武士らが上洛したが、この中に左馬助もいた。この左馬助が道中から病気となり、京へついて三日目に死んだ。京にはやはり牧の方の女婿である平賀朝雅が京都守護となって行っていたので、左馬助は朝雅の六角東《ひがしの》洞院《とういん》の第《やしき》で病を養ったらしい。

左馬助が死ぬ前日の四日、この第《やしき》にみ台所お迎えとして上洛して来た武士らが呼ばれて酒宴がひらかれたが、席上、何が原因かわからないが畠山重忠の子畠山六郎重保《しげやす》と、主人の朝雅との間に争論がおこった。その場は同席の人々がなだめてひきわけ、ことなくすんだが、この話を聞いて、牧の方はひどく重保をうらんだ。吾妻鏡には、「牧の御方、朝雅の讒訴《ざんそ》を請け、これを鬱胸《うっきょう》せらる」とある。朝雅も相当な武士だ、讒訴は信じかねるが、遺骨を抱いて帰って来た左馬助の家来達の報告によって知った牧の方がさらに事情を聞いてやったのに、ことの次第を返書したくらいのことはあったろう。さなきだにけわしい心の牧の方だ。愛児の死によって一層感情的になってもいる。

「左馬助が瀕死《ひんし》の病いにあるというのに、その家で争論を引きおこすとは！」

と、重保をうらみ、また腹を立てたことは想像がつく。ことに、左馬助がなくなった今となっては、朝雅はたった一人の子供である女の婿《むすめ》だ。可愛さは一入《ひとしお》となっていたろう。

ついに畠山父子を誅殺したいと考え、夫を口説き、ついに口説きおとした。若い後妻は男にとってよほどに可愛いものらしいが、おそらく牧の方は時政にくらべてうんと若くもあり、美しくもあったのであろう。

元久二年六月二十一日、時政はこのことを息子の義時と時房とに相談した。二人は、

「重忠は創業の功臣であり、忠義無類の者でありますので、故右大将のご信任も一通りならないものがありました。しかも、当家の聟であります。先年の比企の乱に当家に味方した功績もあります。彼に叛逆の企てがあるとのおことばでありますが、われらには信ぜられません。よくよく真偽をおただしの上でなさるべきでありましょう。粗忽《そこつ》に誅戮《ちゅうりく》を加えられましては、必定《ひつじょう》ご後悔におよばれましょう」

と言ったので、時政は黙りこんでしまい、座を立った。二人は辞去したが、追っかけて、牧の方の使者が義時の邸に来た。

「重忠が謀反していることを確かな筋から聞いたので、将軍のおんため、世のため、遠州（時政）様に申し上げたところ、お前様は重忠にひいきして、かれこれと弁護なさいまし

たとか。わたしが根も葉もないことを言ったとお考えなのですね」

という口上だ。女というものは、こんな場合にはよくこんな風な口のきき方をするものである。

義時だって、わが家をして源氏にかわらせたいと思う心は父とかわるところはない。前はそうではなかったろうが、頼朝の死後わが家の権勢が日に益し増大するのを見て、この気持になったのであろう。権勢というものの魔毒だ。重忠のように豪勇で、源氏にたいして一途《いちず》な忠心をもっている人物が、野心の邪魔になることは言うまでもない。

「この上は賢慮にまかせらるべし」

と答えて帰した。

明くれば二十二日だ。この日も昨日と同じく快晴だったとある。時政は軍兵《ぐんぴょう》をつかわして、由比ヶ浜近くにある畠山家の邸をとりかこみ、六郎重保を討取った。つづいて、義時が将となって大軍をひきいて馳せ向い、こんなことは露知らず鎌倉へ出て来る重忠を、武蔵の二股川に迎え討って討取った。

この時代の武士は将軍の名によって出された命令には理も非もなく従うこと、この大戦前の日本軍人と同じだったのであろう。三浦義村・結城朝光・宇都宮頼綱・和田義盛等、重忠と仲がよく、その忠誠無私の心をよく知っているはずの連中が、討手の勢《せい》の中に馳せ加わっているのである。かれこれ理窟を言うようでは統制上こまることになるから、こういう習慣が出来たのでもあろうが、一応の諫言ぐらいするのが、幕府に忠なる所以であろうと思うのだ。しかし、そんなことをしたら、自分が憎まれることになると思ったのであろうか。ともあれ、無智から来ているにしても、自愛から来ているにしても、武士達のこの根性が、いよいよ北条氏の独裁力を強化し、やがて和田氏も三浦氏もほろぼされるのである。

重忠の豪勇は当時の人の皆知るところだ、討手の大軍が打ち負け、重忠が鎌倉までおしよせて来るかも知れないというので、幕府では多数の軍兵をして四門をきびしく警備させたとある。なかなかのさわぎだったのである。

畠山氏の遺領はすべて勲功の輩に分賜した。この時、政子の御所の女房五六人も所領の分賜にあずかった。これらはすべて政子のはからいであったと吾妻鏡にある。

翌々月の閏七月十九日・二十日の条に、こういうことが出ている。牧の方は自分の女婿の平賀朝雅が新羅三郎義光の系統を引く清和源氏の流れであるところから、実朝を廃して、これを将軍としようとして、時政を説きつけ、共に陰謀していることが暴露したので、政子は時政にせまって落飾《らくしょく》させ、牧の方とともに伊豆北条郡におしこめたと出ている。朝雅自身はどれほどこの陰謀に関係のあったことか明らかでないが、この月二十六日に京都で在京のご家人らに討取られている。

牧の方という女性が恐るべき人物であったことは言うまでもないが、こんな浅はかな計画に動かされた時政もどうかしている。牧の方を溺愛していたからにはちがいないが、彼ほど姦智にたけた男でもこの時六十九、いささか耄碌《もうろく》して、野心だけが強烈になっていたのかも知れない。しかし、実朝の死後、京都から頼朝とのわずかな血のつながりを理由にして藤原氏を迎えて将軍に立て、それでことなくおさまっているところを見ると、朝雅を将軍に立てようというのはそれほど突飛な思い立ちではなかったとも思われる。将軍たる人は頼朝の血統にかぎるという空気は次第に稀薄になりつつあったとも見られるのである。

七

時政隠退のあとは、義時が執権となったが、これがまた今や時政以上に悪辣《あくらつ》で、権勢欲旺盛で、さまざまな術策をつかって和田義盛を憤激させて兵を起こさせ、これをたたきつぶし、やがて実朝将軍を頼家の遺子公暁《くぎょう》をそそのかして暗殺させたことは、世間周知のことである。

これで頼朝の血統はたえた。政子はどういう気持であったろう。時政と牧の方との陰謀

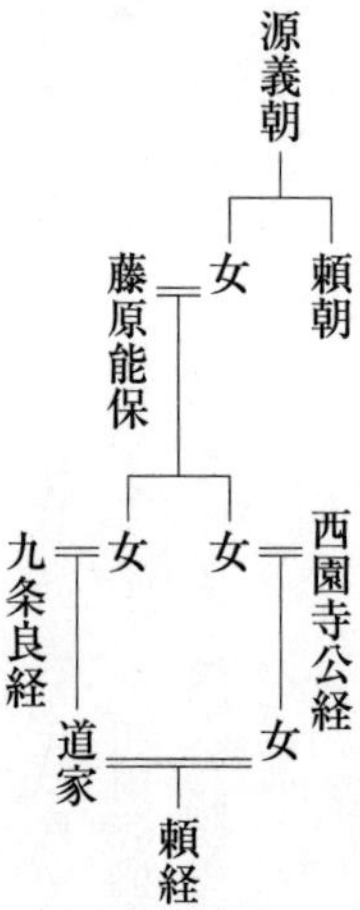

を怒って、伊豆に放逐したところを見ると、彼女が婚家を第一に考えていたことは疑うべくもない。泣いても泣ききれない思いであったろう。

実朝の死後、義時は政子と相談して、皇子一人を鎌倉に下してもらって将軍にしたいと朝廷に奏請したが、後鳥羽上皇はゆるさなかった。後鳥羽は討幕の計をめぐらしつつあったので、この奏請を入れては人質をつかわすことになると考えたのである。

幕府はいたし方なく、幕府に好意を持つ右近衛大将西園寺公経《きんつね》と相談し、頼朝とも血のつながりがあり、また公経の外孫にあたる九条頼経を迎えて将軍にすることにした。頼経はわずかに二歳、当時三寅《みとら》といった。

いうまでもなく、将軍とは名ばかりで、政治は全部義時の手中にあった。吾妻鏡を検すると、幕府から下す文書《もんじょ》も義時が全部を断じているから、政子はもう関係しなかったようである。義時が血のつながりのない政子を除外したのでもあろうが、政子自身、浮世の夢を見つくした気持で、関係する気がなくなってもいたのであろう。

後鳥羽は頼朝の系統が絶えた後、依然として幕府が存続しているのが気に入らない。上皇は源氏の系統がたえて幕府がほろび、皇権を回復出来るようにし、武士を手なずけたり、呪詛《じゅそ》・修法《ずほう》をやらせたり、準備おこたりなかったのである。実朝の官位をしきりに進めて右大臣にまでしたのは、呪詛のためだといわれている。古来、朝廷ではにくしと思う臣下を呪詛する一法として「官打《かんうち》」というのがあった。その人にふさわしくないほどの高官に上せると、位負けして死ぬという呪法だが、実朝はそれにかかったというのである。

後鳥羽は歴代の天皇中屈指の英明な人だが、幕府政治が時代の要求にマッチして起こったものであるということが理解されず、単に頼朝の野心によっておこったものとしか考えられなかったようだ。それ故その子孫が絶えれば幕府も解体すべきものと見ていたのに、依然としてつづいているので、失望し、腹を立て、ついに討幕にふみ切った。

ことが勃発したのは幼年将軍頼経が鎌倉に迎えられた翌々年、承久《じょうきゅう》三年の五月であった。鎌倉幕府は震撼した。

おとろえたとはいっても、皇室の尊厳にたいする畏怖感情は当時の武士らには強烈なものがある。おそらく、皇室を利用ばかりして来た公家らより純粋な敬意を持っていたろう。人々は意気がふるい立たない。それをふるい立たせたのは、政子である。

彼女はこの時六十五だ、承久兵乱記と承久記によると、彼女は庭の隅々まで埋めつくした武士らに向って、妻戸のすだれをおしあけて、一世一代の大演説をおこなった。先ず自分が頼朝の妻となって以来の平家追討、天下統一に至るまでの苦労をのべ、頼朝におくれ、頼家・実朝におくれた悲しみをのべ、自殺しようとまで思ったが、義時の諫めによって、頼朝の菩提をとむらい、その功業を永くのこすのが自分のつとめであると思って生きながらえていることを述べ、皆々も三代の深いご恩をこうむっているはずだ、その三代のおん墓が敵の馬蹄《ばてい》に蹴散らされてあとかたもなくなり、この鎌倉の地が牛馬の牧場《まきば》となることをなんぼう口惜しいとは思わぬか、とのべ、語調をかえ、

「皆々心を一つにしてうけたまわられよ。わしが最後のことばである。日本の侍達は、昔は大番は三年の期間であったので、人々はその番にあたると、一期《ご》の大事と出で立ち、郎従・眷属《けんぞく》にいたるまで、美々しく装わせて京上りしたが、三年の期満ちて帰る時には財宝費いつくし、馬もものも売りはらい、供の者もなく、蓑笠を首にかけ、徒歩《かち》はだしのみすぼらしい姿で下って来るのを常とした。それを故殿《ことの》(頼朝)あわれませ給うて、三年の期を六カ月にちぢめ、身代に応じて割りあて、諸人助かるようにして下された。近いことじゃ。お忘れではあるまい。これほど情深くあらせられた故殿のご恩が忘れられるものであろうか。忘恩の徒となって京方へ味方するならそれもよし、はっきりと申し切って、敵味方を明らかにされよ」

六十五歳のお婆さんが、涙をふるっての大熱弁だ。武士達は幕府が自分達の利益を保護

するものであり、朝廷は何の利益もあたえてくれない空権威《からけんい》にすぎないことを痛感した。どっと闘志が湧いて、東海・東山・北陸の三道から総勢十九万、文字通りに雲霞のごとく攻めのぼったのであった。

この乱から四年後、嘉禄元年七月十一日、死んだ。六十九であった。

政子は悪人ではない。常に善意をもって婚家のためによかれと努力しつづけた人であるが、あまりにも勝気であり、賢かったために、夫の在世中にはその独占欲によって夫を苦しめ、夫の死後は子供らの圧迫者となり、ついに実家の父や弟に乗ぜられて、婚家をほろぼすに至った。これに類することは、今日でも世にめずらしくない。憎むより、気の毒がってやるべき女であろう。

人の世は善意だけではかえって悪となることが少なくない。

政子の一生は、われわれに善意が善となるためには叡智がともなわなければならないことを教えるものであろう。

北条高時

一

鎌倉幕府は約一世紀半つづいたが、その半ばを過ぎる頃からガタが来はじめた。幕府のよって立っている基礎である御家人《ごけにん》の貧困化がはじまったからである。平和が長くつづけば、人間はしぜんぜいたくになって行くものだが、御家人は大番役《おおばんやく》その他幕府に負うている義務があって、その貧困化は一層速められた。大番勤務による経済的負担《ふたん》が一通りのものでなかったことは、北条政子伝で触れたが、彼らがその機会や他の義務によって京や鎌倉に出て都会生活を経験し、ぜいたくを覚えたことは最も当然なことであったろう。

人間社会の物質生活は豊富に向って進行するのが本来の姿だ。戦争や、飢饉《ききん》や、権力による政治的原因によって、時として逆行することもあるが、それが本来の姿でないことは言うまでもない。生物の本能は快楽をもとめるが故に豊富をもとめるし、人類の知恵はそれに向って孜々《しし》たる努力をつづけるから、豊富になって行かざるを得ないのであるが、歴史上そのテンポが急調な時代と、緩慢な時代とがあるのはまぬかれない。

鎌倉時代は、そのテンポが急調な時代であった。

第一には、農業生活が急速に増加した。稲の刈入れをした後に麦をつくる二毛作《にもうさく》の耕作がはじまったのはこの時代だ。

第二には、手工業が発達して、自分らの利益を保護する同業組合である座《ざ》の組織をつくるほどになっている。

第三には、こんな風に物資が豊富になったため、各地に市《いち》がひらけ、大都会では毎日が市日である常市《じょういち》となって来た。つまり、棚《たな》であり、店《たな》である。こうなると、市のすがたも生産者が自らの生産物を自ら持って出て他の必要なものと交換するのでは追っつかない。どうしても商業専門の者——商人が出て来ざるを得ない。商人はこの前の時代だって、末期には金売吉次《かねうりきちじ》のような者が出ているのであるが、それはきわめて少数であった。それが多数に発生したところにこの時代の特色がある。この商人連中も座を組織して、同業者の利益を守った。

東洋でも西洋でも、中世という時代は経済的には同業組合の時代で、その組合員以外は、商人も職人も営業することが出来なかった。組合員以外の者がその業を営もうとすると、組合員がじゃまして営ませなかった。その権利を認められていたのだ。貨物をもって関所を通ったり、港に入ったりすると、関税を課したのであるが、組合員にはそれも免除されていた。この組合を座といい、座員たることを許可する権限は、公卿や神社や仏寺等が持っていた。山城大山崎《おおやまざき》の離宮《りきゅう》八幡が荏胡麻《えごま》油座の特権をもっていたことは、「武将列伝」斎藤道三伝で述べたが、京都祇園社は綿座の特権を持ち、奈良の東大寺や興福寺は木工《もく》座・塗師《ぬし》座・葺工《ふきく》座等の特権をもち、公卿の三条西家は青苧《あおお》座の特権をもっていた。座に属する商人や職人らはその寺社や公卿の家来分ということになっていたから、いろいろな特権を朝廷が認めていたのだ。

第四、こんな風であったから、外国貿易も盛んであった。宋《そう》との貿易はすでに平安朝時代から盛んで、平清盛がこれを一層盛んにしようとして兵庫に築港にかかったことは清盛伝でのべたが、その後も盛んになる一方であった。鎌倉時代初期の歌人藤原定家《さだいえ》の日記である明月記に、こうある。

「伝へ聞く、去・今年異朝の鳥獣、華洛に充満すと。唐船、意に任《まか》するの輩、面々にこれを渡すか。豪家競って眷養《けんよう》す云々」

異国のめずらしい鳥獣まで輸入していたことがわかるのである。

定家と同じ頃の人で太政大臣であった西園寺公経《きんつね》は自ら貿易を営んで、貿易船を宋に出して、宋の皇帝に三間四面の檜造りの家屋を贈り、返礼に銭十万貫、鸚鵡《おうむ》、水牛などをもらっていることが、森克己氏の「日宋貿易の研究」に出ている。

何しろ、幕府自身が貿易船をもっていて、これを「ご分《ぶん》唐船」と呼んでいたのだ。

これらの貿易品目が奇鳥・珍獣だけでなかったことは言うまでもない。日本からの輸出品は砂金・水銀・真珠・木材・薪絵《まきえ》や螺鈿《らでん》等の器具・日本刀・硫黄などで、とくに日本刀や硫黄が多かった。宋代の名文章家欧陽修の詩に日本刀を詠じたものがあって、口をきわめて激賞している。

真珠が貿易品目にあがっているのは、今日の御木本《みきもと》真珠と思いくらべて興味があるが、日本の真珠はずっと上代から中国では有名で、向うの史書に倭国の海には径一寸の真珠を産するとある。中国式誇張ではあるまい。ずっと上古にはそんな大きな真珠もまれには産出したのであろう。

宋からの輸入品は、沈木《じんぼく》、麝香《じゃこう》などの香料、蘇方《すおう》・菜種・磁器・綾・錦・絵画・書籍・文房具など。奇鳥・珍獣はすでに言った。

第五、日本では平安朝中期の村上天皇の時以来銭の鋳造は絶えていた。物資の量が少なく、経済が未発達であったので、大方は物々交換でこと足りて、それほど貨幣が必要ではなかったからだが、以上のようなわけで経済が発達して来たので、平安末期から貨幣の流通が多くなり、この時代になっては益々その傾斜が強まった。その貨幣には多く中国の銭が使われた。その時代これを「犠貨(ぎか)」といい、日本銭より価値が高くあつかわれ、経済の中心貨幣となった。

鎌倉時代の中期には蒙古と日本との国交が断絶したのであるが、貿易は中断されていない。戦時状態のつづいている期間も継続されていることは、日本側の記録でも元史でも明らかだ。

早い話が、蒙古の襲来を撃退した北条時宗に大感化をあたえた祖元禅師は、貿易船で日本に来ているのだが、それは第一次の蒙古襲来と第二次の襲来との間である弘安二年六月のことだ。戦争は戦争、貿易は貿易と、当時の人は政府も民間も考えていたのであろうが、せきとめることの出来ない強い勢いであったことがわかる。

以上五項目、どの一つをとっても、この時代に日本の社会経済が急テンポに発達したことがわかるであろう。こんな時代に、昔ながらの質素倹約《しっそけんやく》を守ろうとしても無理だ。特殊な個人としては出来ても、一般的風潮としては、どうしてもぜいたくになって行かざるを得ない。

もともと収入のワクがきまっている御家人だ。農業技術の進歩で収穫がふえたり、開墾やなんぞで所領地をふやしたりしても、それは知れたものだ。収入は支出に追いつきっこない。年々に貧乏になって行ったのであるが、こうなれば、昔も今も同じだ。することはきまっている。

所領地を売ったり、質入れする。売ればもちろんだが、質入れでも負債が返済出来なければ抵当流れになる。所領を持たない御家人が出来て来た。謡曲「鉢の木」にある佐野源左衛門や太平記巻三十五の「北野通夜《つや》物語の事」の章にある難波の浦の年老いた尼は、一族の者に重代相伝の所領を奪われたのを、北条時頼の仁心によって取りかえしてもらうという筋になっているが、本当はやりくりの拙劣さから借金のかたに取られたのかも知れない。債権者が一族の者で、それが法外な高利であったとすれば、一族の者の姦計《かんけい》にかかって横領されたといわれないこともない。

ともかくも、鎌倉時代も中期になると、このような武士が多数あったのである。「鉢の木」の話や太平記の難波の浦の老尼の話は、この時代のこうした御家人層一般の姿をよく表わしているのである。

御家人層を土台にして立っている幕府にとって、これはまことにこまることであった。また幕府は御家人を保護しなければならない立場にあるのだ。いろいろと方策を講じた。最初は所領の売買や質入れすることを禁止したが、他に金融の途のないかぎり行なわれるはずがない。次には最初の売値で買いもどすことの出来る本物返《ほんもつがえ》しの法を布いたが、買いもどしの出来る者が少ないから効果があまり上らないばかりでなく、買手にこんな不利な法律が行なわれるようでは買う者がいなくなるのは当然のことで、金融の途がはたと絶えることになった。御家人らは一層こまった。

そうこうしている間におこったのが、蒙古問題だ。御家人層は軍役《ぐんやく》だ、石塁つくりだ、やれ何だと、無闇に金のかかることになった。当時の法として、出役者の費用は糧食から何から皆自弁だ。北九州の海岸地方に今日も所々にのこっている石塁はこの時築いたものだが、これはこの時代九州に所領を持つ者全部――御家人・非御家人・神社・仏寺、すべての地主にたいして、所有地一段につき一寸の率でわりあてて築かせたものだ。十町歩の地主といえば、当時としてはごく小身なのだが、それすら一丈の石塁を築かされたのだ。高さ五六尺、底部のはば十尺、上部のはば五六尺、中もほとんど全部石をつめるという堅固なものを一丈だ。ずいぶんな負担だ。

しかも、蒙古問題ははっきりした終局がなく、二度目の襲来のあった弘安四年から二十四年後の嘉元三年六月に、幕府が当時鎌倉にいることの多かった島津氏にたいして、早く九州の所領に居住して、異賊防禦のことにつとめよと命じている文書さえあるくらいだから、少なくとも前後三十年間は、西国の御家人らは戦時体制を解くことが出来なかったのだ。気苦労もだが、経済上の負担たるや大へんなものだ。

御家人らの貧困には拍車《はくしゃ》がかかった。所領を失う者がやたらに出て来た。そこで、弘安の役から十六年目の永仁五年三月に、徳政令と名づけて、

「これまで御家人が売却《ばいきゃく》したり質入れしたりした土地は無償でもとの持主に返すこと。もっとも、もし買取り主や債権者が御家人である場合には、二十年以前の分は認める。非御家人の場合は一切認めない。その他一切の貸借も破棄すること」

という法令を出した。

御家人にとってはまことに有利な法令であったが、こんなやり方は一時的には効果があるようでも、劇薬と同じだ。副作用がひどい。また自然の発展はせきとめられるものではない。鎌倉時代末期まで二度もこの激烈な経済措置をとっているところを見ると、いたちごっこで効果はなく、御家人の窮迫はますます募《つの》って行ったと見てよい。

幕府の基盤である御家人層がこうなっては、幕府が弱体化するのは当然のことだ。

二

幕府の存立をおびやかす原因は一にして足りない。経済の苦しいものが経済問題で争いをおこし易いの当然のことだ。所領の隣り合っている者同士の境目争いや、一族の者同士

の財産争いがひんぴんとしておこって来た。当然その訴訟は幕府に持ちこまれて来る。北条政子伝で触れたように、幕府はこういう問題を手際よく、そして権威をもって裁くところにその存在の意義の大部分があるのだが、あまり多いからさばき切れない。手間どると、そこに裁判を早くしてもらうため、また有利な判決を買うために、賄賂《わいろ》や進物をする者が必ず出て来る。一人がやってうまく行くと、やらぬは損だと一世の流行になる。この間の消息は、裁判に関してではないが、経済上のことについて、戦中から占領期間にかけて、いやいや今日もなお饗応や賄賂が公行している事実を見ている現代人には、最もよくわかることであろう。

さばく方でも、誘惑される機会が多いから、汚職に陥る者が多い道理だ。公正を欠く裁判ばかりという結果になった。

こうなると、

「何のための鎌倉殿ぞや」

という空気が天下に瀰漫《びまん》して来るのは当然のことである。

蒙古襲来が御家人層の経済苦に拍車をかけたことはすでに書いたが、そのほかにも幕府に不利な条件をつくった。その一つは幕府の経済が苦しくなったことだ。軍事費ももちろんだが、全国の神社や諸大寺に命じて行なった祈禱や修法《ずほう》の費用もずいぶん莫大なものだった。その二は、恩賞について天下の不平不満を招いたことだ。とにかく敵を二度とも撃退し得たのだ、功ある者には恩賞をあたえるのは古今の法だ、祈禱・修法につとめた社寺にも、武功のあった将士らにも恩賞をあたえなければならないが、勝ったといっても、一寸の土地がふえたわけではない。国内の土地をやりくりしてあたえるわけだから、どうせ十分なことが出来ようはずがない。皆不満だ。これも幕府をうらむことになり、当然、幕府の基礎を弱めることになるのである。

まだある。

前に御家人が売却したり質入れしたりして所領を失ったと書いたが、それを誰が買ったかと言えば、借上《かしあげ》と称する連中が買ったのだ。つまり高利貸だ。年に十割からそれ以上の利子を取ったというから、抵当流れも多いはずだ。

この借上には二種ある。一つは同じ御家人なかま。今一つは凡下《ぼんげ》で、金を貸せるほどに金をたくわえたもの。凡下は奴隷ではなく自由民ではあるが、元来は所領など全然持っておらず、至って貧しいものであったのに、何かの方法で財をたくわえて、金を貸せるようになったのだ。

御家人の借上がますます所領豊かな豪族になり、ついには幕府の手におえないほど強大になって行ったことはもちろんであるが、凡下の借上も在地地主となり、武力をたくわえて武士となって行った。この連中は単独ではそれほどの力はなくても、横に連繫《れんけい》して、同じ凡下なかまと結んだり、在地の御家人と結んだり、貧困のため所領を失ったり、罪にふれて御家人たる身分を剝奪されて、自暴自棄のあまり暴民化している連中と結んだりすると、侮れない力となる。この力をもって、この在地武士団は不在地主の所有地である荘園に乱入して、政所《まんどころ》や在家を襲撃したり、年貢や資財などをうばい、時には占拠して城郭《じょうかく》をかまえたりするようになった。これをこの時代のことばで「悪党」という。

悪党の横行が治安の上から重大問題であることは言うまでもないが、幕府のよって立っている御家人制度を根柢から破壊するものである点において、幕府にとっては一層の大問題であった。楠木正成の父祖が悪党といわれる人々であったことは、楠木正成伝で述べたが、正成の例を見てもわかるように、悪党は幕府のおそるべき敵に成長して行ったのである。

要するに、以上述べて来た数々のことは、ずっと以前から社会の発展につれて自然に胚胎《はいたい》し、自然に進んで来たものであるが、蒙古問題によって拍車がかけられ、幕府を亡滅に近づけて行ったのである。

蒙古問題を処理した北条時宗の子であり、本伝の主人公高時の父である貞時は、祖父の最明寺入道時頼と同じように諸国をめぐり歩いて、政治の非違《ひい》を正したと、太平記にあるほどで、——この話は史実としては信ぜられないが、こういう話が作為されるくらい善政をしこうと努力した人だが、うまく行かなかった。時勢というべきである。

高時の生まれたのは、こういう時代であった。彼の生涯をながめる上に、このことは重大である。

三

高時は相模守で執権であった貞時の子である。幼名成寿丸、正和五年（一三一六）七月に執権となった、十四歳という若さであった。こんなに若かった上に、かなり狂気じみた性質であったと、増鏡と保暦間記にある。前者には「心ばへなどもいかにぞや現《うつつ》なくて」とあり、後者には「ほとんど妄気《ぼうき》の体《てい》にて」とある。こんな人物がどうして執権になったかというと、北条氏の嫡流に生まれたからのことである。幕府の制度はきちんと整備されているのだから、将軍が飾りものであると同じく、執権も飾りものでよいではないかというところであったのであろう。

高時が執権となった当初は、妻の父秋田《あきた》城介《じょうのすけ》安達時顕《ときあき》と内管領《ないかんりょう》長崎円喜入道とが心を合わせて輔佐し、泰時（鎌倉時代における第一の名政治家。幕府の基礎も北条氏の執権としての地位もこの人の時代に確立したと言えよう）以来のやり方を忠実に守ることにつとめたので、一応ぼろが出ないですんでいたが、円喜が老いて隠居し、その子高資《たかすけ》が内管領となって政をとりはじめると、いろいろぼろが出て来た。

高資は狡猾で、多欲で、専横な人物だったので、高時の阿呆《あほう》であるのに乗じて、わがままのかぎりをつくし、強欲非道なふるまいが多かったので、人々いかり憤り、民心は日々幕府を離れたと、保暦間記にある。「父にそむきたる子なれば、高資政道も心よからざるにや、天下万人のなげき、そこはかとなく重りもて行きければ、坂東の侍どもに深う疎まれにける。世の中はかばかしからじと諷《ふう》する声、巷にみつ」というのが原文だ。

高資の執政ぶりが諸人の離反を招き、幕府の権威を失墜した最も端的な例が、保暦間記に出ている。鎌倉時代の初期、北条義時の執権の時代から、幕府の代官として陸奥の津軽に派遣されて蝦夷を統治していた安東氏という御家人があった。この時代、この安東氏の一族内に、内紛がおこり、代官職をめぐって、安東五郎季久と又太郎季長の兄弟がたがいに争い、訴訟となった。高資はその両方から賄賂を受けて、両方に都合のよいことを言ったので、さわぎはかえって大きくなった。ついには家人らも二つにわかれ、蝦夷も両派にわかれ、合戦さわぎになった。元亨《げんこう》二年の春のことである。そこで、幕府から討手をつかわしたが、勝つことが出来ない。討手側の死傷ばかりが多かった。高資はいく度も討手をつかわしたが、数年間にわたって平定することが出来ない。

「承久《じょうきゅう》三年（承久の乱）よりこの方、関東の下知《げち》とだに言へば、少しもそむくことなく、賤しきものまでみ教書など帯《たい》することあれば、いささかも軽しむること、代々なかりしかども、関東の政道正しからざるによりて、武威も軽くなり、世も乱れ、人もそむき、郡県の軍隊蜂起《ほうき》す」

と、保暦間記の筆者は論断している。

この間、高時はどうであったかといえば、増鏡に、「朝夕好むこととては、犬くひ（闘犬）・田楽《でんがく》などをぞ愛しける」とある。太平記にはこのことをくわしく、またおもしろく書いてある。

「当時京都では田楽が大流行で、貴賤こぞって賞翫した。高時はこのことを聞いて、多数の田楽芸人らを鎌倉に呼んで、日夜に見物して楽しんでいた。気に入りのあまり、おも立った大名らに田楽法師を一人ずつあずけて着飾らせたので、これは誰がし殿の田楽、かれはなにがし殿の田楽などと世間では言い立てた。そのため、大名らは一層精を出して金銀珠玉、綾羅錦繡《りょうらきんしゅう》をおしまず着飾らせるようになった。

酒宴の席で、この者共が一曲を奏すると、高時をはじめとして一族・大名らがわれおとらじと着ている直垂《ひたたれ》や大口袴《おおくちばかま》をぬいで、はなとして投げ出したので、これらが積んで山をなした。大へんなものいりであった。

ある夜のこと、いつものごとく高時は酒宴して、酔って興の発するあまり、自ら立って舞ったところ、かねて京から招き下している田楽共が十余人、どこからともなく忽然《こつぜん》として座敷にあらわれ、席について歌うもあり、立って舞うもありして、大へんなにぎわいになった。そのうち、拍手をかえて歌う。

天王寺の
妖霊星を見ばや

高時の館《たち》の女房があまりにおもしろげであるので、忍びよって障子のすき間からのぞいてみると、京下りの新座・本座の田楽共と見えたその者共は一人として人間ではなかった。あるいは曲った口ばしをした鳶《とび》のような顔のばけものであり、あるいは山伏の服装をして身に翅《はね》の生えた者であり、すべて異形《いぎょう》異類の妖怪共が人間に変装しているのであった。

女房は肝をつぶして、高時の舅《しゅうと》安達入道に人を走らせてこのことを告げた。安達入道はとるものもとりあえず、太刀をつかんで駆けつけたが、宴席に通ずる中門を入ると、その足音を聞きつけて妖怪共はかき消すように消え失せ、高時は杯盤《はいばん》の狼藉《ろうぜき》たるなかに前後も知らず酔臥《すいが》していた。安達入道はあかあかとともし火をつけさせて、よくよく座敷の様子をしらべると、踏みよごした畳の上についているのは鳥や獣の足あとばかりであった云々」

この時代、後醍醐《ごだいご》天皇は幕府討滅の計をめぐらしていたのだから、この田楽共は案外天皇の密旨をふくんだスパイ共だったかも知れないのを、太平記の作者がこう表現したのかも知れない。可能性は大いにある。文学にたいする人間の興味が変って来て、現代の人は神怪譚《しんかいだん》よりスパイ譚の方をおもしろがるようになっているが、昔は合理性のある話より神怪譚の方がよろこばれたのである。

闘犬のことについてはこうある。

「ある時、庭前に犬が集まってけんかをはじめたのを見て、おもしろいことに思い、それから闘犬ファンになり、諸国に命を下して、正税や官物のかわりとしてまで、猛犬をさし出させたり、権門・勢家にわりあててさがさせたりしたので、国々の守護・地頭や、所々の一族の大名らは、それぞれに十匹・二十匹と飼い立てて、鎌倉におくった。高時はこれらの犬共を魚鳥の膏味《こうみ》をもって飼い、金銀をちりばめた檻に入れ、いささかも費用をおしまなかった。外へ出す時には輿《こし》にのせて往来させ、道行く人はこれに逢う時は馬を下りてひざまずいた。遠行の場合は道中筋の村々の農夫らに夫役《ぶやく》として舁《か》かせたので、農夫らは農事を抛擲《ほうてき》してそれをつとめなければならなかった。かくて鎌倉中には肉に飽き錦を着た猛犬が四五千匹もいた。一月に十二回の闘犬日を定めて、闘わせたので、その日は一族の大名、譜代《ふだい》・外様《とざま》の人々が堂上から庭前に至るまで並びすわって見物した。時には一二百匹の犬を一時にはなして闘わせたので、入れちがい、追い合い、上になり下になりして咬み合う声が、天にひびき地をゆるがすすさまじさであった。心なき者は、ただ面白がって、

『あなおもしろ、人間が戦場に雌雄を決するとかわるところないわ』

と言ったが、智ある人は、

『あないまいまし。飢えた野犬の野に人の屍《しかばね》をむらがりむさぼるとそっくりである』

と、悲しんだ云々」

ずいぶん無茶な話である。前に述べたように、幕府の崩壊の要因は出そろったのである。こんなことをしていられる境遇ではなかったはずであるが、阿呆というものはしかたのないもので、形だけはまだ儼然《げんぜん》としている幕府の権威の上に立って、ばかげたことばかりして、一層人心を離反させていたという次第だ。

しかしながら、これは増鏡・保暦間記・太平記等の記述をもととしての観察で、あるいは、高時はこれらの書物に書かれているような半狂人の薄阿呆でなく、相当敏感でかしこい人物だったかも知れない。彼の父貞時が生涯努力を傾倒してどうにもならなかった時勢なのだ。

「どうにもなる世の中ではない」

と見切って、自暴自棄になり、こんな風に遊戯的なことに節度を知らず溺れて行ったのかもしれないのである。

昔の人はこんな人間にたいしては、細かな思いやりがないから、つい一刀両断的に、狂人だとか、阿呆だとか、悪人だとか、折紙をつけてしまうのである。時勢を考えれば、同情すべき点は多いのである。

四

ここで、後醍醐《ごだいご》天皇の討幕を書かなければならないが、その前に皇室両統のあつれきに触れる必要がある。

寛元四年（一二四六）正月に、後嵯峨《ごさが》天皇は皇太子久仁《ひさひと》親王に譲位した。後深草《ごふかくさ》だ。わずかに四歳であった。もちろん実権は後嵯峨上皇《じょうこう》にある。

後深草はからだの弱い人であった。増鏡の第六「煙のすゑずゑ」の巻に、

「後深草は建長五年（一二五三）正月十三日に年十一で元服された。大へん上品な容貌の方ではあったが、あまりに小柄であったのではえ立たなかった。その上、お腰がお立ちにならなかった。ところが、閑院《かんいん》の内裏《だいり》に火事がおこった時、そのさわぎでりっぱにお腰が

立った。上下の人々は内裏の焼けた不幸はなげかず、このことをよろこび合った」とある。閑院の内裏の焼けたのは建長元年（一二四九）のことだから、即位三年目、後深草七歳の時だ。

しかし、その後も依然虚弱で、性質も温和すぎるほどの人であったようだ。後深草には同母の弟親王《みこ》があった。恒仁《つねひと》親王だ。この皇子は気性もたけていたようで、後嵯峨上皇の鍾愛《しょうあい》は一方でなく、正嘉二年（一二五八）八月に後深草の皇太弟に立てたかと思うと、翌年十一月には後深草に譲位をせまって、恒仁を即位させた。亀山である。この時後深草はわずかに十七、亀山は十一にすぎなかった。同母の皇子であるから、生母の希望によっての運びとは思われない。後嵯峨の亀山にたいする愛情からのこととしか考えようがない。

これで上皇が二方になったわけで、後嵯峨を一院、後深草を新院という。政権はもちろん依然後嵯峨がにぎっている。

心にもない譲位をさせられて、後深草は不平であったにちがいないが、さしあたってのことはおこらない。問題はずっと後年におこった。

後嵯峨は文永九年二月十七日になくなったが、その死の少し前に遺言状を書いて、

「まろが死んで五十日目に披見するよう」

と言いおいてあった。

五十日経って、後嵯峨の后《きさき》で、後深草・亀山両天皇の母后である大宮院（藤原姞子《きつし》）は、円満院宮円助法親王と前左大臣洞院実世《とういんのさねよ》とを立合わせて披見した。その遺言は、財産わけと、治世の君についてのことであった。

一つ、治世の君のことは幕府のはからいにまかせる。

二つ、長講堂領・播磨国衙領《こくがりょう》・尾張熱田の社領・諸家の記録は後深草上皇にゆずる。

三つ、冷泉殿《れいぜいでん》・御文庫・讃岐国の所領・美濃国の所領・和歌と鞠《まり》の文書《もんじょ》は亀山天皇にゆずる。

四つ、六勝寺とその所領・鳥羽殿は治世の君についたものとする。

という要領のものであった。

この「治世の君」ということばにはとくに説明が必要であろう。これは実際に世を治める上皇または天皇という意味で、後嵯峨のこしらえたことばなのだ。平安末期以来、院政《いんせい》が普通となって、上皇が、しかもその上皇が数人在世の場合は一番古い方が政治をとられるのが例になり、天皇が親政するのは上皇のない時に限られていた。だから、もし後嵯峨が先例に従うつもりなら、これは特に遺言する必要のないことであった。上皇である後深草の院政に、自然になって行くわけであった。後嵯峨がこんな新語までつくって、こんな遺言状までのこしたのは、後深草に院政させず、亀山に親政させたいと思ったからである。亀山のよろこびに引きかえ、後深草の不愉快さは深刻なものがあったろう。しかし、おとなしい人だけに、この時には別段の苦情も言わなかった。

亀山は「宸筆《しんぴつ》で」というからみずから筆をとって、幕府に、

「故院のご即位は関東のはからいによったものであった。あれを先例として、院とまろのいずれかを、世を治むべき君と定めてもらいたい」

と言い送った。幕府にはすでに後嵯峨の遺詔が通じてある。亀山としては満々たる自信があったに相違ない。

ところが、幕府の方では、後嵯峨の意志はよくわかっているが、はっきりと、明言されているわけではない。随順して先例を破っては、事が事だけに、責任が大きすぎると思ったのであろう。大宮院に、

「故院のご意志はどなたにおわしたのでしょうか」

とうかがいを立てた。責任を回避したわけだが、これは責められない。もし幕府が、

「先例にしたがって、後深草が院政なさるべきでございましょう」

と回奏すれば、亀山方では必ずや、故院の遺詔を無視したと言い立てるであろうし、

「故院の遺詔を案じますに、ご意志は当今《とうぎん》にあられるようでありますから、当今ご親政遊

ばしますように」

と回奏すれば、後深草方では、みだりに故院のご意志を忖度《そんたく》して、先例を破壊するというに相違ないのである。相手が皇室だけに、幕府としてはまことにこまるのだ。

思うに、幕府としては、大宮院の口先一つにかかっているのだから、「ご意志は後深草院にあった」と言ってくれれば、先例を破ることもなく済む、同じく腹を痛めた二人だ、兄帝《あにみかど》の方を立てて下さるであろうという腹があったのではなかろうか。大宮院に政治的才幹があればそう答えたはずと、ぼくは思うのであるが、大宮院は正直な女性でしかなかった。

「ご意志は当今《とうぎん》にありました」

と、答えたので、もうしかたがない。ついに、亀山天皇親政となった。

増鏡には、皇室に坂上田村麻呂将軍の佩刀《はいとう》が伝承され、これが後深草のまもり刀となっていたのを、亀山は故院の遺詔であると言い立ててとり上げてしまった。それらのことから、後深草は、

「親甲斐がない」

と、大宮院をうらんだと記述している。

後深草が大宮院をうらめしく思ったのは、この時ばかりでなく、幕府からの質問にたい

して大宮院が「故院のご意志は当今にあった」と答えた時、すでにあったにちがいない。おとなしい人だけに、こらえにこらえていたのが、まもり刀事件の時、ついこのことばになって出たのであろう。

この後嵯峨の遺詔事件は、昔は増鏡と梅松論《ばいしょうろん》の記述が信ぜられて、「皇位は永久亀山系のものたるべし、後深草系は思いを絶ち給うべし。そのかわりに皇室財産の大部分を占めている長講堂領その他を進ずべし」という遺詔であったので、後深草系はうらみ悲しんだということになっていたが、星野恒博士の研究以来、上述の説が行なわれている。

古い書物の記述でこの説に最も近いのは五代帝王物語と神皇正統記《じんのうしょうとうき》である。前者が前半を語り後者が後半を語って、あわせ読んではじめて全貌がわかるが、ともに簡略をきわめていて、ここに書いたほどくわしくはない。

さて、こうして後嵯峨の遺言は実行にうつされたわけで、亀山の次にはその皇子後宇多《ごうだ》が立てられた。後深草は世をはかなみ憤って出家しようとまでした。当時の幕府の執権は北条時宗であったが、仲裁して、後宇多の皇太子には後深草の皇子凞仁《ひろひと》親王が立つようにしたので、後深草もきげんをなおして出家をやめた。凞仁は即位して伏見《ふしみ》天皇となる。

これで後嵯峨の遺言はご破算になったわけだが、以後皇統は二つにわかれ、後深草・伏見の両上皇が持明院《じみょういん》にいて政をとったのでこの系統を持明院統といい、亀山系統は後宇多が大覚寺《だいかくじ》にいたところから大覚寺統といい、両統は憎悪し合って、現在皇位にある側は一日でも長く位に居ようとし、皇位にない側は一刻も早く退位してもらおうとし、それぞれ幕府に運動したり、相手側を悪しざまに告口したりして、皇室の尊厳をみずからおとすようなことばかりするようになる。持明院統が後の北朝となり、大覚寺統が後の南朝となるのである。

両統のあつれきと競争はずいぶん激烈なものがあった。

その一例。

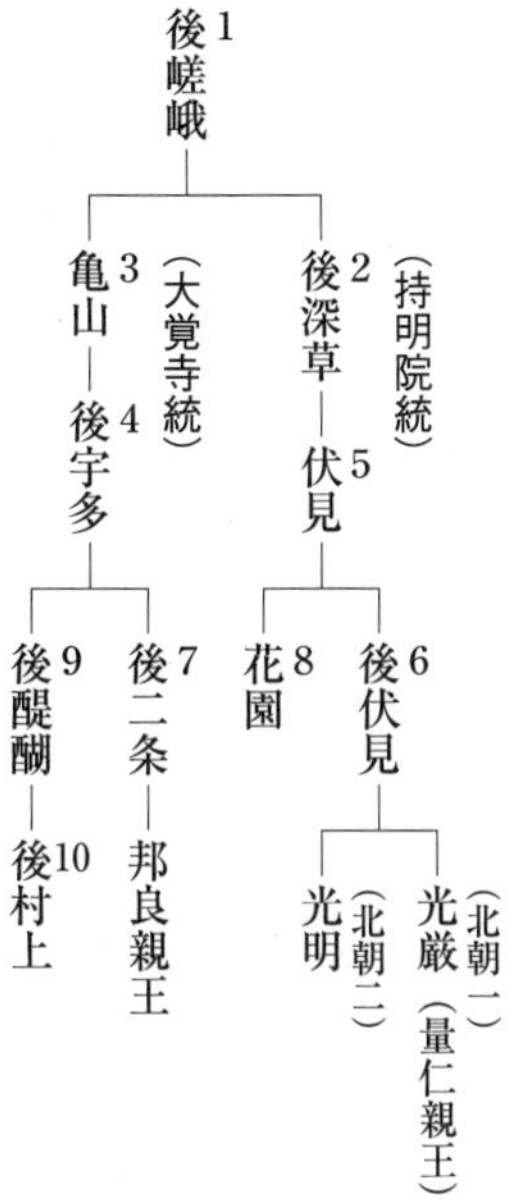

梅松論によると、持明院統は皇位を長く自系で独占しようとして、亀山上皇のことをしきりに幕府に讒《ざん》して、

「亀山院は英邁《えいまい》で承久《じょうきゅう》のことを思って（後鳥羽上皇のような志を持っての意）、

幕府に二心を抱いておられる故、幕府は用心をおこたってはならない」

などと言って、大覚寺統と幕府とを離間しようとつとめたとある。

その二例。

これは保暦間記と増鏡にある。正応三年三月九日の夜、当時の天皇は持明院統の伏見天皇であったが、内裏《だいり》西面の宜秋門《ぎしゅうもん》からおそろしげな武士が三四人、馬に乗ったまま駆けこんで来て、ご殿に上り、女官の局《つぼね》の口に立って、

「おいこら」

と呼びかけた。赤地錦の直垂《ひたたれ》に緋《ひ》おどしの鎧を着、たけ高く、たくましく、まるで赤鬼を見るような男だ。女官がおどろきおそれていると、

「みかどはどこにおやすみじゃ」

という。おそろしくて答えないではいられない。

「夜のおとどに」

「それはどこじゃ」

「南殿から東方の隅」

赤武者はのしのしと南の方へ歩き出した。

女官は家の中を通って天皇のところへ行き、おつきの女官らにこのことを告げたので、

さっそく天皇に連絡した。天皇は中宮の御所に行っていたが、中宮とともに逃げた。太子も抱いて逃げた。

この赤武者は甲斐の国の住人で浅原太郎為頼という者であったが、間もなく駆けつけた篝屋武士《かがりや》（京都市中を警護する役目の武士。御家人の役になっている）に囲まれて、紫宸殿で自殺した。弟の八郎というのは十九歳であったが頑強に抵抗した後に自殺した。

保暦間記によると、この男は所領をなくして諸国で悪党狼藉をするというので、かねて追捕《ついぶ》令の出ている者であったという。自暴自棄になっている御家人くずれだったわけだ。

この時この者の射出した矢には「太政大臣源為頼」と書いてあったという。三条宰相中将実盛が浅原と同意だというので、六波羅《ろくはら》に呼び出したともある。

このことは、亀山の煽動によっておこったといううわさがぱっと立ったので、天皇は早速これを幕府に訴えた。亀山は大いにおどろいて、誓書を書いて時の執権貞時におくり、やっとことなきを得た。

こんな工合にして、両統の皇位争いは激烈執拗、かつ醜怪をきわめたので、ついに貞時は両統が交代で皇位につくという制度を提出して、両統ともに納得した。梅松論や太平記では、交代の時期を十年としているが、今日の学者の研究ではこれははっきりしないそうである。

これを「両統迭立《てつりつ》」と歴史上では言っている。戦前の学校史学では、幕府が皇室の力を殺《そ》ぐためにこんな制度を設けたと説いたものだが、事実は上述の通りだ。皇室自らが醜怪な争いをくり返してばかりいるので、幕府はその調停策として迭立の議を出して、承認してもらったにすぎないのである。

さて、こうして皇統が両《ふた》つにわかれてせり合っている上に、大覚寺統がまた二つに分裂してせり合いがはじまったので、混乱と紛擾《ふんじょう》は一層のものとなった。

五

前に掲げた系図を見てもらいたい。後醍醐は持明院統の花園天皇の譲りを受けて皇位についたのだが、それは文保《ぶんぽ》二年であった。これは高時が執権となって二年目のことである。

後醍醐は即位の時三十一、年も長じていたし、資質の英明は反対派である持明院統の花園上皇すら、その日記の元亨二年十二月五日、同三年七月十五日の条に「聖主に近し」と記していることをもってもわかる。

この資質ある上に、後醍醐は政治にも熱心で、神皇正統記によると、王朝時代に理想的政治が行なわれたと信仰的に考えられている延喜《えんぎ》・天暦《てんりゃく》の時代の治世を再現しようとして、記録所を再興して、当時はもうほんのわずかしかのこっていなかった公領や、公家らの荘園の事務をとったという。また、太平記によると、元亨元年に諸国が飢饉した時には自分の供御《くご》の食膳を減じて民の疾苦を省みたり、一部の富人らが利を貪るために米を買いしめていると聞くと、検非違使別当に命じてその貯蔵米を検査し、庁令を出して米価を公定して売らせ、犯す者は処罰したとある。

好学で、その学力は後に建武年中行事の著述をしたほどである。常に経書・史書を愛読し、一条兼良《かねら》の尺素《せきそ》往来によると、儒僧北畠玄恵《げんえ》から朱子の新註による経書の講義を受けたという。朱子が中国において大義名分論を新しく体系づけた人であることは、足利尊氏伝で説明した。

人材の登庸も活発で、吉田定房・万里小路《までのこうじ》宣房・北畠親房等、当時三房といわれ、賢公家として有名であった人々をはじめとして、日野資朝《すけとも》・藤原俊基等は皆後醍醐に信任された人々であるが、いずれもそう家柄の高い人々ではない。日野資朝の日野家などは元来は反対派の持明院派に属する廷臣なのである。

資質英邁で、政治に熱心で、幕府政治を否認せざるを得ない思想をもつ宋学を修めているとあっては、後醍醐の意中にどんな企図が芽生えてくるか、最も明瞭である。しかも、時代は幕府にたいする世間の信頼感が衰えつつある時であり、その中心人物である高時は自暴自棄的の遊蕩児である。空気が乾燥している時、可燃物に火が近づけば燃えつかずにはいない道理である。

後醍醐をして、討幕意欲をかき立ててやませないものがまだあった。後醍醐が即位した時、皇位は二代あとまで即《つ》く人がきまっていた。後醍醐の次には兄帝《あにみかど》後二条《ごにじょう》の皇子邦良《くになが》親王、その次は持明院統の量仁《かずひと》親王（後に光厳《こうごん》院）が立つことにきまっていた。これは両統のあつれきがまたひどくなったので、文保元年に、幕府が仲裁して、この提案をし、両統がこれを承認したのだ。

後醍醐は英邁な人ではあるが、後の建武中興における土地問題の処理ぶりなどを見てもわかるように、ずいぶん我欲の旺盛な人がらである。自分の子孫で皇位を独占したかったのだ。この欲望を、宋学流の大義名分哲学が、

「皇位のことは幕府などが容喙《ようかい》すべきではない。時の天皇の意志によって決定さるべきものだ」

と鼓舞もしたにちがいない。

後醍醐にとっては、いずれからするも、幕府はたおさなければならないものであった。

討幕の計画が歴史にあらわれて来るのは元亨三年頃からだ。増鏡によると、この年十一月、日野資朝がにせ山伏になり、柿の衣に綾藺笠《あやいがさ》を着て、東国に下って国々の豪族らを説

いて宣旨《せんじ》を下したとある。美濃の土岐《とき》・船木・多治見などの武士らが味方に引き入れられたのはこの時のことであろうともある。

また、藤原俊基は病気保養のために紀伊の国に湯治に行くとて都を出て田舎あるきしたとも出ている。これはまた太平記では俊基は比叡山からの訴状の中にある楞厳院《りょうごん》という文字を、公卿列座の中でわざとマンゴンインと読みあやまって人々に嘲笑され、

「恥辱に逢いたれば籠居する」

と披露し、半年ほど出仕をやめて、やはりにせ山伏となって近畿諸国をはじめ東国にも西国にも下って、地勢・人情・風俗・豪族共の身代を調査して歩いたということになっている。

正中元年六月二十五日に、後宇多法皇が死んだが、その臨終の時のことが増鏡に出ている。後宇多は皇太子の邦良親王を召して、やがて皇位に即かれてからの心がけなどいろいろ教訓された。皇太子にとっては後宇多は祖父君だ。なくなられた父帝後二条のかわりに孝養をつくしたいと思っておられただけに、お悲しみは一層であった。大体、皇太子は当今（後醍醐）と叔父甥のなかではおわすが、表面はともかくとして、おなかがよくない。しかしそれは口に出して言うべきことではないので、そのことについては黙っていらっしゃったが、ご自分の時代になってからの抱負や、今の世に不遇である誰がし、それがしら

を引き立ててやりたいと思っていますというようなことをお答え申された。やがて、法皇はうとうととお眠りになったが、夜中にふと目をさまして、

「東宮はいつおかえりになったぞ」

とおたずねになった。皇太子はちょっとせきばらいをなさって、お側におよりになった。するど、法皇は、

「おお、まだおいでだったのか」

とまことにいとしいと思われるご様子であったと、ある。祖父と孫との哀々の情見るべきものがある。後醍醐が父帝の気に入らず、皇太子はまた後醍醐としっくり行っていない様子もうかがわれる。

思うに、後宇多が後醍醐に不満であったのは、後醍醐が討幕などという危険な計画をめぐらしつつあったからではなかろうか。後宇多ははっきりとは知っていなかったろうが、なんとなくキナくさい、危険なものを感じていたにはちがいない。

少なくとも、後醍醐は後宇多をはばかっていたにはちがいない。後宇多が死んで三月目には、ことをおこそうとしたのだ。

九月二十六日の北野祭《まつり》の日には六波羅《ろくはら》の兵が祭の儀式に出かけ、市中の警備が手薄になるから、その日を挙兵の日と決定した。美濃の土岐・多治見などという一味の武士らは忍

んで京へ上って来て、四条のへんに潜伏していたと増鏡にある。太平記には大番役か何かで上洛していた趣きに読めるように書いてある。

太平記の記述によるとこうだ。

天皇の密謀にくみした土岐頼員《よりかず》の妻は六波羅の奉行斎藤利行の女《むすめ》であった。頼員はこの妻を最愛していたが、一挙の日がせまってくるにつれて、ことはじまって世の乱れとなり、合戦になれば、必定《ひつじょう》自分は討死するであろうと思うにつけても、妻がいとしくてならなくなった。

そこで、ある夜の寝物語に、

「人間は老少不定《ふじょう》である。ひょっとして自分が死んでも、そなたは貞女の心を失わず、自分の後世を弔い給えよ。自分は再び人間に生まれたなら、またそなたと夫婦の契りを結ぶつもりでいるし、もしまた浄土に生まれたなら、同じ蓮の台《うてな》に半座を分けてそなたを待っているであろう」

といって、涙をこぼした。

妻はこれを怪しいと思い、泣いて責め問うたので、つい密謀を打ち明けてしまった。

「あなかしこ、人には申されなよ」

妻はおどろいた。その場はよいように言って夫を寝せたあと、つくづくと思うよう、こと成らずば、夫は忽ち殺されるであろう、天皇のご謀叛成らば、武家方であるわが実家は一族のこらずほろぼされるであろう、いかがせん、と案じわずらったが、やがて、「父に告げて、夫に回忠《かえりちゅう》させよう。これが夫も実家の一族も無事長久の道」と思いつき、父の家に行き、これを告げた。斎藤は仰天したが、すぐ頼員を呼んで、尋問した。

太平記は「これほどの一大事を女性《にょしょう》に知らするほどの心にて、なじかは仰天せざるべき」と、頼員の人物批評をしているが、頼員はおそれおびえ、なにもかも洗いざらい打ちあけてしまった。

十九日の朝まだき、六波羅の催促に応じて集まった軍勢は、多治見国長・土岐頼員の一族頼貞《よりさだ》の宿所におしよせて攻め殺し、日野資朝・藤原俊基の二人を召捕って鎌倉に送った。幕府ではきびしく二人を推問して、資朝が天皇の命を奉じて土岐・多治見を誘引したことが明らかになった。太平記によると、高時は大いに怒って、承久の故事にならって、天皇を遠国《おんごく》へ遷《うつ》すことに決定したというが、これは他の書物には見えない。しかし、幕府における評定の席上、そんな意見が出たことは出たろう。

後醍醐は、幕府に弁解のため、前に浅原為頼の事件の時、亀山が時の執権貞時に、身に覚えなきことである旨の誓書を下したように、さらに自分の知らないことであるとの趣旨の誓書を下し、万里小路宣房が勅使となって関東に持参したことが、増鏡に出ている。同書によると、宣房は年久しく朝廷につかえ、年もたけている上に、その頃最も潔白で実直な人として世に知られている人であったので、

「このことはみかどは全然ごぞんじのないことで、すべて年若な公家衆の一部の者が勝手にやったことでおざる」

とことばすずしく弁解したので、荒々しい武人どもも、ご鄭重なことであると心なごみ、納得したというのだ。

太平記では、

「御治世のことは朝議にまかせ奉っているのでございますから、臣らのかれこれ申すべきことではございません」

と、奉答して、誓書は返し申したとある。

翌年、俊基は釈放して京都にかえし、資朝だけを佐渡に流した。天皇の密謀は事実なのだが、高時はすっかりまるめられてしまっている。お坊ちゃん気質で、人のよいところがあった証拠になりはすまいか。

この事変を正中の変という。

六

嘉暦二年、この年高時は二十四になったが、その三月上旬から病気にかかり、忽ち重態となり、存命のほどもおぼつかなくなったので、長崎高資のあしらいで出家させたところ（法名崇鑑）、高時の家臣で供して出家する者が多かったということが天正本太平記にある。

このことは保暦間記の記述と照し合わせて考えてみるとこうなる。高時は入道したのだから、当然執権職も辞したわけだ。高時の弟泰家は自分があとを継ぐつもりでいたところ、高資は北条（金沢）貞顕と相談して、貞顕を執権にしてしまった。高資は賄賂好きだから貞顕から賄賂をもらったのかも知れない。

すると、泰家も怒るし、高時・泰家の母も怒って、泰家にすすめて入道させてしまった。泰家の家臣らもまた供して出家する者が多い。

「これによって両家の家僕被官人、ことごとく出家せしかば、十五以上の若入道、鎌倉中に充満して、あさましかりしことどもなり。かくては天下もいかがかはと、人皆これを表示（前兆）に申し合へり」と、天正本太平記に見える。奇観であったに相違ない。

間もなく高時は病気がなおったが、貞顕が泰家をおしのけて執権になったことを聞いて、激怒した。貞顕を殺そうとした。張本人ともいうべき高資に腹を立てないところ不審だが、家来ながら高時にとって高資はこわい人であったようである。家老や家令におじおそれる若い主人はよくあるものである。

こんな風であったので、貞顕は一両度執権として出仕しただけであったが、恐れて、これまた入道した。これにも供するものが多かったに違いない。ほんとに鎌倉中、にわか坊主ばかりだ。いよいよ奇観だ。

高資はまた僻事《くせごと》して、北条守時を推して執権とし、北条維貞《これさだ》を連署《れんしょ》としたと保暦間記は記述している。「僻事」とはどういうことなのだろう。単なる独断のこととも思われない。またしても好きな賄賂でも取ったのであろうか。北条の一族として生まれた者として、守時にしても、維貞にしても、一度はなってみたい執権であり、連署であろうから、賄賂でなれるものなら使ったに無理はない。とにかく、この人事には人々が服しなかったとある。

北条守時は赤橋守時ともいう。鶴ヶ岡八幡の現在の石のらんかん橋はこの時代朱塗の木の橋であったが、彼の家はその近くに館があったので、世間で「赤橋殿」と呼んでいたのだ。また足利尊氏の妻は彼の妹である。

こんなわけだから、守時にも維貞にも実権はない。実権は高時にかえった。しかし、その高時もほんとはかざり雛にすぎない。真の実権者は長崎高資なのである。

この頃、皇太子邦良親王がなくなった。このことについて、神皇正統記にはひどいことが書いてある。「神慮にもかなはず、祖皇のご誡《かい》にも違《たが》はせ給ひけりとぞおぼえし」とあるのだ。後醍醐と邦良とのなかが表面はよくても内実はわるかったことは、前に述べた通りだが、それにしてもひどい書きぶりだ。

神罰があたって死なれたといわんばかりの書き方のようにぼくには読みとれるが、どうであろう。ぼくには由々《ゆゆ》しいことが考えられるのである。

皇位を自分の子孫をもって独占したいというのは後醍醐の素志だ。大納言吉田定房を関東につかわして、

「後嵯峨の御遺詔もあることだし、東宮は大覚寺統たる自分の皇子《みこ》を立てたい」

と説かせた。

持明院側でもぬかりはない。中納言日野資名《すけな》（資朝の兄）をつかわして、

「文保の時の約束にしたがって、量仁《かずひと》親王（後の光厳院）こそ東宮に立ち給うべきであると信ずる」

と念をおす。

幕府は持明院側の言い分に理ありとして、量仁親王を東宮に立てられるようにと奏請した。後醍醐の忿懣《ふんまん》は思うべきものがある。益々幕府追討の念が熾烈となった。円観や文観《もんかん》

などという修法《ずほう》奇特の名のある坊さん方に命じて高時の呪詛をさせたのは、この年（嘉暦元年）の六月からであるという。

前に述べた陸奥の津軽で安東氏の乱がおこったのはこの翌年のことである。安東氏の乱の処置のつけ方を失敗したので、高時の高資にたいする信用はややおとろえ、不快の情は次第に増大して来た。三年後の元徳二年の秋になると、がまんならなくなったのであろう。保暦間記によると、長崎高頼に命じて高資を討たせようとしたところ、事前に露見してしまった。

すると、高時は、

「わしはなんにも知らん。高頼一人の思い立ちじゃろう」

といったので、高頼は陸奥に流罪、余党は国々に配流《はいる》ということになった。

後醍醐はこの間に関東征伐の準備を着々として進めていた。あるいは奈良の東大寺や興福寺に行幸し、あるいは第三皇子護良《もりなが》親王を尊雲法親王と改めて比叡山の座主《ざす》として入山させたり、比叡山や三井寺に行幸したりした。いよいよ一挙を発した際、これらの寺院の僧兵の力を利用しようとしたのであることは言うまでもない。円観や文観に命じての関東呪詛が一層の熾烈さを加えたことももちろんである。

事の発覚は、長崎高頼事件のあった翌年の元徳三年（八月九日改元、元弘元年）の五月であった。太平記によると、五月十一日の早暁、六波羅では急に兵を出して、円観・文観・中円の三僧正を捕えて六波羅に引致して、きびしい取調べをはじめ、やがて鎌倉に連れて下った。きびしい拷問の結果、三人はみかどに頼まれて調伏の法を行なったことを白状したので、七月、文観は硫黄島、中円は越後へ配流、円観は結城宗広にあずけられることになった。

陰謀の次第が明らかになったので、幕府は先年赦免《しやめん》した俊基朝臣《あそみ》を再び捕えて関東に送った。俊基朝臣のこの時の東下りを記述したのが、太平記のあの「落花の雪に踏み迷ふ」という文句ではじまる、有名な道行き文だ。

後のことだが、この翌年俊基は関東で斬られた。

同時に先年佐渡に流された日野資朝も佐渡で斬られた。

北条九代記によると、この討幕計画の発覚する少し前、この年四月、吉田定房が朝廷に討幕の計画のあることを密告したとある。定房は後醍醐がまだ東宮であった頃から信任されている腹心の公卿の一人で、先年邦良太子が死んだ時も新太子を天皇の皇子から立てるための交渉に関東に派遣されたほどの人であり、この後も信任がおとろえていないところから、その人がそのような裏切り行為をするはずがないとて、歴史上の疑問になっている。大日本史などてんで信用しないから、触れもしないのであるが、陰謀が発覚しそうになったので、側近の者だけを犠牲にして、後醍醐に禍のおよぶのをせきとめようとして、定房の打った苦肉の策であろうという解釈もある。

ぼくにはこの解釈が最もうなずける。さらに進んで、ぼくは定房は天皇の命を受けてこの手を打ったのであろうとまで思っている。

こうした身勝手は、生まれながらに社会の最上位に立っている人間にはめずらしくないのである。

承久の乱の時、官軍破れて、後鳥羽上皇が軍事面で最も信頼しておられた北面の武士藤原秀康と坂東の豪族の一人三浦胤義とが上皇の御所へ逃げて行くと、上皇は門をかたく閉ざして入れず、

「いずれへなりと勝手に行けい」

と拒んで入れなかったばかりか、幕府にたいして、

「こんどのことはまろが意志からおこったものではない。側近の者共が勝手にやったことである。従って討幕の宣旨はとり消す。秀康・胤義らは追討せよ」

との追討の院宣《いんぜん》を下している。

天皇方にかぎらない。高時も長崎高頼に長崎高資の追討を命じながら、事前に発覚すると、高頼一人に責任をなすりつけて流罪に処したことは、前にのべた。

こういうことには、とりわけ後醍醐には前科がある。正中事変の時万里小路宣房をして、側近の年若い公家らのしたことで、まろは何にも知らないのだと弁解させているのである。生まれながらに最上位にある人は、人に奉仕されても奉仕する習慣がない。従ってその人々のモラルは一般の人間のモラルとはおそろしく違っていて、人を犠牲にすることに全然平気なのである。

太平記によると、この時、持明院側では後醍醐の密謀を聞きこみ、後醍醐を退位させて、わが派の皇太子量仁親王を即位させる好機到来として、内々使いを関東に下して密告したので、その面からも事が暴露したとある。これは太平記にしかない説であるが、情況をもって判断すれば、大いにあり得ることである。

ともかくも、高時は二階堂貞藤をして三千の兵をひきいて上洛させ、朝廷の罪を問うことにする。

後醍醐は神器を奉じて笠置《かさぎ》に逃れ、勤王の兵を四方に募り、以後途中建武の中興があって満二年の間が平安であった以外は、約六十年間にわたって、日本全国があけてもくれても戦乱の巷《ちまた》となり、四民皆塗炭の苦におちいることになる。「四海大いに乱れて一日もいまだ安からず、狼煙天をかすめ、鯨波地を動かし、一人として春秋に富めることを得ず。万民手足をおくに所なし」と、太平記は嘆いている。

幕府ははじめの間こそ、昔の力のなごりがあって、後醍醐を隠岐《おき》に遷《うつ》したりなんぞしたが、幕府にたいする人心は離反しきっていた。間もなく、全国至るところに勤王軍がおこり、翌々年五月、新田義貞によって鎌倉ついに陥り、幕府崩壊、北条氏は挙族滅亡したのである。

この時高時は三十一歳。

一族郎党八百余人、自殺し果てた。言語を絶する凄惨さであるが、鎌倉武士のいさぎよさを語るものといえよう。室鳩巣《むろきゅうそう》が駿台雑話の中で、筆をきわめて讃嘆しているが、ぼくも同感である。

七

北条氏の政治の要諦は倹素であった。その権勢欲の強烈なこと、従って権勢を獲得するための、さらにそれをかためるための策謀の辛辣で酷烈なことは、この時代の歴史を読む者をして驚嘆させずにはいないが、同時に北条氏が自分自身に奉ずることの倹薄であったことにも驚かざるを得ない。

泰時にしても、時頼にしても、逸話としてのこるような倹薄な生活をしている。その子の時宗だって、高時の父の貞時だって、決してぜいたくはしていない。むしろ倹薄な生活をしている。こんなつつましい生活をするくらいなら、ああまでして権勢を獲得することはないではないかと思われるのである。

しかしながら、自分自身に奉ずることが薄くあったればこそ、あれほど強大な権力を持っていても、その政治は常に御家人層（当時の社会の中堅層）の幸福と利便をはかる善政であり得たのだ。

北条氏が源氏の天下を奪った逆臣でありながら、天下の武士らがこれに悦服し、これを支持したのは、このためである。北条氏は全国の武士階級にとってなくてはならない存在であったのである。

この北条氏の組織が日本人の経済生活の進展につれて御家人層の生態に次第に不適合となり、いろいろな矛盾が発生しつつある時に、未曽有の大国難蒙古の襲来に遭遇した。見事に撃退はしたものの、不適合の度は急ピッチに進み、矛盾は一層大きくなった。すでに説明したように、時宗の次の貞時に至っては、善政をしきたいとの十分の熱情を抱きながら、どうすることも出来ず、鎌倉幕府の基礎はゆらいで来た。

高時がたとえ相当に賢明な人物であったにしても、こうなってはどうすることも出来なかったろう。お坊ちゃん育ちの、いささか暗愚な人物であったとすればなおさらのことだ。

北条氏をほろぼしたのは高時の暗愚ではない。時勢であり、長い歴史の必然の結果であるといえよう。

高時が悪人でなかったことはいうまでもない。闘犬が好きだったり、田楽が好きだったりしたところで、この程度のことがどうして悪であろう。

彼が古来悪名を流しているのは、後醍醐の正面の敵である幕府の主宰者という位置にあったからであるが、神の前に立つ時、いずれが恥じねばならぬか、読者にも考えていただきたい。

日野富子

一

富子は永享十二年（一四四〇）に、日野家の支流裏松《うらまつ》重政（後政光）の女《むすめ》として生まれた。

一体、日野家は足利将軍家と縁故の深い家で、足利三代の義満が日野家から二人も夫人をめとってから、代々の足利将軍夫人は皆この家から出ている観がある。

康正元年（一四五五）富子は十六歳になったが、その年の八月二十七日、足利八代の将軍義政に入輿《にゅうよ》した。この時義政は二十一であった。義政の生母は六代の将軍であった義《よし》教《のり》の妾であった日野重子である。重子の姉宗子は義教の夫人であったが、それが死んだので正夫人に直ったのである。なかなかかしこい女であったようであるから、彼女が主張して、自分の甥の娘を迎えて、むすこの嫁にしたのであろう。

重子は義教の子を二人生んでいる。義勝と義政だ。彼女の夫義教はおそろしく気性のはげしい厳格な性格で、賞罰厳峻であったので、恐れられてもいたが、うらまれてもいた。

日野家系図

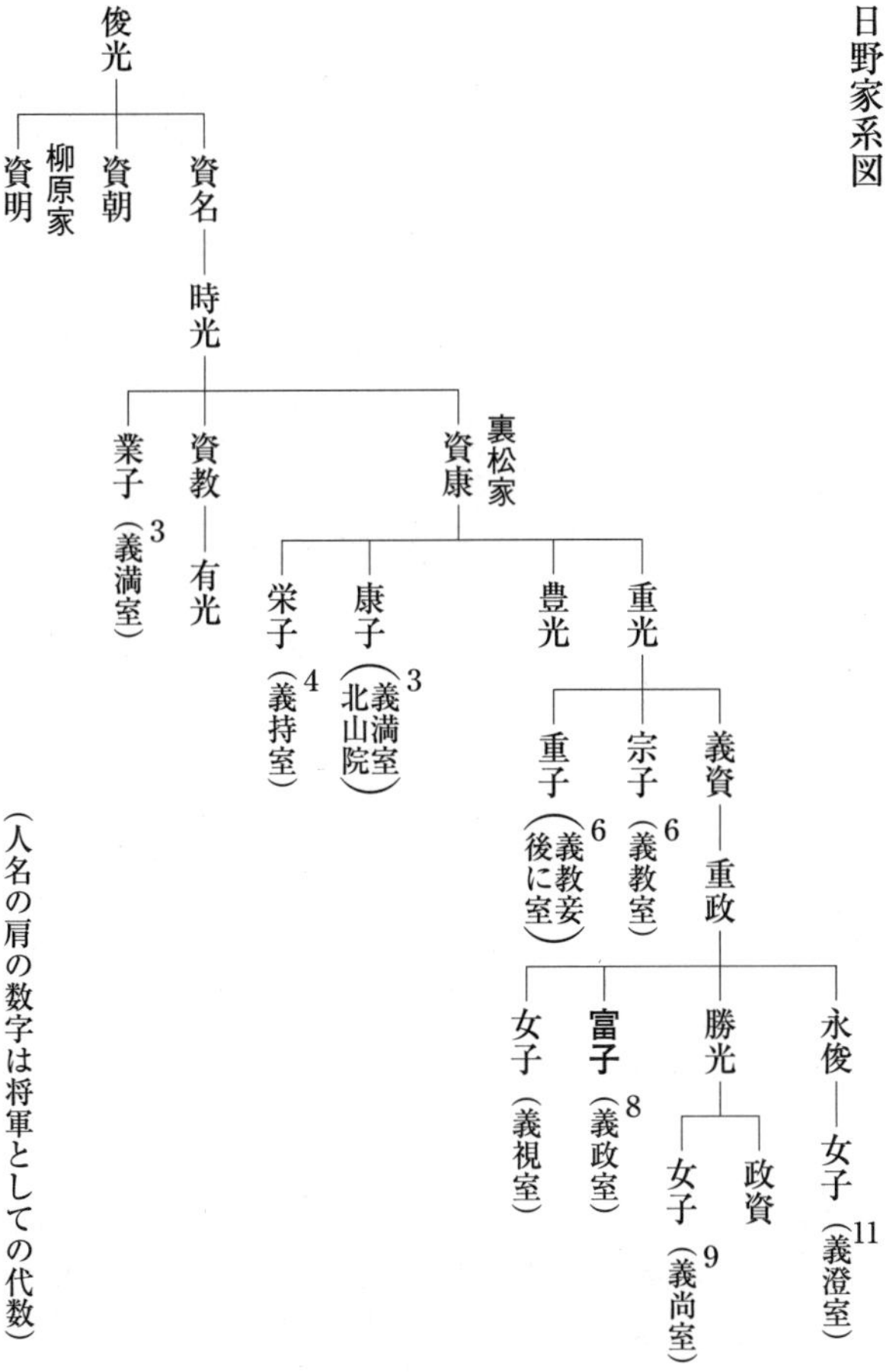

（人名の肩の数字は将軍としての代数）

事件は男色からおこった。

赤松満祐《みつすけ》は則村《のりむら》の曽孫で、播磨・美作《みまさか》・備前の三国の守護として、勢いのよい大名であったが、四代将軍義持の時、叛逆したことがある。赤松の一族持貞《もちさだ》という者はなかなかの美少年で、義持に寵愛されていたが、義持は満祐の職をうばってこの者にあたえようとした。満祐は怒って、本国に馳せ下り、白旗城にこもって叛旗をひるがえした。

義持は怒って、諸大名に命じて討伐しようとしたが、諸将は皆満祐に同情してその赦免を請い、持貞を殺すべきであると主張してやまない。

威迫じみた態度もあったらしい。義持はやむなく持貞を自殺させ、満祐を赦免した。満祐は京に入って入道し、将軍に謁して罪を謝し、ことは一応落着した。

以上は応永三十四年（一四二七）十月におこり十二月にはすんだのであるが、義持は翌年正月には死んでしまい、弟の義教がついで立った。

ここでちょっと説明しておかなければならない。義持はこの五年前、自分は隠居入道し、子の義量《よしかず》を五代の将軍に立てたのであるが、義量は立った翌々年には暴飲と荒色によって死んでしまったので、義持が政をとっていた。普通なら、新しく将軍を立てるところだが、やがてそのうちまた自分の子が生まれるだろうから、それを立てようという気だったのかも知れない。何せ義持はまだ数え年四十だったのだから。

義教は少年の頃から僧となって義円《ぎえん》と号し、この頃は天台座主《ざす》となっていたが、兄の死によって、還俗して家をつぎ、将軍となった。

義教ははげしい気性にまかせて、いつも将軍としての権威を確立することに努力し、その努力が相当効果もあった人だ。先代の時のこととはいえ、叛逆した満祐をおめおめと赦免しなければならなかったことが、いまいましくてならず、満祐に好意をもたなかった。

満祐の一族に貞村《さだむら》という者がいた。これがまた美貌の少年であったので、義教の寵を受けるようになった。「男色の寵　比類なし」と嘉吉記《かきつき》にある。

この貞村は元来をいえば赤松則村の次男貞範《さだのり》の後であり、満祐は三男則祐《のりすけ》の後だ。貞村としてはこれが不平であったのであろう、義教に、

「あわれ、君がお情によって赤松の総領職を継ぐことが出来ましょうものなら、いかばかりうれしいことでありましょう」

と訴えた。義教はかしこい人物だが、寵愛の稚児さんの願いであり、また、かねてから憎いと思っている満祐から総領職をとり上げることなものだから、つい心が動き、

「いずれそのうち三カ国の守護はその方にあたえることにしよう」

と、み教書をくれた。

ごく内々のことであったが、いつかこれが風聞となって満祐に聞こえた。嘉吉記による

と、満祐はむすこの教祐(一説教康)と相談して、義教を弑逆しようと思い立った。二人は、その頃名刀鍛冶として有名であった備前泰光に同様な刀三百口《ふり》を注文し、家臣三百人にあたえて斬り手に定め、義教を招待した。

「この頃多数鴨の子を育てましたが、それが池を泳いでいる様子がなかなかおもしろうございます。お目にかけたく」

と、義教を招待した。嘉吉記には「当年ノ鴨子沢山ニイデキ水ヲ泳ギケル体云々」とある。季節は六月のことだから、この鴨の子は自然飛来のものではない。野鴨の卵を集めて鶏にでも抱かせて孵《かえ》させたものであろう。あるいは中国からあひるの卵を輸入して孵化させたのかも知れない。あひるであっても、当時としてはずいぶんめずらしいものであったろう。

関東公方足利持氏《もちうじ》が、義教の旨を含んだ持氏の管領上杉憲実《のりざね》のために鎌倉で攻め殺されたのが、この前々年永享十一年(一四三九)二月であり、この翌年持氏の遺子春王・安王を奉じて結城氏朝《ゆうきうじとも》が兵を起こしたが、義教は諸将をつかわして伐たせ、これを討平し、春王・安王を斬ったのが、つい先月であった。この関東の平定を賀するため、この頃在京の大名らの間に、義教を招待して饗応することがはやっていた。満祐父子はこのはやりを利用したわけであった。

「よかろう。まいるぞ」

義教は受けた。満祐ははかりすましたりと、準備を進めた。六月二十四日、義教は油小路の赤松邸へ出かけた。酒宴がはじまり、能がはじまり、その中入りの時、満祐は計画通り、厩の馬の口縄を切って庭に追いはなった。

「すわや、放れ馬ぞ。外へ出すな。門をさせ！」

と惣門が閉ざされると、かねて選ばれていた三百人の勇士らは泰光作の刀をふりかざし、一人ものがさじと斬ってまわった。義教の供の者はうろたえさわぐばかりだ。義教が討たれると、われ先きにと塀をのりこえて逃げようとするばかりで、義教のために仇を討とうとする者は一人もなかったとある。

ぼくの管見では、足利時代ほど日本人の道義観念の低下している時代はない。この列伝でとり上げたこの時代の人々の伝記をずっと読んで来られた読者諸君もまたその感があるに違いないと思うが、北条氏のほろびる時には、一族郎党八百七十余人が高時に殉じて東勝寺で猛火の中で切腹しているというのに、この時代に入るとそんな例はまことに少なくなる。とくに足利氏関係では絶無に近い。人々は一身の安全と利福だけを追って、浮き草のように動いている。

もともと、足利氏代々が道義観念などさらにない人々であり、その下に集まった武士らもひたすらに利を追う人々であったのだから、そのためとしか思いようがない。上の好むところ下おのずから風をなすという古い中国の諺があるが、いくら古くても人間の本性がかわらないかぎり、この諺の真理性は失われない。世間は支配層の真似をするものなのである。

この状態がずっとつづいて、戦国時代に入ってしばらくすると、新しいモラルが武士層に発生する。「男の意地」というやつだ。これはモラルとしては素朴にすぎるものであり、弊害も多くともなったが、忠義・勇気・廉恥などの徳目の代用となる面が多かったのである。しかし、この時代はその以前である。日本史上空前の無道徳時代であったとぼくは見ている。

もし、この時代に匹敵する時代をもとめるなら、現代がそれかも知れない。何せ学校の先生達が修身教育は旧道徳のおしつけであると拒否し、しかも新しい道徳は模索中で樹立されていないと称し、学校でも家庭でも放棄されているのである。こんな国は世界のどこにもありはしない。万一にも日本が他国から侵略でも受けるとすれば、原子爆弾や水素爆弾を待つまでもなく、日本は惨敗するであろうし、暴動や革命でもおこったら、諸悪横行、おそるべき混乱状態がおこることは火を見るより明らかだ。思いやるだに慄然たるものがある。

さて、義教の殺された時、斯波義廉《しばよしかど》は塀をこえて脱出し、在京の諸大名に告げたが、諸大名らは、

「かほどの企て、赤松一人の企てではあるまい。誰が与力したのじゃろうか」

とたがいに人の心をさぐり合い、それぞれ兵を集めて自衛するばかりで、赤松邸へおしよせようとする者は一人もなかった。

満祐は自邸に火をかけ、三百余の兵をひきいて悠々と本国に引き上げ、また白旗城にこもった。

男色の引きおこした事件は歴史上相当あるが、この二つの事件など最も大きいものであろう。白旗城が陥って満祐が自殺し、教祐が逐電したのはこの年九月であった。

義教のあとに立ったのは義教の長男義勝であった。わずかに八つであった。ところがこれが翌々年落馬して死んだので、その弟の義政（当時義成）が嗣いで立った。これも九つの幼年将軍だ。

義政の母重子はかしこい婦人だったというから、この幼年将軍を擁して、相当うるさい存在であったらしい。

義政が将軍になった頃の管領は畠山持国《もちくに》であったが、義政が将軍となった翌々年には辞職している。辞職の理由はわからない。応仁略記に、当時の畠山家は七珍万宝満ち足りて、

「一家の繁昌、累葉《るいよう》の光花《こうか》、先祖に超えて、世に肩をならぶる人なしと見えし、望むところは常少不老の秘術、西王母《せいおうぼ》が寿限《じゅげん》、東方朔《とうぼうさく》が昔を摸せんと思ふばかりなり」とあるから、劇務を退いて生を養おうというのであったかとも思うが、この時持国は四十七だ。そしてこの後なお十年生きているのだから、別段病身であったとも思われない。思うに、重子がうるさく口出しするのにいや気がさしたのではなかろうか。

持国にかわって管領になったのは、細川勝元であるが、これがわずかに十六であったのだ。十六の管領など、あとにも前にもあったことはない。よほどに異例の任命だが、当時の斯波・細川・畠山（管領たることの出来る家柄）の三家に他に適当な人物がなかったからである。

重子のほかに義政に支配力をもっている人物がもう一対いた。伊勢貞親夫妻である。貞親は義政の右筆《ゆうひつ》であったが、義政は幼年の時この家にあずけられて哺育されたので、貞親のことを「お父」と呼び、その妻を「お母」と呼んでいたというから、義政にたいする支配力、したがって権勢も一通りのものではなかった。勝元という管領がいても、十六歳では、実母たる重子、養父母たる伊勢貞親夫妻をどうしようもなかったろう。政治の乱れは、こういうところからおこることが多いのである。

義政が年頃になると、これに愛妾今参《いままい》りの局が加わった。今参りの局は略してお今と呼ばれた。この女は大館《おおだて》氏である。大館氏は元来は新田氏の一族であるが、その一支族が足利氏につかえ、なかなか羽ぶりをきかせている。お今はその家の出であった。

お今はどうやら義政より年上であったようであるが、美貌でもあれば、かしこくもある女であったので、義政の気にかのうことが一方《ひとかた》でなかった。義政という人は、好むところには節度なく溺れる性格であったようであるから、お今の言うことはなんでも、「よしよし」と聞いてやったようである。

そうなると、利をもとめるために阿付《あふ》し、財宝を賄《まいな》って、いろいろととりなしを頼む者の集まるのは、いつの時代でも同じだ。お今はその者共から金品をもらっては、義政にとりなしてやり、幕府で決定した領地争いの訴訟ごとなども、逆になることがよくあった。つまり、義政に支配力を持つ者が、一人またふえて三人になったわけであった。

実際上に幕府の政務をとっている管領としては、こまることこの上もない。重子と伊勢貞親はほかならない関係であるから我慢するとしても、お今には細川勝元もかんにん袋の緒が切れた。前管領の畠山持国に事情を語り、そろって義政の前に出て、

「今日のような有様では、われらは職責が果せません。お耳には達していないでありましょうが、世の人もいろいろと取沙汰しています。世の乱れはかかるところから生ずるものであります。今参りの局はお退けあるべきでありましょう。もし、お聞きとどけ下さらぬ

においては、われらお口真似して天下の政をいたす自信がござらぬ。退身いたすよりほかはありません」

と、最も強いことばでせまった。

義政は大いに弱ったが、元来この時代の将軍職そのものがきわめて実力の微弱なものである上に、彼自身はまだ少年といってもよい年頃である、権臣らのこの強硬な要求をしりぞけることは出来なかった。渋々ながら承諾して、二人をかえしておいて、お今に退身すべきことを申し渡した。

どんな風にして申し渡したか、詳記したものはないが、大てい見当がつく。耽溺的性格の義政だ。寵愛しきっている女に手切れを言いわたさなければならないのだ。ぐずぐずと煮え切らない態度であったろうし、ひょっとすると泣き顔していたかも知れない。お今は利口な女だ。こんな時なまじ言訳などしてはかえって事情を悪くすることを知っていたろう。しおらしく、平あやまりにあやまり、

「これからは決して口入《くにゅう》などいたしません。おゆるし下さいまし。ご所《しょ》さまとお別れしては、わたくし生きている精はございません。どうぞかんにんして下さいまし」

と、泣いて誓ったろう。

義政がぐにゃぐにゃになって、ことがうやむやになったことは事実だ。お今は依然花の

御所にとどまることになっているのだから。多分、勝元らには義政がさんざ言いわけしたことと思われる。

　この事件のあったのは享徳二年（一四五三）のことであったが、それから二年の後、享徳四年（七月改元して康正、一四五五）正月八日、お今は子供を生んだ。女の子ではあったが、お今の勢いはまた強くなった。義政にはこの前年、前々年と打ちつづき女の子が生まれている。もちろん、他の妾の所生である。

　富子が入輿したのは、この年の八月であったが、このように義政にはお今をはじめとして数妾――足利系図によると、この年まで三年間に義政は富子を除いて違う女に四人の女子を生ませているから、最少四人はあったわけだが、そんなに多数の妾がいる上に、姑の重子はまだ健在だし、十六歳の富子としては相当気苦労が多かったことであろうが、数年の間は伝わるところがさらにない。

　しかし、富子は美しかったし、利口でもあったから、義政は相当愛してはいたらしい。二十歳になった年の正月、男の子を生んでいるからである。結婚から出産まで満三年半立っているが、十六で嫁して来ているのだから、この程度なら遅いとはいえない。最も普通のことと言ってよかろう。

　はじめての男の子なので、義政のよろこびは一通りでなかったが、生まれるとすぐ子供は死んでしまった。義政の失望、富子のなげきは言うまでもない。

子供はそうひよわな子でなく、相当強健そうな子供だったのではないだろうか、間もなく、誰言うとなく妙なうわさが立った。

「若君がああもあえなくなくなられたのは、お今殿ののろいのためである。お今殿は自分がみ台所に直ろうと思っていたのに、み台所が入輿されたので、かねてから嫉ましく思っていたのだ」

といううわさだ。

生霊《いきりょう》だ、死霊だ、呪詛だ、調伏《ちょうぶく》だというようなことが大まじめに信ぜられている頃だ。それにこれまでお今は寵愛にほこるあまりに富子をねたましく思いもして、うらみごとを義政に言ったこともあったのだろう、義政はこのうわさを信じてしまった。愛情は一時に冷却し、憎悪がこみ上げて来たのであろう、

「にくい女め！」

と、お今を琵琶湖の中の小島に流した。

琵琶湖の中の小島というのだから、知れた島だ。あわれ、お今は昨日にかわるあわれな身になって、小島にわびしくつらい流人の生活をしているうちに、富子は人をつかわしてお今を殺させてしまった。

富子は最もかしこい女であり、後年に至ってその性格ははっきりするのだが、権勢欲もずいぶん旺盛だ。ほんとに自分の生んだ子をお今が呪殺したと信じていたかどうか。

ひょっとすると、衆妾《しゅうしょう》の中で最も義政に寵愛され、従って最も羽ぶりもよかったお今を、この機会に葬り去ろうとして、実際は信じてもいない呪殺説を信じているふりをして義政をかきくどき、島流しにし、ついに武士共をつかわして殺してしまったのかも知れない。後年に至って発現する彼女のたくましい知恵から見て、ぼくにはこの方が真実らしく思われるのである。

この時、富子二十、義政は二十五である。

男が二十五にもなれば、おふくろに支配されてばかりはいない。義政の自主的な生活がはじまる。彼は祖父義満の豪奢にならって、室町の館の造営をはじめた。建物の屋根瓦には金・銀をちりばめ、庭園を営むには諸寺院や公家・大名の邸地から名石・名木を思うままに徴発したので、結構壮麗をきわめ、その費用六千万貫文におよんだと伝える。彼はまた母のために高倉に邸宅を営んだが、これもぜいたくの限りをつくし、から紙一枚に二万貫文を費したというのだ。

このほか、さかんに物見遊山をおこなっている。応仁記・応仁広記によると、五六年の間に大規模な遊山を九度も行なっている、第一は義政が大将を拝任した時の拝賀の時、第二は観世音阿弥に河原で中楽《さるがく》を演じさせて見物した時、第三は今上《きんじょう》（後土御門《ごつちみかど》）即位式、第四は東山花頂山の花見と大原野《おはらの》の花見、第五は石清水八幡に上卿となって行ったこと、第六は春日神社参詣、第七は大嘗会《だいじょうえ》、第八は伊勢参宮、第九は花のご幸《こう》（花見に天皇を招待したのであろう）とある。これらのことは皆おそろしく豪奢に行なわれた。たとえば、花頂山の花見、大原野の花見では、百味百菓をもって食べものをつくり、箸も、お相手衆のは黄金をもってつくり、供衆のは沈木《じんぼく》を削ってつくり端には金をかけてあったとある。

これらの遊楽には大ていの場合、富子が同道している。なかのよさがうかがわれるのである。

こういう遊楽には、即位式や大嘗会などの場合は別として、義政自身はそう金を使うわけではない。馳走役を命ぜられた大名や、たとえば奈良、たとえば伊勢、たとえば大原野などのような、来られる土地の神社・仏寺、領主たる大名が大部分を負担し、自らの費用で歓迎し、接待するのだが、これは臨時の費用であるから、ふだんから準備があるわけではない。ひと工面をしたあげくには、民に賦課してこしらえるわけだ。民の疾苦は大へんなものであった。

両書にこうある。

「このように公方様が奢侈・華麗をよろこばれるので、人々（武士）もこれにならうので貧窮にあえぎ、朝夕も送りかねる状態となったが、それでもこの時代の人心はおしなべて、世は何ともならばなれ、人はともあれかくもあれ、自分だけは出世して富貴をきわめ、ぜいたくをしなければならない、それには美麗をつくして御用をつとめるが一番の近道と、ご用を命ぜられると、所領を質におき、財宝を売り、一生懸命につとめた。しかし、そうした金策も尽きはてると、領内の土民・百姓に非法の課役、臨時の段別銭・棟別銭をかけてはたりとった。国々の名主《みょうしゅ》百姓らは一旦の難儀をのがれるために農具や所帯道具を売りはらってその催促に応じたが、次第に耕作も出来なくなり、ついに田畑を放棄し、足にまかせて乞食となって散り行ったため、あらまし野原になった地方もある。ああ、鹿苑院《ろくおんいん》殿《でん》（義満）の時代には倉役（この時代質屋と酒屋に課した役銭）を四季だけに課されたが、普広院殿（義教）の時代にはそれが十二度となった。これさえおどろくべき重課と思っていたのに、当代となっては大嘗会のあった月には九度、その翌月八度も課せられた」

とある。

こうした義政の遊楽は決して平和な時代に行なわれたのではない。長禄三年（一四五九）、お今の殺された年だが、この年は夏から中秋にかけて一滴も雨が降らず、晩秋になって連日の大雨で、賀茂川が氾濫して、京都中水びたしになり、罹災するものが無数であった。

翌年になると、また雨つづきで、八月に洪水があり、さらに翌年には植付時に全然雨がなく、二年つづいた不作は、ついに大凶作となり、飢饉となり、餓死者が累々と出たばかりか、悪疫が流行して、これで死ぬものがまた無数であった。死体の埋葬にこまった人々は死骸を賀茂川に投げこんだが、あまり多くて流れて行かず腐敗して、屍臭に京都中の人がこまったと伝える。こんなさなかに義政は華麗をつくして遊楽三昧に明けくれていたのだから、ひどい話である。まさしく、「天下は破れば破れよ、世間は滅びば滅びよ。人はともあれ、わが身さえ富貴ならばよし」の心だ。天下の政《まつりごと》をなす地位にある人の心理ではない。

さすがに憤激した京都の市民らや京都近郊の百姓らは、室町の御所におしかけて、徳政を要求した。この時代徳政ということばは経済上の緊急措置――モラトリアムの意味で、歴史上ずいぶん古くから実施され、時代によって程度の差があるが、この時代のは最もはげしく債権棒引き措置である。義政はこの激烈なモラトリアムを一代の間に十三回も実施したというので有名である。

塵塚物語というこの時代の史談集に、こんな話が出ている。

京の三条、五条あたりは、地方の旅人をとめる宿屋の多いところだが、ある時その宿屋の主人が、近く徳政令が発布されることを聞き知り、泊まっている旅人らの貴重品をこと

ばたくみに、

「しばらく貸し給え」

と借りあつめておいた。

数日立って、徳政令が発布された。亭主は旅人らを集めて、

「さてさてお気の毒なことを申さねばならぬことになってしまいました。徳政令が出ましたわい。この前中からお借りしておきましたもの、ご法なれば返すことならぬことになってしまいましたわい」

と言った。人々は、これはいかなるおふれぞ！　といいののしり、あきれるばかりであったところ、一人が進み出て、亭主に言う。

「ご法なればいたし方はない。しかし、当家はわれらが借り申しているのであれば、われらのものとなってしもうた。そなたは妻子眷属をひきつれ、立ちのきなされよ。あら、お気の毒や」

亭主は仰天して、さまざま抗弁した。ついに奉行所へ訴え出でて裁決を仰いだところ、奉行は亭主の心ざまを憎み、

「その方の申し立て筋が通らぬ。旅人らの言うところが道理である。きりきり家を立ちのけい」

と申し渡したので、亭主は家をあけわたして、いずくともなく立退いたという話。とまれ、一さわぎおこらなければならない世態になっていたのである。

享楽的な義政には、かれこれ世の中がうるさくなった。将軍職を人に譲り、おのれ大御所になれば、権力だけはあるが義務はない。大いに好きな世の中が送れるわいと思い立った。しかし、譲るべき実子がいない。そこで弟で浄土寺の門跡となり、義尋《ぎじん》と名のっていたのを呼んで、

「そなたをわしが養子として、やがて将軍職をゆずりたい。承知してくれぬか」

と説いたが、義尋は承知しない。

「てまえ、俗世にはさらに望みがござらぬ。還俗など思いもよらぬこと。それに、ご所様はまだ三十にもなられないお年でおわすに、世嗣が出来ぬとあきらめなさるはいかがなもの。せいぜいお精出し遊ばされよ。てまえの還俗はとてもとても」

と言い切って帰った。

義政はあきらめず、再三使者をつかわして口説き、ついには、

「わしにはとうてい男の子の生まれることはないと思うが、もしそなたが還俗してわしが養子になることを承知してそうなったあと、万一にも男子が出生することがあっても、そ

れは襁褓《むつき》のうちから法体《ほったい》にし、決してそなたに見かえるようなことはしないことを誓う。ぜひうんと言うてもらいたい」

と言って、誓紙まで書いてつかわした。

思うに、義尋も大いに心を動かしてはいたが、男子誕生の時に袖にされてはたまらんと二の足をふんでいたのであろう。それが義政にわかったから、この運びになったのであろう。ともかくも、義尋は、

「さほどまで仰せられる以上は」

と、還俗し、加冠して義視《よしみ》と名のり、左馬頭《さまのかみ》に任官し、外戚にあたる今出川の三条殿を居所とし、今出川殿と呼ばれるようになった。足利系図によると、その還俗は寛正五年（一四六四）十二月二日のことであったという。義視はこの時二十六。義政はその四つ上、富子は義政の五つ下の二十五、義視より一つ若い。

ご念の入ったことに、義政は義視の後見人として、幕府第一の権臣であり管領である細川勝元を定めている。義政が相当かたい決心であったことがわかる。

こんな風であるから、義政の最初のつもりは、早速に義視に将軍職をゆずって自分は隠居するにあったが、いざとなると、なかなかそうしなかった。

このことを、応仁記には、

「故をいかにと言うに、み台所がご懐妊になって、ほどなく若君が誕生されたが、み台所はこの若君を世に立てたいと思われて、今出川殿のことをいろいろ悪しざまに将軍家に申し立てられたからである」

と書いているが、これはどうであろう。この若君は義尚《よしひさ》なのだが、義尚の生まれたのは、寛正六年（一四六五）の十一月二十三日である。この若君は義視が還俗して養子になってからほぼ一年近くも立っている。富子の妊娠は義視の還俗以後のことであることは明らかだ。妊娠の兆候が見えて来たので、富子に万一をたのむ心が生じ、――正確には万一ではない。生まれる子は男女いずれかであるには相違ないのだから、丁半ばくちと同じで、半分の可能性はあるわけである――今さらのように、誓書まで書いて義視とかたい約束を夫がしたのが口惜しく、

「しばらく待って、しばらく待って」

と、義政をかきくどき、義政またこの頃までは富子を溺愛していたようであるから、ついほだされて、決心をふらつかせたのではないかと思われるのだ。

ともあれ、富子は自分の生んだ義尚に将軍職を嗣がせたいと思い、おりにふれては義政を口説いたであろう。義政が十分に心を動かしていたことは、上述のことで推察がつくが、何せかたい約束をした手前がある上に、細川勝元というこわい兄さんまでつけてしまって

いる。優柔な義政は、いかんと富子をふり切り、約束にしたがって義尚を出家させることもせず、といって義視と何らかの諒解をつけることもせず、ぐずぐずと年月をすごしている。義政が実子が可愛ゆくてならないのなら、義視と膝ぐみで、

「そなた義尚を養子にして、そなたのあとは義尚を立てることにしてくれぬか。そなたとはあいう約束をしたが、生まれてみると、可愛ゆくてならぬのでのう。察してくれい」

と談合すれば、つかない話ではないのである。応仁の大乱はおこるべくして起こったものであり、その原因は一にして足りないが、義政が優柔な男でなかったなら、起こらないでもすんだ可能性は大いにある。

富子は義尚が義視に対抗出来るためには、有力な後見人をつけなければならないと思案し、当時の大名らを見まわして、山名宗全《そうぜん》に白羽の矢を立てた。

宗全は本名を持豊《もちとよ》という。但馬・因幡・伯耆・備後の守護大名であることを先祖から伝承したが、彼の代になって播磨・石見の守護をもかねた。また同族教清《のりきよ》が美作の守護であり、教之《のりゆき》が備前の守護でもあったので、山名一族の所領は八カ国におよぶという広大さであり、宗全自身がまた武勇にすぐれた豪傑であったのだ。彼は赤ら顔の男であったので、時の人が「赤入道」とあだ名したという。

宗全がどういう人物であったかは、塵塚物語に最も端的な形で出ている。

応仁の乱中、宗全がある大臣《おとど》の家に遊びに行った時、大臣は古い先例をひいて、こういう時にはこうしたものだ、ああいう時にはああしたものだと、いろいろ語った。宗全はにがにがしい顔をして聞いていたが、

「そなた様の仰せられることは一応の道理のようではござるが、一々先例を引いてそれに泥《なず》みなさることは承服出来ません。以後は『先例』ということばを『時』ということばに改めてお考えになるがよろしい。拙者も先例については多少のことは存じているつもりでござるが、これに泥むべきではござらぬ。たとえば朝廷のおん儀式なども大極殿のあった頃そこで行なわせられた礼を大極殿がなくなってからどうしてそのままに行なわれましょう。必ずや紫宸殿なら紫宸殿で新儀を定めて行なわせられるよりほかはないでござろう。紫宸殿ほろべばさらに別なご殿でそこにふさわしい儀式を定めて行なわせられるでござろう。根本の不易の法には先例を考えねばならぬが、その他のことは先例に泥まず、その時に合うようにいたすがよいのでござる。公家《くげ》方はこの心掛がなく、古格・先例に泥んで、世運の変化を見てこれに順応する働きがなかった故に、位ばかり高くても所領を失って貧乏なさるようになられたのでござる。今日、官位なども才幹によらず門地によって授けられるのも、先例・古格にとらわれているのでござる。もし先例を言うならば、われらのごとき武士が大臣たるそなた様などと、こうして対坐して話などが出来ましょうか。先例な

どに泥む料簡を捨て、時運の変化ということがよくご納得まいったら、不肖ながら拙者のはたらきをもって、天子よりそなた様方に至るまで、皆扶持して差し上げましょうぞ」

とたしなめたので、理の当然に、大臣は口を閉じたという。

この話は本当にあったことか、塵塚物語の作者が宗全の口を借りて自分の意見をのべたのか、わからない。多分後者であろうとは思うが、宗全が相当頭もよい人物であったことは間違いないであろう。

とにかく、富子は宗全にひそかに義尚の後見を頼んだ。宗全はこれを引き受けた。

こうして、細川勝元と山名宗全とは対立抗争しなければならない立場になったのであるが、実を言うと、二人のなかはずいぶん複雑な関係であった。勝元の妻は宗全の女《むすめ》であったし、かつて宗全が義政のごきげんを損じ、義政がこれを誅殺しようとした時、勝元が大いに弁護してくれて、義政の怒りがとけたこともあって、このためから言えば大いに仲のよい二人であったのであるが、勝元が宗全の末子豊久を養子にもらっていながら、実子政元が生まれると、豊久を僧にしてしまったので、宗全は怒って豊久を還俗させていることもある。

宗全が富子からの依頼を受けた時、

「勝元は近年今出川殿の執事をつとめて、父君のように尊敬されている。今出川殿が将軍となられたら、威勢益々加わり、われらがために悪しかるべし」

と思案して、承諾することにしたと、応仁記と応仁広記とにあるが、これは両者の反目が相当尖鋭化していることを語っている。

二

こうして将軍家の内部に家督争いの起こるべき条件がそろい、それが次第に成長しつつある時、管領家の畠山家にも斯波家にも家督争いがおこった。

先ず畠山家から書く。細川勝元の前任の管領であった畠山持国は実子がなかったため、弟持富の子政長を養子としていたところ、間もなく実子義就《よしなり》が生まれた。実子の愛に目のくらんだ持国は義就を嗣子にしようとしたが、長年の間には家中に政長党が出来ている。嗣子争いがおこり、老臣らまで二派にわかれて、大さわぎになった。持国は政長を追い出して、義就を嗣子とし、義政から教書をもらって政長を殺そうとしたところ、政長は勝元の屋敷ににげこんで保護を乞うた。すると、対抗上、義就党の畠山家の家臣らは宗全の後押しをもとめた。宗全はこれを引き受けた。

かれこれあって、持国はこんどは反対に勝元の保護をもとめ、政長に家督をつがせなければならないことになってそうしたが、もともとこれは本心ではないので、神経衰弱気味となって自殺しようとしたりなどしたが、間もなく死んでしまった。

しかし、これで解決がついたわけではない。両者の争いは深刻につづいていたのである。

次に斯波家の方。

斯波義健《よしたけ》には子なくして歿したので、幕府は斯波氏の一族である持種の子義敏を立ててあとをつがしたところ、義敏は家つきの老臣である甲斐常治・朝倉・織田などという連中が養子である自分を軽く見て圧迫を加えるのを憤り、しだいに不和が昂じて来た。老臣らは伊勢貞親を通じて幕府に訴えた。甲斐の妹が貞親の妾であったからだ。貞親が義政の幼時の哺育がかりで、義政から「お父」と呼ばれていた人物であることは前に述べたが、この妾が「お母」と呼ばれていた女であるらしい。貞親が大いに老臣らのためにとりなしたので、主人である義敏の敗訴となり、義敏は京を出奔しなければならない羽目になり、数年の間周防の大内氏のところに厄介になっていた。

斯波家にはまた当主がなくなったので、幕府は斯波家と同じく足利一門である渋川家から義廉《よしかど》を入れて、家をつがせた。

やがて京に帰って来た義敏は回復をはかる。彼の妾と伊勢貞親の若い妾で「新造」というのが姉妹である点を利用して、大いに貞親にとりなしを頼んだ。また当時義政の信任を得ていた金閣寺の蔭涼院具薬《ぐずい》にとり入ることを考え、自分の息子松王丸をその喝食《かつじき》とした。つまりお稚児さんにしたのだ。大手は女色、からめ手は男色でからくって、義政に口説き立ててもらった。

時の人、義敏を、

義敏は二見が浦の海士《あま》なれや
伊勢のわかめ（若妻《わかめ》）を頼むばかりぞ

と落首し、伊勢貞親を、

貞親は近江の浦の鮒なれや
布《め》（コンブの意、女）にまかれてぞ口に入りける

と落首したと応仁別記にある。うまい落首だ。

大手からめ手からの口説きに、義政は心を動かし、義廉を勘当し、義敏を斯波家の当主に立てた。おさまるはずがない。斯波家は真二つに割れた。義敏方は斯波家の管国の一つ

である尾張・遠江を根拠地として細川勝元を頼んだ。義廉方は義廉の妻が山名宗全の女であるところから、宗全を頼んだ。こちらは同じく斯波氏の管国である越前が根拠地だ。

以上のようなことが錯綜して、大乱の起こるべき気運は徐々に確実に醸成されつつあった時、伊勢貞親は、義政に、

「今出川殿はご所様を弑逆しようと計画をめぐらしていらせられます」

と讒言した。

貞親がなぜこんなことを言ったのか、よくわからないが、彼が女色と利欲のためにあちらに味方しこちらに味方して、いたずらにことを混乱させているので、どちら側からも憎まれていたことは事実であるから、恐怖のあまり、義政の注意をそらすために、言ったのかも知れない。

ともあれ、義政は怒って、義視をのぞく計画をめぐらしはじめた。情勢が尖鋭化しているのだから、義政は貞親のことばを信じもしたろうが、義尚にたいする愛情から、信じてこの機会に義視をのぞきたい気持も大いにあったろう。富子が得たりと義政をあおり立てたろうことも言うまでもない。

義視はけはいを知って、ひそかに今出川の邸を脱出し、勝元の邸に逃げこんだ。勝元は貞親の讒言を怒った。

「けしからん伊勢め！　蔭涼院もけしからん！」

と、義政に両人の処罰を要求した。

宗全も怒って、討手をつかわしたいと言い出した。

仰天した二人は、近江に逃げ出した。貞親は愛妾の「新造」を連れて逃げ出したという。

義政は、早々今出川に還るよう、自分には決して異心はないとの自筆の誓書を持たせて使者をつかわした。使者はなお、

「何か言いぶんがおわすなら、何ごとにまれ憚りなく申し出でられるようとのご所様のおことばでござる」

とことばを添えた。

義視はなかなか帰ろうとしなかったが、勝元と家臣に諫言されて、還ることになった。

これで一応のおさまりはついたわけであるが、大乱の条件が解消したわけではない。

ついに応仁元年（一四六七）正月、畠山政長と義就との間の合戦がはじまったのを動機として、かねて党派となっている両派の大名らがそれぞれに荷担し、未曽有の大乱が勃発した。

この乱は、縷々《るる》のべて来たように足利将軍家のお家騒動、畠山家のお家騒動、斯波家のお家騒動が、細川勝元と山名宗全の勢力争いにからんで、天下の大名が敵味方にわかれて、

えんえんとして十一年間にわたって戦ったのであるが、最後には何のための戦いかわけはわからなくなっている。まことにばかばかしい戦争だが、京都はこのために荒廃しきって、全市焼野原となり、由緒ある神社・仏閣もあらかた灰燼に帰してしまったばかりでなく、これが動機となって、いわゆる戦国時代に入るのである。

三

ところで、将軍位の争奪競争はどうだったかといえば、乱がはじまって七年目に、義政は義尚を将軍にしている。義尚は時に九つである。

特筆しておかなければならないのは、義政と富子との間が、この戦争中に冷却して来たことだ。戦火で禁裡が焼けたので、後土御門天皇も後花園《ごはなぞの》上皇も、室町の幕府に来て住んでおられたのであるが、義政はしばしば酒宴を催して、お二方をお慰め申した。彼自身楽しみたい気持の大いにあったことはもちろんだ。その酒宴は男女打ちまじっての無礼講であったので、いろいろ醜いこともあり、醜いうわさも立った。その醜声の中に、天皇と富子とがどうこうというのがあった。富子は義尚のほかにもうひとり男の子を生んでいる。これは大覚寺に入って僧となり義覚と名のった人物だが、これが天皇と富子との間に出来た子供であるというのである。

これについては、三浦周行《かねゆき》博士が、この頃天皇が富子の侍女を寵愛されて、その腹に姫君が誕生している事実があるから、これがまぎれてこんな風説を生んだのだろうと言っているが、ともあれ、義政が嫉妬して、富子となか違いになったことは事実である。

文明六年（一四七四）というから、大乱がはじまってから八年目だ。義政は小川町に新邸を営むと、義尚と富子を室町において、自分だけ引き移っている。義政の富子にたいする気持がもとに返らなかったことがわかるのである。

それから二年目、文明八年には室町の御所が焼けて、富子と義尚とは住むところがなくなった。義政は二人のために小川町に別邸を建て、これに住まわした。同居しないのである。別居といっても、建物が別なだけで、同じ邸内である。義政と妻子の感情は尖鋭化せざるを得ない。

この翌年には、さしもの大乱も自然消滅のような形で、原野と化した京都に静穏が返って来たのだが、一度水の入った夫婦の間にはそれがかえって悪かったのかも知れない。いく度か衝突がおこっている。

大日本史料の中から、関係のあることを少しひろってみる。

文明十二年（一四八〇）四月十四日に、義尚は左大臣日野勝光の女《むすめ》をめとっている。勝

光は富子の次兄であるから、いとこ同士の結婚である。（一五九頁系図参照）

この年の五月二日、義尚は髻《もとどり》を切って遁世しようとし、伊勢貞宗（貞親の子）に諫止されて思いとどまっている。どういう理由であるかは、大乗院日記目録に、「親子確執の故と云々」とある。義尚は母さん子だから、いろいろ義政には不満があったのであろう。

この年九月二十六日、義政は大和の長谷観音に参籠している。後法興院政家記に「夢想によつてこのことあり云々」とあるが、実際には妻子と同邸内にいることにやり切れなくなったのではないかと思う。

十月十九日に、義政は山荘をつくろうとして、嵯峨や洛北の岩倉あたりを検分している。

翌文明十三年正月六日の記事には、義政が富子の不服従と、諸大名がまた自分の命に服しないのを憤って蟄居し、諸家の年頭参賀を受けなかったとある。

三日立って九日の記録に、義尚がまた髻を切ったと出ているが、その理由は、大乗院寺社雑事記によると、ゆゆしい。徳大寺公有《きみあり》卿の姫君は義政の寵妾であるのを、義尚がせっせと寵愛していた、また三条公綱卿の女《むすめ》は義尚の寵妾であるが、義尚と痴話げんかの末、髪を切って尼となってしまった、すべて狂人のしわざである、人のせぬことをなさる故、こんな阿呆なことがおこったのだと、こうあるのである。

義政が銀閣寺を営んだのは、文明十四年二月四日からである。費用はすべて諸大名の寄進によった。庭木や庭石も寺社や諸家から寄進させた。翌年六月には一応のものが出来上ったので、引き移った。この時も富子は連れて行っていない。公けの席、たとえば禁中に儀式があって行くというような時には、夫婦そろって出かけていることもあるが、夫婦の中はどうしようもないほど冷却しきっていたようである。

義政は徹底した享楽派で、生涯贅沢のかぎりをつくした人であるが、いつもびんぼうで、こまっていた。しかし、富子はおそろしく金持であった。義政が気が弱く、優柔不断で、ふらふらと動揺ばかりしている将軍であったのに、彼女は才気もあれば度胸もある性格であったので、政治の実権は義政をしのぎ、「御方《おかた》公方」といわれるほどであった。彼女はその権力を利用して金を集め、それを大名らに高利で貸しつけたばかりでなく、米の買いしめをやったりして、大いにもうけた。

さらにまた富子は応仁の乱で焼失した皇居を造営するという名目で、京都に入って来る道筋に七カ所の関所をもうけて、通行税をとって、もうけた。

義尚は延徳元年（一四八九）三月、二十五で死んだ。この時、義政はまだ生きていた。義政に対抗して権勢を保持するためには、自分の息の通っている者を新将軍におし立てる必要がある。彼女はずっと前から、このことあるのを予期して、かつて大わらわになって追いはらった義視に自分の妹を縁づけ（一五九頁系図参照）ておいたが、その間に義材《よしき》（後

の義稙《よしたね》）という子が出来ていた。それを義尚の猶子《ゆうし》にしておいたので、これを新将軍にお
し立てようとした。
義政はきらった。富子が次の代にも権勢を持ちつづけることもいやであったろうし、義
材が将軍になると実父の義視が権勢を得て来て、自分の力がおとろえると計算もしたので
あろう、朝廷に奏して、将軍に返り咲くことにしたが、翌年の正月には死んでしまった。
富子は得たりと義材を新将軍にしたが、これによって権勢を得たのは義材の実父義視で
あった。義視は義政のような気の弱いぐうたらではない。将軍の実父として着々と政権を
自分の手におさめた。
富子がおもしろかろうはずがない。義材父子にはじめから好意を持たなかった細川政元
（勝元の子）と結んで、足利義澄《よしずみ》をかつぎ上げようとした。義澄は義政の弟で関東に行っ
て堀越公方となった政知《まさとも》の二男だ。京に上って来て僧となって天竜寺に入り、清晃《せいこう》と号し
ていたのだ。
この陰謀を怒って、義視は人をつかわして富子の邸宅を破毀したり、富子の領地をさし
おさえたりしたが、義視は義材の立った翌年の延徳三年正月には病死してしまった。義材
は頼りない将軍になってしまった。翌々年、河内に畠山義豊を征伐するために出陣中、に
わかにおしよせて来た細川政元に捕えられた。将軍をやめさせられた。

富子は政元とはかって義澄を将軍に立てることにして、還俗させ、翌年将軍とした。富子はやっと望みを達したわけであるが、そのさかりは長くはなかった。翌々年明応五年（一四九六）五月二十日に死んだのである。五十七であった。彼女のおびただしい遺産はあらかた義澄のものとなった。

四

富子が最も才気ある女性であったことは異論のないところであろう。しかし、ある点から見れば、一番大事なところの欠けている才女であったということが出来よう。子供にたいする溺愛に駆られて大乱の最も大きな原因をつくったこと、おのれのつくった戦乱のために人々の困窮しているのを、反省の色もなく、ひたすらな物欲にかられて、高利貸や米の買いしめをして、人々を一層苦しめるようなことをしていること、夫と張り合って権勢をもとめて血まなこになっていること、とうてい人の感情をそなえているとは思われないほどである。人間として、最もかんじんなものに欠けていると断ぜざるを得ない。

しかしながら、当時の時勢を考えれば、これは彼女だけのことではないとも言える。「天下は破れば破れよ、国はほろびばほろびよ、人はともあれ、われのみは栄えむ」というのが、当時の人の心であったと、応仁記と応仁広記の筆者は書いているのである。彼女はその一人であったというにすぎないのであろう。

さらにまた深く考えてみると、現代人とて、本質はこれが普通であるともいえよう。時代の環境がちがうから、これほど鮮烈なあらわれ方をしないだけかも知れない。

つまり、人間の多くは、条件さえそろえば、これくらい悪くなれるということに帰着するのかも知れない。

富子が生涯人のそしりもかえりみず、わき目もふらず営々としてたくわえた財宝が、一朝死ぬとあかの他人の手にそっくりわたってしまったところ、痛烈この上もない皮肉であるが、これとて、めずらしいことではない。われわれの周囲のいたるところに無数にころがっていることであるといえよう。

はかないものである。

松永久秀

一

松永久秀は氏素性のわからない人物である。河出書房版の日本歴史大辞典は阿波の生まれという説と近江の生まれという説の両方を紹介し、太田亮博士の姓氏家系大辞典は西国の商人であったという説を記し、徳川幕府の儒官林家編纂の本朝通鑑《ほんちょうつがん》続編には京都西ノ岡の斎院《さいいん》の賤隷《せんれい》（下僕）であったという説を挙げている。最後の説はあるいは同時代の美濃の梟雄《きょうゆう》斎藤道三と混同されているのかも知れない。せんずるところ、氏素姓もはっきりしない卑賤な出の者であったのであろう。

いつの頃から、またどういういきさつをもってであるか、わからないが、阿波の三好《みよし》家につかえるようになった。野史には「久秀伝」という書物を引いて、享禄二年（一五二九）十月にはじめて三好長慶《ながよし》につかえたと記し、「和州諸将軍記」なる書を引いて、天文元年（一五三二）に三好家の老臣となったと記述している。この両書とも未見だからはっきりしたことは言えないが、この記述は信用しかねる。

というのは、彼は天正五年（一五七七）に六十八で死んでいるから、その生年は永正七年（一五一〇）である。享禄二年には二十のわけである。これは一先ずよいとしても、家老になったという天文元年（一五三二）にはわずかに二十三である。和州諸将軍記のこの記述の出典は三好別記であろう。三好別記に三好元長《もとなが》が堺で敵に攻められて自殺した時、元長の子長慶はわずかに十歳であったので、元長の弟宗三入道と松永久秀とが心を一つにしてもり立てたとある。元長の死んだ天文元年には長慶は十でなく十一である。これはまあ小さいことだからどうでもよいとしても、和州諸将軍記の著者は、三好別記にこうある以上久秀は家老であったにちがいないと推断してこう記述をしたのではないかと思うのである。しかし、氏素姓もはっきりしないような人物を、その若さで家老にしたとは信ずることが出来ない。おそらく、和州諸将軍記の著者は久秀の年齢を推算してみることをしなかったのであろう。

久秀の名が大きく歴史の表に出てくるのは、天文十八年（一五四九）七月十五日、彼四十の時からだ。この時、彼は三好家の最も有力な家臣として、京都所司代の役目をさせられている。いくら素姓の知れない者でも、彼ほどの才人がそこまでなるにそう長くかかったとは思われないから、大体二十五から三十までの間に三好家につかえたと見当をつけてはどうであろう。

仮にぼくの見当の年頃から三好家につかえたとしても、その以後四十までのことはまるでわからない。調べるべき手がかりが全然ないのである。戦国時代の梟雄として、彼は斎藤道三と双璧と言ってよい人物だ。道三のことは相当くわしくわかっており、すでに武将列伝で書いたが、久秀の前半生はわからない。そのせいであろう、野史にひく未見の久秀伝以外まとまった伝記はないようである。

しかしながら、この以後の閲歴だけで、彼の梟雄たるの事実は十二分にあるのである。

二

久秀のつかえた阿波の三好家は、元来は甲斐源氏武田家の分れである信濃の小笠原家から出ている。鎌倉時代の初期に小笠原長経《ながつね》(一に長経の弟長房)という者が阿波の三好郡をもらってここに来て住みつき、在所の名をとって称するようになったという。小笠原系図・三好系図には阿波の守護に任ぜられて来たとあるが、それはどうであろう。三好記にも、三好別記にも、その記載はない。ともあれ、阿波に来て三好を名のったのであるが、数伝して足利幕府の世となり、細川氏が四国探題の格となって四国全部の守護となったので、随従して被官となったのであろう。

この三好家が勢力を得、ついには主家細川家を圧倒し、将軍をも圧迫し廃立すら行なうことの出来るほどになったのは、細川本家の家督争いからである。細川政元は応仁の乱の大立物細川勝元の子で、九代の将軍義尚《よしひさ》の時から管領になっている人だが、おそろしく変った人であった。愛宕の勝軍地蔵を信仰して、飛行自在の妖術を修めることに凝ったあまり、一切女色を絶った。

神様信仰にもはやりがある。八幡信仰のさかんである時代、天神信仰のさかんな時代、いろいろあるが、この時代は愛宕信仰がさかんな時代であった。神仏混淆の時代であるから、愛宕の本尊は勝軍地蔵で、天狗信仰と結びついて、武勇をつかさどる神様と考えられていた。応仁の乱後戦乱のたえ間がないので、こんな信仰が出来たのであろうが、武勇執心の人で愛宕を信仰する人が実に多く、それはずっと後世にまでおよんで、福島正則の家来で、剛勇無双といわれていた可児《かに》才蔵などは、自分は勝軍地蔵の化身であると自ら信じていた人である。そのほか、武芸の流祖で愛宕を信仰して奥義を開眼したという人も多いのである。

室町殿物語にこの時代の愛宕詣りの人の風俗をこう書いてある。

「頃は六月二十四日（愛宕の千日詣りの日だ）、この者共愛宕参詣すべしとて、一様に出で立ちける。赤裸かに茜染めの下帯、小玉打ちの上帯をいく重にも廻してしかとしめ、三尺八寸の朱鞘の刀、つかは一尺八寸にし、細きつばにて、（ここに「何々にて」という文句があったのが脱落しているのであろう）巻かせたり、鐺《こじり》は白銀にて八寸ばかりそぎつぎにはがせたり。二尺一寸の打刀《うちがたな》、同じやうにこしらへたり。頭は髪をつかみ乱して、荒縄をもつて鉢巻にむずとしめたり。黒革の脚袢をし、はだしにて二十人、熊手・鉞《まさかり》などをかつがせて前後をかため云々」

武勇好みの風俗であることが観取されるのである。今日伝承されている愛宕詣りの唄、たとえば「田螺《たにし》殿、あたご参りをしやらぬか云々」の唄など、この時代に出来たのではないかと思う。文句がいかにも古風である。

政元も武勇執心から時代のこの流行信仰にかぶれたのであろうが、女色を禁断しているので、子供が出来ない。そこで九条関白政基の末子を養子にもらい、元服の後澄之《すみゆき》と名づけたが、その後分家の阿波細川家の義春の子をまた養子にもらって澄元《すみもと》と名づけた。二人の養子らにはそれぞれひいきひいきの家来がいるのだから、たとえ兄弟なかがよかったにしても、家督争いのおこるのは必然であった。

政元は澄元を最も愛して、これに家を譲ろうとしたところ、澄之の傅役香西元長《もりやくこうざい》はひそかになかまを糾合し、計略をめぐらした。

永正四年（一五〇七）夏、政元は伏見に舟遊びに行って数日とどまったが、六月二十三日、明日は愛宕の縁日であるというので京の屋敷に帰り、午後八時頃精進潔斎のため湯殿に入って行水をつかっているところを、香西にかたらわれた政元の近臣竹田孫七という者が斬ったのである。愛宕信仰があだになって殺されたようなものだ。

当時の将軍は十一代義澄であるが、香西はこれにせまって、澄之を細川本家の家督と定めさせ、また管領に任じさせた。

澄元側がこれに不服であるのは当然のことだ。澄元の傅役は三好之長《ゆきなが》（後長輝、長慶の曽祖父）であったが、澄元を奉じて入京し、澄之と香西元長を殺し、義澄将軍にせまって、澄元を管領にした。もちろん、実権は三好之長がにぎる。これが三好氏が細川本家の実権をにぎり、中央政界を左右するようになったはじまりである。

この頃、十代の将軍であった義稙《よしたね》（前名義材《よしき》）は周防の大内氏に身を寄せて、山口にいた。義稙が職をおわれ、都落ちしなければならなかったいきさつは日野富子伝で書いた。思いおこしていただきたい。都のさわぎを聞くと、復位の時が来たとばかりに、大内義興《よしおき》に奉ぜられて上京して来た。この時代、大内氏は日本から中国や朝鮮へ渡航する貿易船の元締をしていた。倭寇《わこう》のさかんな時代であるから、向うとしては日本の船の来ることなど歓迎するところではなかったのだが、貿易を許さないと倭寇の行動が一層強烈になるというので、中国も朝鮮も年間に渡航して来る船の数をきめ、その数だけの勘合符《かんごうふ》を幕府にくれた。幕府はこれを大内氏にさずけて、発行をつかさどらせたのだ。つまり、外国貿易の元締的地位だ。富天下に鳴った。従って兵も強い。忽ち将軍義澄、管領細川澄元、その家老三好之長を追いおとして、将軍に復位したのだが、管領を定めるにあたって、細川家の分家で丹波にいた細川政春の子高国《たかくに》をもって本家をつがせ、それを管領とした。もっともこれには細川家の有力な被官らが高国を擁立して、義稙の都入りに大いに協力したからであった。

このさわぎの時、三好之長は京の百万遍で自殺し、その子の長秀は伊勢の山田まで逃げたが、そこで義稙の命を受けた伊勢国司によって自殺させられた。義澄は近江の甲賀山中にのがれた。澄元もはじめ同道したが、後阿波に帰り、東西呼応して、回復運動をつづけた。

復位将軍義稙には何の力もない。大内義興がつッかえ棒になっていればこそ、東西からする回復運動を防いで安泰を保つことが出来たのだが、十年ほど立って、出雲の尼子《あまご》氏が周防に侵入して来て勢いなかなか強いというので、義興は本国にかえらなければならないことになった。

すると、細川高国の勢力が増大し、それにつれて専横になり、義興の去った翌々年大永元年（一五二一）にはついに義稙を追い出し、義澄の子の義晴をおし立てて将軍とした。義澄は京を追い出された三年後に、亡命先きの江州で病死している。義晴はその父の死んだ年に生まれ、この時わずかに十一であった。義晴がロボット将軍にすぎず、幕府の権力が高国ににぎりづめにされていたことは言うまでもない。

六年立って、大永七年（一五二七）三好之長の孫であり、長秀の子である元長（後、長基）が、細川澄元（この七年前に病死）の子晴元を奉じて入京の途につき、京の郊外桂川で高国を撃破し、高国と義晴将軍とを近江に追いおとした。この時は和睦が成立し、京にかえったが、高国と晴元との間はすぐ険悪になり、高国はまた義晴将軍を連れて近江に出奔し、同志を近国に募って晴元を倒そうと奔走した。しかし、享禄四年（一五三一）、摂津で戦って敗れ、逃げようとして逃げ切れず、尼ヶ崎の路傍の民家で自殺した。晴元はどうしたものかついに管領にはならなかったが、勢力は管領と同じであった。

この少し前から、晴元と元長の間は一和を欠くようになっていた。元長の勢力が大きくなりすぎたので、晴元が不安を抱きはじめたからである。ついにこの翌年、元長は堺で殺されてしまった。晴元の旨を受けた本願寺門徒の大軍に手薄でいるところをにわかに攻め立てられて、顕本寺という寺で切腹したのだが、激怒して自らの腸をつかみ出して天井に投げつけて死んだと伝える。この血染めの天井がずっと後世までのこっていたという。

元長の子が長慶であるが、この時わずかに十一歳であった。長慶が父の仇として晴元以上に憎んだのは、大叔父の政長入道宗三であった。宗三入道は元長が堺で本願寺門徒に攻められた時、晴元に通じて本願寺門徒の味方をしたのである。長慶はこれを含んでいたが、しばらくは自分の年の若さを考えて包んでいた。しかし、成長するにつれて宗三入道を退けることをはかり、晴元に訴えたが、晴元が顧みなかったので、晴元への怒りは倍加した。ついに天文十八年（一五四九）、宗三を攻めて、攻め殺してしまった。この時の将軍は十三代義輝であった。前将軍義晴はこの三年前に子の義輝に職をゆずったのだが、大御所としてまだ元気であった。晴元は将軍父子に長慶の専断を訴えて、長慶を討つべきであると主張したが、幕府に集まっている諸将は皆長慶を恐れて戦意がない。晴元は無念の歯がみをしながら、将軍父子を奉じて江州に逃れた。時に長慶は二十八であった。

晴元は京都の回復をはかって、江州の守護大名である佐々木六角義賢入道承禎《よしかたにゅうどうしょうてい》を味方に引き入れ、如意嶽に城郭をかまえたりなどしたが、前将軍義晴は翌年夏病死してしまった。

晴元の気力は大いに沮喪したが、なお執拗に回復を計画した。しかし、翌々年二十一年に六角承禎が調停して、長慶と和睦し、義輝将軍とともに京へかえった。しかし、もう京畿の権力は彼を去って長慶に帰していた。晴元はなおがんばって勢力の回復につとめたが、ついにやり切れなくなり、隠居して、長慶の情を請うて摂津の富田の荘だけを隠居料にもらい、ここに引きこもった。

松永久秀の名が歴史上に大きく出て来るのは、長慶が晴元と将軍父子とを近江に追いはらった時からだ。彼は長慶から京都の所司代的役目を仰せつけられている。京都というところは皇室があり、公家があり、大きな社寺があり、町人の中にも学問や才弁のある者がいて、武勇一点張りの者では所司代という役目はつとまらない。吏才もある人間でなければならない。久秀が三好家の家来の中ではそういう人間であったから、任命されたのであろう。また、京《みやこ》の事情に通じていることも必要な資格であろうから、この点から見て、彼が西ノ岡の出身であったという説はあるいは当っているかも知れない。この時、久秀は四十である。

この時から、十年間、彼は京の所司代的仕事をつとめるかたわら、堺の代官もしていたようである。堺は当時日本一の貿易港であり、日本一の富盛な土地だ。彼は見る見る富をきずき、三好家の家臣第一の勢力家になった。

永禄三年（一五六〇）、久秀は長慶から大和の国をもらった。元来、大和はほとんど全部が興福寺の荘園で、大和の国侍らは興福寺の衆徒（僧兵）という名目で、興福寺の荘園の代官のしごとをしていた。後に有名になった筒井も、柳生も、皆それだ。

しかし、南北朝対立の時期にはここは南朝の勢力圏内であったようである。南北朝が合一すると、足利義満は早速、三管領の一つ畠山氏をこの国の守護に任命したので、国侍らは畠山氏を主と仰ぐことになった。七十余年立って、応仁の乱がおこった。大和守護である畠山氏にお家騒動がおこり、それがこの大乱の原因の一つになっているのだ。大和にたいする畠山氏の支配力は地をはらった。国侍らはそれぞれに割拠して相攻伐しはじめたが、八九十年も戦争し合えば、大ていくたびれるし、優劣強弱もきまって来る。天文中頃から筒井順昭《じゅんしょう》が頭角をぬきんでて来て、自ら大和守護と名のるようになった。

筒井氏は郡山《こおりやま》近くの筒井村がその在所で、ここに城をきずいて居た。平城《ひらじろ》であったという。三好氏に服属したが、天文十九年（一五五〇）に順昭が死に、あとにはわずかに二歳の子藤勝《ふじかつ》がのこった。藤勝は後の順慶《じゅんけい》だが、あまり幼いので、久秀がもらうことになったのであろう。久秀が大和に入って来た時、藤勝は十二歳であった。しかし、彼は幼くても、家臣がいる。

「先君が多年の辛苦をもって平均《なら》したもうた国、やみやみと渡してなろうか」

と、抗戦したが、忽ちたたき破られ、筒井城は落ち、藤勝は身をかくさなければならなくなった。

久秀は筒井を追いおとすと、河内境に近い信貴山《しぎさん》に城郭をこしらえた。この城に天守櫓をきずいたのが、日本の城が天守閣を持つようになった濫觴《らんしょう》であるといわれている。長く後世の規範となるべきことを創始したわけだ。築城について天才的な才をもっていたといえるであろう。

彼はここに大和経略の根拠をおき、大和の豪族らを一つ一つつぶして行ったわけだが、大体大和の平定が出来ると、信貴山では不便であるとして、奈良の近くの佐保山の南陵（聖武天皇陵）と東陵（光明皇后陵）とをこめて多聞山《たもんざん》にまたがって居城を築き、多聞城と名づけたが、ここでも新機軸を出した。城郭を広くとり、その外壁は塗りごめの長屋や石垣・濠をめぐらし、郭内には家臣の邸宅もおくという構成だ。これも後世の規範となり、城の名をとって多聞造りといい、以後の城は皆この様式にならうようになる。長屋づくりにし、外をしっくい塗りにし、所々に狭間をあけたのを多聞というのも、この時からである。

この大和平定の頃のことであろう、彼はいつも美女を数人引きつれて行軍し、興至れば紙帳を張って中でその美女らとたわむれたが、何か用事を思いつくと、紙帳から首を出して家来を呼んでさしずし、少しもはばかる色がなかったという。傍若無人である。そのあくの強さは異常性格というべきであろう。

三

永禄六年（一五六三）八月二十五日、三好長慶のひとり子筑前守義興《よしおき》が摂津の芥川城で急死した。黄疸であると診断されたが、後に毒殺であると言う評判が立った。

「松永が筑前殿の近習衆を抱きこんで、お食膳に毒をしこんだのじゃ」

と、皆言ったと、足利季世記にある。義興は賢明な人物であったので、久秀としては目の上のこぶのように煙たかったのであろうと判断された。

長慶はあとつぎがなくなったので、実弟で讃岐の十河《そごう》家をついだ一存《かずまさ》の子義継を養子に迎えたが、たった一人の子を失ったのがよほどにこたえたのであろう、まだ四十三という年であるのに、ぼけたようになり、ついに翌年七月病死してしまった。

養子の義継はこの時いくつであったかはっきりとはわからないが、足利季世記が、養子に来た頃は幼名熊王を名のっていたような書きぶりをしているから、まだ少年であったろう。長慶の持っていた権力は全部久秀が握ってしまった。なによりも、当時の商業経済の中心をなして最も富有であった京都・奈良・堺の三都市を手に入れてしまったのが大収穫であった。

長慶の死は足利義輝をも野心的にした。彼は以前から長慶と久秀とをにくんでいる。すきあらば除こうと思っていた。越佐史料に収録する古文書類や上杉年譜によると、長尾景虎（上杉謙信）にわざわざ使いを出して、上洛をうながし、景虎は永禄二年（一五五九）、五千の大軍をひきいて上洛、七カ月の間滞京している。義輝は景虎によって長慶と久秀をのぞこうと心組んだのであるが、その場になって踏み切れなかったのであると、判断される。義輝が依頼したのは景虎だけでなく、他の有力な大名らにもそうであったろう。

こんな義輝であるから、長慶の死を機会に、その策動が活潑になったことは当然である。しかし、ぬけめのない久秀だ、義輝の周囲のものを買収してスパイとしていたにちがいない。つつぬけにわかったろう。

「世間知らずの殿様そだちもこまったものじゃ。おとなしゅうしていなされば、何事もなくおわすことが出来るのじゃに、そんなことを思い立っていなさるとすれば、お気の毒じゃが、かたをつけてしまわねばならぬわ」

と、思案して、三好三人衆と当時呼ばれていた三好日向守・同下野守・岩成主税《いわなりちから》をはじめとして三好家の被官になっている豪族らに説く。

「公方様はわれらを打ちほろぼして、天下をお心のままにしようとしていなさるのでござるぞ」

といった意味のことを、証拠をあげて、ことばたくみに説いたのであろう、皆容易ならぬこと、向うに制せられる前にこちらがいたそうと、話はきまった。その顔ぶれは久秀と前記三人衆をはじめとして、松山安芸守・同新太郎らであったという。

永禄八年（一五六五）五月半ば、当時の民間習俗で五月十六日は清水寺へ参詣する日になっているので、そのためと申し触らして兵を京に入れ、十九日夜、にわかに二条の第《やしき》へおし寄せ、

「公方様へ訴訟申し上げたいことがござる。一々お聞きわけいただきたい」

と言って、訴状をささげて、重立った者がぞろぞろと邸内に入った。抗議デモの体裁をとったわけだ。義輝の母慶寿院殿《けいじゅいんでん》はその連中の口上をほんとと思って、義輝に聞き入れてやってくれと泣いて頼んだという。寄せ手は策略だから、かれこれ応対に手間を取らせて十分に中に入ると、どっと鬨《とき》の声をあげて斬りこんだ。同時に外をとりまいていた兵共も一斉に攻撃を開始する。

将軍の方では居合わす武士らが必死になって防戦した。義輝は兵法に熱心な人で、上泉伊勢守の刀術を上覧したこともあり、また塚原卜伝《ぼくでん》に学んで、その流の奥義一ノ太刀の伝授を受けていたほどの技倆であったというから、その奮戦は目ざましいものであった。重編応仁記に、

「公方家はやがて思し召しきって、最後の酒宴を催し、重立った者をご前に召して盃を下された。細川宮内少輔隆是《くないしょうゆうたかよし》はご酒宴の興をそえようとて、ご前に侍していた上臈女房の小袖をとって頭にかぶり、つと立って一さし舞った。公方はご覧じて、

『最後の舞ほどあって一入《ひとしお》よく出来たぞ』

とお笑いになった。

このように誰一人として怯懦《きょうだ》な様子がなかったので、公方家はごきげんよきご様子で、お硯をとりよせられ、上臈女房の袖の上に、ご辞世の歌を書きつけられた。

五月雨《さみだれ》は露か涙かほとゝぎす
　わが名をあげよ雲の上まで

それから、公方は名刀を多数ぬいて用意されて斬って出られ、切れ味がにぶれば取りかえ取りかえ斬られた。そのお手にかかる敵は数知らぬほどで、敵もおそれて近づく者はなくなった。しかるに、敵方の池田丹後守が子池田某という者は小気のきいた男で、ひそかに公方の出入りされる戸のかたわらに忍びよって身をかくし、公方が刀をかえて立ち出でられるところを、槍でお足をはらった。公方はうつ伏せにころばれた。そこを大勢がどっ

とより合って、上から障子をたおしかけ、槍で突きとめた。この時奥から放った火がどっと渦を巻いて吹き出して来たので、お首はとらなかった。おん年三十、あわれと申すも恐れあり云々」

とある。足利季世記もこれほどくわしくはないが、大要は同じである。陰徳太平記には自殺したとある。障子をたおしかけ、おさえつけて槍で突き殺したという記述の方が実感にあふれている。

なお季世記には、燃え上る炎の中に飛びこんで義輝の母は死に、側室は兵共に殺されたが、夫人は近衛家から来た人だったので、三好日向守が助けて実家へ送りとどけたとある。

義輝には二人弟があった。二人とも僧となっていた。下は鹿苑寺《ろくおんじ》（金閣）周暠《しゅうこう》、上は一乗院の門主覚慶《かくけい》、これは奈良にいた。周暠は兵が行き向って殺した。覚慶は一乗院におしこめ、周囲に番兵をおいてきびしく監視される身となった。この覚慶がここを逃れて、還俗して足利将軍家の再興をはかり、ついに織田信長の力をかりて十五代の将軍義昭《よしあき》となる人である。

久秀にしても、三好一族にしても、重臣らにしても、将軍がいないではこまる。世間が承服しないのである。

四

ちょうどその頃、阿波に足利氏の一族で義栄《よしひで》という人物がいた。十一代将軍義澄の次男義冬《よしふゆ》（後、義維《よしつな》）の子である。義冬は十代の将軍義稙《よしたね》の養子となったが、義稙夫妻となかが悪くなって、京都に居にくくなり、天文のはじめ阿波におち行ったところ、細川成之が迎えとって同国平島におらせ、平島公方《ひらじまくぼう》と呼んだ。義栄はその子として天文七年（一五三八）に平島で生まれて、ちょうどこの時二十八になっていた。

「平島の若君を迎えようぞ」

と、久秀らは相談一決し、義輝の死んだ翌年、永禄九年（一五六六）十二月に阿波から迎え、とりあえず朝廷に願って従五位下左馬頭《さまのかみ》に任叙してもらい、翌々十一年二月には将軍宣下《せんげ》もしてもらったが、京都にはこれに反対のものもある。入京することが出来ず、摂津あたりをあちらに移りこちらに移りして、ついに一度も京へ入ったことのない将軍となるのである。

話はもとにかえる。

久秀に筒井城を追いおとされ、国をうばわれた筒井藤勝は永禄九年に十八歳になって、興福寺の成身院《じょうしんいん》で得度《とくど》し、陽舜房順慶《ようしゅんぼうじゅんけい》と名のるようになったが、本領回復の望みは益々強くなっている。あたかも、三好三人衆が、義輝を殺した後、久秀の威勢がさらに増大して来たのを不快として久秀との間が不和になったのを見ると、三人衆に握手の手をさしのべた。

三人衆はもちろん承諾する。このアンチ久秀の動きには長慶の叔父にあたる三好山城守康長（笑岩入道と号す）も荷担すれば、阿波の国侍である篠原長房らも荷担したというから、久秀がいかに嫉まれ憎まれていたかがわかる。この連中は長慶の養子で三好家のあとつぎである義継も味方に引きいれ、また足利義栄のみ教書ももらって、久秀退治の兵をくり出した。この動きに順慶が協力したことは言うまでもない。藩翰譜《はんかんぷ》によると、大和国内でしきりに松永軍と戦って、辰市の戦いでは打ち取るところの首五百という大勝を得ている。長い間雌伏して鳴りをひそめていた順慶にそう多数の兵がついていたろうとは思われないから、昔の縁故をたよって懸命に説いて歩いて軍勢を糾合したのであろう。後に明智の乱の時に洞ヶ峠《ほらがとうげ》まで出て首鼠両端《しゅそりょうたん》を持して形勢を観望していたというので、「洞ヶ峠をきめこむ」ということばさえ出来た順慶であるが、この時は悲壮な心に昂揚した見事な姿であったろうと思う。

久秀とその反対党との戦いは、あるいは京都、あるいは摂津、あるいは和泉、あるいは大和で、実にしばしば戦われたが、決定的な勝負はつかなかった。

十年になると、久秀は三好義継を寵絡して味方に引き入れた。足利義栄が三好家の当主である義継より三人衆の方を大事にするというので義継が不快がっているという風評をきいて、金山駿河守という者をして、義継を口説かせたのだという。ともあれ、義継は久秀方になることを承諾して、堺に移り、さらに久秀に迎えられて信貴山城へ入った。

義継個人にはなんの実力もないが、三好家の当主であるということは力になる。反松永軍の主力になっている三人衆をはじめ阿波の国侍らにしてみれば、本家の当主に向って弓を引くわけだから、意気がはばむにちがいないし、世間の同情もないであろうし、反対に味方は義に倚っているというところから勇み立つわけである。久秀はしきりに山城へ打って出て、放火したりなんぞして気勢を上げた。しかし、敵にしても必死だ。秋になると、大和におしこんで来て東大寺に本陣をすえた。久秀は多聞城に居り、毎日出て戦ったが、接戦はなく、「日々鉄砲せり合ひばかりなり」と季世記にある。鉄砲が大隅種子島に伝来したのが天文十二年（一五四三）、この時まで二十四年しか立っていないが、この頃では堺でどしどし製造して売り出しているので、近畿ではとりわけ使われていたのである。

十月十日の夜、松永勢は夜襲をかけ、よき侍を七人、雑兵《ぞうひょう》三百余人を討取ったが、その時火を失して、大仏殿に燃えうつり、殿宇全焼、大仏は首が焼けおちた。この火は久秀方が放ったのではなく、ここにこもっていた味方が失したのであるが、夜襲なんぞかけなければこんなことにはならなかったろうという理窟から、久秀が焼いたことになり、仏道の信仰の厚い時代なので、大悪無道のはなはだしいこととなっている。しかし、現代人の理窟から言えば、合戦であるのにそんなところに陣取った方が、浅慮あるいは卑怯であるといえよう。

ともあれ、この一戦で打ち勝ったので、久秀の声望は京畿を圧し、大和国内から敵は退去し、三人衆方であった武士で帰服して来る者も多かった。久秀は大和国内から河内へかけて数城を築いて、それに諸将を分置し、緩急たがいに援けるようにした。

五

織田信長が足利義昭を奉じて入京したのはこの翌年の九月二十八日である。

奈良の一乗院に幽閉されていた覚慶が細川藤孝《ふじたか》(幽斎《ゆうさい》)の計によって脱出し、還俗して義秋(後に義昭)と名のり、近江・若狭・越前を流浪して京都回復を運動し、最後に織田信長を頼って美濃に行き、信長の助力によって道筋の豪族らを撃破、風靡して京に入った経路は、武将列伝中の信長伝と明智光秀伝とで書いた。お読みになった方は思い出していただきたい。

この信長の上洛計画を知ると、久秀は早くも帰服を申しおくったと総見記にある。他書にはない説だが、当時の事情と久秀の性格から考えると最もありそうなことである。久秀のかわり身の早さといってよいであろうが、この頃久秀の運勢はまた悪くなっているようである。大日本史料に多聞院日記をひいて、信長の上洛直前の九月二日に、三好康長の軍勢三千が大和に打ち入り、筒井順慶の軍勢と一つになって多聞城におしよせ、奈良の町と東大寺へんに放火して五日に引き上げていることを記述している。本城近くまで攻めつけられるようでは、久秀の景気も相当沈滞していたと見てよい。

こんな風である上に、三好三人衆の方は義栄将軍を擁しているのだから、義昭を将軍にしようとして上洛して来る信長と妥協の余地はないが、その点三人衆と対立しているおれは大いに便利である、よし来た、あの尾張の田舎士《いなかざむらい》の手を借りて、怨敵どもを退治してくれよう、と、計算したと見てよかろう。

ともかくも、信長公記の十月二日の条に、「松永弾正は我朝無双のつくもがみ進上申され」とあり、甫庵《ほあん》太閤記には「天下無双の吉光の脇差を捧げ奉る」とあり、総見記では両方とも献上したことになっている。久秀としては存亡のわかれ目だ。大いに奮発して献上したろう。

彼の降服にたいして、義昭が、

「光源院殿（義輝）を弑逆した張本人、まさしき兄君の讐《かたき》であるものを」

と、頑強に不服を言い立てたのを、信長はなだめて受け入れるようにしたのだという。信長としてはまだまだ利用価値のある男とふんでもいたろうが、上洛以前から帰服を申しこまれていたとすれば、この処置をとるのは最も当然である。久秀にしても、そうするより当面の活路はなかったはずである。

この時久秀の献上した「つくもがみ」というのは茶入れの名であるが、その命名の由来は少しややこしい。先ず「つくもがみ」の字義から説明しなければならない。これは「九十九髪」という漢字をあて、本来は老女の白髪のことである。「百年《ももとせ》に一年《ひととせ》足らぬつくも髪、われを恋ふらしおもかげに見ゆ」と伊勢物語にある。なぜ「九十九」という文字をあてるかというと、本当は「つくも」は「つつも」というべきをあやまったのだという。「つつも」はものの満ち足らぬことを言うのだそうで、百に一つ満たぬというところから「九十九」という文字をあてるのだという。ところで、「白」の字は「百」の字から一劃を減じたものであるから、九十九髪と書けば白髪の意になるという次第。

持ってまわった上に、間違いまでおかして定着した文字の由来で、ややこしいことこの上もないが、おもしろいから書いてみた。

ここで命名の由来に入るが、それはかんたんだ。この茶入れは九十九石の米にかえて手に入れたから、こう名づけたのだという。

この頃の茶器の命名には、こんなのがよくある。「姥口釜」というのが、やはりこの時代の名器になっているが、それは本来は「上口《うわくち》」の意味で、この釜で沸かした湯はキッスのようにうまいというところからの命名である。しかし、それでは露骨にすぎるから、この文字をあてたのだという説がある。上口とは下口にたいする語で、ずいぶん猥褻《わいせつ》な構成の語である。あまりおかしな命名だから信ぜられないような気もするが、この時代の武人は無学で直截だから、案外ほんとうかも知れない。

久秀が信長にお目見えしたのは、摂津の芥川であったというが、この時三好義継も帰服して、仔細なく受入れられた。信長は義継に河内半国をあたえ、久秀に大和一国をあたえ、切取りにせよと言っている。

信長の入京によって一番気の毒だったのは足利義栄であった。十四代の将軍になりはなったものの、何の実力もなく、また一度も京へ上ることもなく、摂津・河内地方をうろうろしているうちに、こんなことになったので、あわてて阿波に引き上げたが、引き上げるとすぐ病気で死んでしまった。よほどに不運な星の下に生まれた人である。

　さて、久秀は信長から大和一国を切取りにせよといわれて、一先ず安心はしたものの、大和の国侍、とりわけ筒井順慶の執拗頑強なことは話にならない。打ち退けても打ち退けても頭をもち上げてくる。以後連年何回となく大日本史料の中に久秀と順慶との戦いが出て来る。うんざりするくらいだ。こんなに執拗な抗戦が出来たところを見ると、土民と結びついてゲリラ戦術に出たのであろう。古文書にも、順慶方の兵を「浪人衆」と書いたものが数通見えるから、この見当はあたっているであろう。時には順慶方が勝っていることもある。久秀は全く手を焼いたようである。

　そのためもあろうが、筒井方に所属した国侍らの捕虜や人質にたいする久秀のあしらいは残酷をきわめている。元亀元年（一五七〇）に井戸良弘を追って井戸城を陥れた時のことを、多聞院日記はこう書いている。

「今日、井戸の娘、松倉権介の息、久しく牢に入れてあつたをあへなくさし縄にてしめ殺し、城の近辺に串刺しおはる。ならびに筒井の八条の庄屋の子の菩薩山にありし十七歳の若衆を生害しおはる。そのほか四人四人斬る。童男・童女には罪はなし。あさまし、あさまし、自他共にうらめしき時節なり。見聞・覚知につき、さらに驚かず、一念菩薩心も発せず、さてもさても、迷謬深重《めいびゅうしんちょう》。さぞ大聖汚なく思し召すらん」

というのだ。惨鼻をきわめた情景に、筆者の坊さんが眉をしかめて天を仰いで浩嘆している姿が目に見えるようである。

こうして大和の平定に手こずりながらも、信長のきげんをとりむすぶためにはものもおしまず、力もおしんでいない。

永禄十一年（一五六八）十二月二十四日には、信長のごきげん伺いのために岐阜に行っているが、その時、不動国行の刀以下の諸名物を多数持って行って献上していることが、多聞院日記で分る。

一体、久秀はケチな性質であったと、足利季世記にある。「松永は分別才覚、人にすぐれ、武勇は無双なり、諸人これを用ゆるといへども、天性やぶさかに生れついて、大欲心深し」とあるのだ。何しろ串柿の串をためておいて、壁のコマイにしたといわれている男だが、諸名器はずいぶんたくさん集めていたという。総見記にある人が、「松永の日常を見ていると、ひとえに狂人のようである。とうてい長く生を受けることの出来る人間ではないのだが、あの年まで生を保って大名であり得たのは、由緒ある名器を多数もっていた功徳によるのであろう」と言ったと記してある。ずいぶん苦労もし、非道なこともして貯めこんだものに違いないが、これを信長のごきげんとりに使うことになると、ズバズバと、実に気前よく献上したのである。

大いに信長のために働いてもいる。元亀元年(一五七〇)三月、信長が朝倉氏を討つべく越前に入り、手筒《てづつ》・金ヶ崎・疋田等の諸城をおとし、いよいよこれから朝倉氏の本拠に討入るのだと勇み立っている時、浅井長政父子がにわかに離反の色を立て、江北からおこり立って信長軍の背後を襲う手に出つつあるという報告がとどき、諸軍恐怖してさわぎ立った。信長は随従して来た久秀を呼んで、

「おれは今明日の両日人馬の呼吸を休めたら、やはり直ちに越前へ進撃しようと思っているのじゃが、老巧なその方の意見を聞きたい」

と言ったところ、久秀はうやうやしく、

「仰せごもっともでございます。しかしながら、これまで一両度当国へお馬を入れさせられ、地理などもよくご承知でありますなら、それもよろしゅうございましょうが、当国へはこれまで一度もお出でになったことがなく、まるでご不案内であられます。しかるに、こんどのように戦果が上って、三城もお手に入りましたのは、ご威光がお強いためでございます。ものごとはあまりよく行きますと、かえってよくないものでございます。ほどほどというのが最もよろしいので。これから先きは木ノ目峠、追ノ坂、樫曲などという切所も多くございまして、なかなか困難な道であります。この度は三城を落されたをご面目となされて、一先ずご退陣あるがよくはございますまいか」

と答えた。知恵はありあまるほどある久秀だ。信長の本心は退陣したいのだが、この際弱みを見せたくないと思って、前進論を口にしているのであることはよくわかっている。思うつぼの答えをしてやった。信長は、

「もっともな意見じゃな。それでは老人の意見に従って、先ずこんどは退陣ということにして、この旨諸陣へ触れよ」

と命令し、殿軍《しんがり》を秀吉にして、自らは人数も少なく若狭地峡を西に出、琵琶湖の西方の山岳地帯を縦走して、京都に帰ったのであるが、その途中、朽木谷《くつきだに》にさしかかると、土地の領主朽木信濃守元綱が兵をひきいて出迎えた。元来猜疑心の深い性質である上に、人の心のはかられない危難中にいる際だ、信長は朽木の心を疑って進むことを躊躇した。すると、久秀が進み出て、

「朽木は拙者の古いなじみであります。拙者からよく申し聞かせて人質を出させてご案内をさせましょう。もし朽木が聞き入れませぬようでござれば、刺し違えて死ぬ迄でござる」

と言って、馬を走らせて行き、朽木を連れて信長のところへ帰って来たという。以上のことは総見記と織田家譜にある。

この年秋には信長が大坂に出て、阿波の国侍らとこれと連合している石山本願寺と交戦

しているが、その時も久秀は大いに働いている。

こんなにも久秀が信長のためにつくすのは、彼の心中に深い恐怖感があったからに相違ない。彼は信長が自分を愛しているとは思わなかったろう。むしろ自分をきらっていると思っていたにちがいない。しかも、狂的なくらい気のかわりやすい信長だ。久秀はいつも死の風に首筋をひやひやと撫でられているような気持でいたろうと思う。本来のケチな心をおさえて、せっせと名器を献上したり、命を張って奉公したり、せずにいられなかったはずだ。しかしまたそれだけに、内攻する心は、信長への憎悪をかき立ててやまないものがあったにちがいない。

有名な話がある。ある時、久秀が信長のところへ行っていると、徳川家康が来た。信長は久秀を指さして、家康に、

「この老人が松永弾正でござる。人のえせぬことを三つしている。公方様を殺したこと、主人の三好に叛いたこと、大仏殿を焼いたこと。普通の者は一つでもようせぬことでござるが、それを三つともやってのけた老人でござるよ。ハハ、ハハ」

と言った。久秀は恥じて顔を伏せ、満面汗を流し、頭の上から湯気が立ちのぼったという話。野史にはこれは老人雑話にあると書いてあるが、ぼくが現在参照している史籍集覧本には出ていない。しかし、読んだ記憶はある。随筆大成本にはあるかも知れない。

備前老人物語という書物にも、ほぼ同様な話を伝え、これが久秀が後に信長に叛いた原因であると書いてあるが、そういう特定な事実がなくても、かしこくて、ドライな久秀は、信長がいつかは自分に下すべき災厄を読みとっていたに違いない。そうでなければ、彼の生涯は辻褄が合わなくなる。

果然、大日本史料は、元亀二年（一五七二）五月十七日の条に、久秀が武田信玄に通じた証拠の古文書を挙げている。久秀の方から信玄にたいして、もしご上洛されたならば、無二の協力をつかまつるであろうと、言ってやったことにたいして、久秀の老臣岡周防守にあてた、信玄とその臣小幡信貴の返書を掲げているのである。

久秀はその子久通とともに、この翌年三月、信長にたいして叛旗をひるがえしている。徒党して立ったのは三好義継である。この事件は信長公記や総見記にあらわれたところでは、三好義継とともに河内半国の主であった畠山氏の主従の間に争いがおこったのに、義継が手出しして家来側に加勢し、畠山昭高を殺し、それに松永父子がまた荷担したという形になり、義継は河内若江の城に籠城し、久秀は信貴城に籠城し、久通は多聞城にこもっているが、まことに妙な話である。

この前年の久秀と信玄とのしめし合わせ、義昭将軍と信長との間の険悪な空気、三好義継が義昭の妹婿である等のことを考え合わせると、信玄の上洛間近と見て、義昭としめし合わせて、信長の力を牽制し、信玄の上洛に便宜をあたえる手を打とうとしたことに違いない。

しかし、信玄は上洛出来なかった。その年の暮、三方ヶ原で徳川・織田の連合軍と戦ってこれを痛破はしたものの、間もなく病気になり、この翌年の四月には死ぬのである。

それは将来のことだからこの際としては関係はないが、久秀としては、おそらくは、信長の上洛が破竹の勢いであったように、信玄の上洛も破竹の勢いであろうと思ったのに、そうは行かず、急には来そうにないと思ったにちがいない、冬頃から信長の老臣佐久間信盛を頼んでしきりにわびを言い、多聞城をとり上げられて赦免された。このお礼言上のために、久秀は四年正月十日、岐阜に行った。またおびただしい献上物だ。天下無双の名物の道具である不動国行の刀・薬研藤四郎の脇差を進上したと総見記にはあり、信長公記には不動国行進上候とのみある。不動国行は永禄十一年（一五六八）十二月にすでに献上していることが多聞院日記で明らかだから、誤りであろう。

六

元亀四年（一五七三）は七月に改元されて天正元年になるのであるが、信玄はこの年四月に死んでいるし、義昭将軍は七月に信長排斥の挙兵をして一戦に叩きやぶられ、河内に逐われている。久秀としてはもう手品の種がなくなった。いくら前途が不安でも、雌伏しているよりほかなかった。それから三年、天正四年（一五七六）の下半期になると、信長の北陸経営が大いに進んで、その勢力は加賀までのびた。これは上杉謙信の勢力と接触するようになったということである。

「おもしろくなったぞ」

久秀はそう思ったにちがいない。この両者の間がただですもうと、久秀ほどの者が考えるはずがない。接触がきわまって合戦ということになれば、信長はとうてい謙信の敵ではない。戦争にかけては、謙信はおそるべき武将だ。その戦術は天才的神気があり、その兵は勇敢で質実で剛健で誠実で、兵として最も理想的な素質をもっている。だから、その軍勢にあたり得るのは、武田信玄しかないというのが、当時の識者の評価であり、今日に至るまでこの評価は動かない。信長はその信玄にあたることが出来なかったのだ。信玄の死の少し前あたりから、両者の関係は険悪になっているが、それでも信長はなるべく信玄を刺戟すまいとしている。三方ヶ原の合戦の時、家康に頼まれ、これまでの情誼上援兵を出さなければならないので、出しはしたが、「決して戦うな」と言いつけて出している。そんな阿呆な援軍というものがあるものでないが、それほど信玄との衝突の時の近づくのを恐れたのである。その信玄と匹敵する強さを持つ謙信なのだから、信長が敵でないことは子供だってわかる算術だ。

一体、久秀は謙信から好意を持たれていない。以前謙信が五千の兵をひきいて義輝将軍の招きに応じて上洛して来た時、謙信は久秀と三好長慶とをにくみ、今の世の乱れはこの二人の専横が根源であるといって、二人を誅殺することを自分に命じてくれとしばしば説いたほどだ。ぬけ目のない久秀は将軍の周囲の者を買収して諜報者の役目をさせているから、それをよく知っている。また謙信が性格的に馬鹿正直にすぎることもよく知っている。とうてい、自分の申しこみなど受入れてくれないだろうと思ったのだろう、直接に謙信に連絡をとった形跡は認められない。越佐史料はずいぶん丹念に史料を集めた書物であるが、それにも入っていない。今日史料がのこっていないからとて、その事実がなかったとは言えないが、以前からの行きがかりや、二人の性格から見て、直接の連絡はなかったろうと、ぼくは考える。

しかし、ここに前将軍義昭がいる。義昭は河内に追放された後、紀州や備前あたりを放浪しながら、アンチ信長の軍をおこそうと運動しつづけていたが、この頃は備後の鞆《とも》にいて毛利氏の世話を受けていた。これが四方に働きかけ、アンチ信長の包囲陣を形成した。西の毛利、中の本願寺、東の武田、北の上杉、これを全部連繋させたのだ。この包囲ラインの形成に、久秀は一役も二役も買ったろう。とくに義昭とは以前からの関係もあるのだから、そう解釈するのが最も自然であろう。

こうして年が明けて天正五年七月、上杉謙信は能登に兵を出した。すると、信長はおそろしく緊張し、柴田勝家を主将として丹羽長秀以下の諸将領の大部分をこれにつけて加賀に出動させた。謙信の鋒先が加賀に向けられることを警戒したのだ。ほとんど全部の将領をおくっているところを見ても、信長がいかに謙信を恐れたかがわかるのである。あとはほとんどからだ。

この出発が八月八日であった。

チャンスである。

久秀はこの時、むすこの久通とともに天王寺の城番をしていた。

この天王寺の城（城というより砦なのだろうが）というのは、本願寺の石山城にたいする向い城で、佐久間信盛が番将になり、久秀父子はその下についていたのだ。佐久間は以前久秀がむほんの色を立てて降伏した時、信長にとりなしてやったことから、久秀父子を自分の与力大名として世話していたのであろう。こういう因縁のある者は大ていとりなしてやった者の与力大名にされるのがこの時代の習慣だ。

この春、信長は紀州の雑賀《さいが》を征伐したのであるが、その残党がこの頃頭をもち上げて来

て、戦備をととのえるためであろう、田畑を荒らしたり、掠奪したりしはじめた。佐久間は、

「山賊同然の奴ばら、うるさいことじゃな。討伐に行かねばなるまい。あと頼むぞ」

と、久秀父子に留守をたのんで出かけた。

こんな機会を待っていた久秀だ。八月十七日であったという。天王寺城を出て、本国に引きあげ、信貴城にたてこもった。何のためにそんなことをしたか、理由は公表しないのである。注進はすぐ信長の許にとどく。信長は怒ったにちがいないが、何せ手もとの手薄な時だ。実力行使という手段に出ることは出来るだけ避けなければならない。松井友閑、この人は後に宮内卿法印に叙せられたが、当時は信長の右筆《ゆうひつ》で茶人であった。これを使者として信貴城につかわし、

「いかなるわけでかような思い立ちをされたのか、上様はご不審に思うておられます。安土にまかり出た上、存分に申し上げよ、委細を聞きとどけた上、ご裁許あろうとの仰せでござる」

と言わせた。

久秀は拒絶した。拒絶するはずである。われらこのままではやがて織田殿に殺され申すであろう故、こちらが織田殿を殺して安心したいのでござるとは、いくら久秀のような人

間だって言えるはずがない。

信長は怒って、かねて久秀が信長の許にさし出していた人質を成敗した。人質は二人いた。いずれも十二三の少年で、久秀の妾腹の子だ。信長はこれを佐久間一族である与六郎にあずけ、近江の永原においたのだが、京に連れて来て、その夜は京都所司代村井長門守貞勝の宅に泊めた。

「二人いづれも男子にて、死ぬる子眉目《みめ》よしと申すたとへのごとく、姿かたち、心もゆうにやさしき者共に候」と、信長公記にあるから、美しい少年達であったのである。かかりの役人である矢部善七郎・福富平左衛門の二人は、あわれになって、

「今夜ここに泊まって、明日内裏に駆けこんで嘆願なされば、命は助かりますぞ。安心なされよ」

と、すかして、その夜は寝せ、翌日は、

「さあ、内裏へまいりましょう。あそこへ行って嘆願なされば、みかどのお袖がかかることになりますから、きっと助命になります」

とまた言い、髪を結ってやり、着がえをさせると、子供らは、

「おことばではございますが、そうはまいりますまい。わたくし共はたしかに首を切られるでございましょう」

と、おちつきはらって言う。

その上、しらじらしいことは言えない。それならば、親兄弟のところへ最後の文でもお書きあれといって、筆紙をすすめると、

「この場になって親へはいらぬことでございます。日頃世話になりました永原の与四郎様へだけ書きましょう」

と、礼状を書いて立ち上って村井家を出、一条の辻で二人同じ車に乗って六条河原に連れ行かれ、貴賤群集《ぐんじゅ》して見物している中で、斬られた。二人ともに顔色変ぜず、おとなしく合掌し、念仏となえていたという。「見る人肝を消し、聞く人も涙せきあへず、あはれなる有様、なかなか目もあてられぬ様体なり」と信長公記は記述している。

人質を殺してみたところで、事が解決するわけではない。後の人の見ごらしのためと、当面の腹いせだけのことだ。とりあえず無人になった天王寺の砦に守備の兵をさし向けた。これはちょうど羽柴秀吉が柴田勝家と陣中不和になって勝手に帰陣して来たので、これを向けたと総見記にあるが、これは少し疑いがあって信じかねる。しかし、誰かをやったにはちがいない。

次には久秀父子の始末だ。これには息子の信忠を向けることにした。信忠は九月二十七日、居城岐阜を出発、二十八日に安土につき、三十日に出発した。

攻撃は十月一日、久秀方の支城《えだじろ》である北葛城《かつらぎ》郡の片岡城の攻撃からはじまり、細川藤孝・その子忠興・明智光秀・筒井順慶らがかかったという。信忠の到着以前に開始されたものである。一日のうちに攻めおとした。この時、細川忠興は与一郎と名のってわずかに十五歳であったが、弟の頓五郎《とんごろう》興元十五歳とともに一番乗りをしたので、信長は聞いて激賞したという。余談だが、この兄弟は同母から同年に生まれたことになっているが、双生児なわけではない。なにか出生に秘密があるのである。熊本では、忠興は実は信長の子であるという説が昔からある。

信忠は三日に信貴に到着、布陣して、城下を焼きはらった。この日に北陸へ出陣していた将領らも、安土に帰着したが、これが信貴に来たので、日夜にはげしい攻城がはじまり、そのうちには城内に寄せ手と内通する者も出て来、城方は本丸だけをかろうじて保って、久秀父子は天守にこもった。

信忠は使者を立て、

「降参いたせば、いのちだけはお助け下さるとの仰せであるゆえ、降参いたすよう。この上の籠城はせんないことであろう」

と言わせたが、久秀は、

「いやでござる。たとえ骨になっても降参はいたさぬ」

と言い切った。

実は信長は久秀の命なんぞ助けるつもりはない。信長が執着してやまない「平蜘蛛《ひらぐも》」という葉茶壺を久秀が持っているので、それを巻き上げてから、何とか難くせをつけて殺そうという算段だったようである。久秀はそれを見通しているから、こういう返事をしたにちがいない。

こうなれば、いたし方はない。組がしらでもあり、かねて懇意にもしていた佐久間信盛から、

「ご辺の愛蔵し給う平蜘蛛は天下の名器である。ご辺とともに亡び果てさせるというは、もったいなきことである。こちらにお渡しあって、末長く世の宝として伝えることにされたい」

と、申しこんだが、これも拒絶した。

「いやでござる。冥途まで身にそえて持ってまいる」

と、答えて、微塵に打ちくだいてしまった。長年の間内攻し鬱積していた信長にたいする憎悪が一時にせきを切ったと見てよいであろう。

この後、久秀は久通に城を脱出していのちをながらえ、信長をたおす工夫をせよと命じた。久通は父とともに死にたいといって拒んだが、叱りつけて出させた。しかし、これが

寄せ手に捕えられ、誅戮《ちゅうりく》された。世間では、

「父を捨ててはざまくぐりした臆病もの」

とけなしたが、信長は、

「これは弾正がそうさせたので、所存あってのことであろう」

といったという話が、総見記に出ている。たぶん、本当であろう。

こうまでなる前に、久秀は本願寺と連絡をとって援兵を乞うために使いを出したが、その使いが大坂へ行かず、寄せ手に駆けこんだという説もある。これもいかにも、その時代としてはありそうなことである。

久秀はいよいよ最後となると、天守に火をかけ、腹を切り、自分の首は前もって家来に命じておいた通り、火薬で粉砕させ、炎の中に灰燼になってしまった。あくまでも我を通し、強い憎悪をもちつづけ、それを行動にあらわして死んで行った点、剛愎《ごうふく》、壮烈というべきであろう。かわったタイプではあるが、やはり男らしい男にちがいない。

この日がちょうど、彼が十年前に奈良の大仏を焼いたと同じ十月十日であり、時刻もまた同じであったというので、仏罰であると、当時皆言ったという。

「大仏殿炎焼の月日時刻とかはらざること、ひとへに春日明神の所為なりと、諸人舌を巻きしこと」

と、信長公記にある。大仏殿炎上のことは前に説明したが、六百年の昔、治承四年に平重衡《しげひら》が焼いて以来のことだし、重衡も個人的にはりっぱな紳士であったのに、悪逆無道といわれたのだから、久秀においてはなおさらのことであろう。

七

こんな話が伝わっている。久秀は鈴虫を飼ってみて、飼いようでは三年は生かしておくことを知り、

「鈴虫のようなものでもこうだ。人間も養生すればうんと長生きが出来るはずじゃ」

といって、中風の予防のため、毎日時刻をきめて百会《ひやくえ》（頭のてっぺん）に灸《きゆう》をすえることをおこたらなかったが、最後の日、いよいよ腹を切る間際になって、その時刻が来ると、近臣に命じて灸の用意をさせた。

「今お腹を召すというに、ご養生までもございますまい」

と、家来共がいうと、久秀は、

「阿呆なことを言うな。もし切腹の場になって中風にでもなって見よ。弾正は臆して腹をよう切らなんだと言われること必定ではないか。多年の武名が一時にすたれる。養生は今

死ぬ間際まで怠るべきではないのじゃ」

と言って、灸をすえさせた後、腹を切ったという。

彼の領内における政治ぶりは苛酷をきわめ、年貢未進などの百姓を処罰するに最も残忍な刑を課した。蓑《みの》を着せ、火を放ち、もがき苦しんで死なせたという。彼はそれを、「蓑虫おどり」と称して、楽しんで見物したというのだ。

こんな風であったので、彼が滅亡すると、領内の民のよろこびは一通りでなく、農具を売って酒にかえて、大いに祝ったと伝えられている。

戦国の時代は、社会一般が酷烈で、ドライで、油断もすきもならなかったので、人間もなまぬるい根性では生きぬいて行けなかったのだが、そうした中でも、久秀の評判はものすごく悪い。やはり特異性格だったのである。われわれは彼の生涯のどこを見ても、人間らしいあたたかさを見ることは出来ない。また、明るさと愛嬌を見ることも出来ない。しかし、これは歴史記述の方法が悪いのかも知れない。

歴史というものは元来が抽象的に記述されるものである上に、昔の文章はごく抽象的だ。そんな文章で重立ったことばかりを記述してあれば、人間の日常の動作や言語の上にただよっている雰囲気はとんでしもう。そんなとんでいる記録をもとにして書くのだから、よほどに特異な、たとえば秀吉のような人以外は、明るさや愛嬌のない人物にしか書けないことになる。

久秀は微賤から身をおこした人物だ。愛嬌がなくてはあそこまで成上れるはずがない。また茶の湯に長じ、連歌《れんが》にも長じていたというから、愛嬌はあった人物にちがいない。それを出すには、うんと小説的な技法を必要とする。その方がむしろ真を伝えているということが出来ようが、それでは伝記の範囲を逸脱することになる。むずかしいものである。

徳川綱吉

—

徳川五代の将軍綱吉は三代将軍家光の庶子である。家光は若い頃男色にばかり興味をもって、一向女に興味がなかったので、乳母の春日局が心配して、自分の親類で、蒲生《がもう》浪人岡吉右衛門の娘お振《ふり》をお伽《とぎ》にさし出した。

吉右衛門は戦国末期の豪傑として有名な岡左内貞綱の弟だ。鉅万《きょまん》の金銀を貯えながら、少しもそれに執着がなかったという話や、関ヶ原役の際、東国で上杉景勝と伊達政宗が争った時、上杉方の将として出陣し、政宗に一太刀斬りつけたという話などで有名な勇士だ。左内は関ヶ原役後、蒲生家に一万石で招かれ、猪縄代《いなわしろ》城をあずかったほどの身分であるから、その弟吉右衛門も二千石の身代であった。蒲生家が嗣子なくしてほろんだ後浪人しているうちに、娘を家光の妾としてさし出したのである。

いくら将軍の妾にしても妾は妾だ。二千石もとった武士のしわざとして、現代のわれわれの考えからすればずいぶんおかしく思われる。江戸時代だって、後世になると、やはりこんなことはごくめずらしいことになるが、この時代まではさまで異とされることではなかった。女はまだしものこと、相当な武家の子や武家浪人の子供が男色の対象たる児《ちご》小姓に上ることも格別めずらしいことではなかったのだ。こういうことにたいする道徳感情はよほど低かったのである。

春日局とお振との関係は次のようになる。

岡左内
　├ 岡吉右衛門 ─┬─ お振
　└ 町野幸和《ゆきかず》
　　　　├ お弥《いや》
　　祖心尼（春日局の一族）

実母よりも自分を愛してくれ、自分も慕っている乳母春日局のすすめる女であるから、家光はお振を召すことにしたが、大して興味を感じなかった。お振が妊娠して女の子（千代姫、後に尾張光友《みつとも》に嫁す）を生むと、もう用事はすんだとばかりに、一向かえりみず、相変らず少年ばかり愛していた。

春日局は京上りして見つけて来たお夏という娘をすすめたが、これにも大して魅力を感じなかったらしく、二年立っても妊娠のけはいもない。

「こまった上様」

とばかりに、春日局はひたすらに胸をいため、あれやこれやと思案にくれていた。

家光という人は英邁な将軍だったということになっているが、それは当時輩出した名老中らがよってたかってボロが出ないように包み、うまい演出をし、大いに宣伝したからで、実は相当以上の阿呆であったという説があるが、あるいはそうであったかも知れない。三十半ばの年になって、男色にしか興味を感じないというのでは、相当異常な性格であったにちがいない。

この家光が、自分の方から女に心を傾ける時が来た。寛永十六年（一六三九）三月だったというから、家光三十六の時だ。

伊勢の山田に慶光院という臨済宗の尼寺がある。この寺は代々伊勢神宮を崇敬して、戦国時代皇室に経済力がなくなって、神宮の式年造営も思うにまかせなかった時代、造営に尽力し、また信長、秀吉、家康等の権力者にもうまくとり入ったので、これらの権力者から出す神宮造営の朱印状は慶光院あてに下付されることになったほど重んぜられ、代々の住職は紫衣を許されているほどに由緒ある寺であった。

この慶光院の住職が新しくあと目を相続したお礼言上のために江戸に出て来て、家光にお目見えした。

住職といっても、この時の尼さんは、年わずかに十六、素姓は六条宰相有純《ありずみ》の息女であった。

これが家光の気に入った。非常な美貌であったというが、きっと美少年風の引きしまった感じの美少女だったのであろう。同性の少年以外にはかつて情熱を感じなかった家光が、めずらしく心を引かれて、お目見えの式がすんだ後、春日局を召して、

「あの住職、おれは気に入った。なんとかいたせ」

と言った。

局はおどろいたが、女ぎらいの家光がはじめて興味を示した女だ。尼さんであろうとなんであろうと、何とかせねばならないと、婆さんは決心して、老中酒井忠世《ただよ》に相談した。忠世もおどろいたが、これが動機になって家光の心が女に向いて、あとつぎが生まれてくれれば大いに結構だと思った。

「思召しの通りにおはからい下され」

と答えた。

春日局は尼さんを呼んで口説き、ついに口説きおとして還俗させ、家光の侍妾とする。

これがお万の方だ。この当時は京都朝廷の勢力を幕府がひどく警戒している時代であるから、子供をみごもると全部堕胎させたので、お万の方は子供を生むことは出来なかったが、大奥では大へんな勢力となる。

お万の方によって女体に開眼した家光は、男色を卒業して、以後はもっぱら女にはげみ、その侍妾の数も多数になり、子供も出来た。綱吉もその一人である。

綱吉の母は、お万の方に召しつかわれていた婢女であった。名はお玉。

お玉の素姓については両説ある。京都堀川の八百屋仁左衛門の娘であるというのが玉《ぎょく》輿記《よき》の説くところで、これが通説になっている。仁左衛門は妻との間に二人の娘を生んだ。その長女がお玉である。仁左衛門の死後、貧困でたつきの立ちかねるまま、仁左衛門の後家は娘二人を連れて二条関白家の家司《けいし》本庄太郎兵衛宗利の家に飯炊女《めしたきおんな》となって奉公に出たところ、宗利の手がつき、男の子が出来た。そこでずるずるに宗利の妾となった。

お玉は年頃になった頃、多分二条家の口ききでだろう、江戸で飛ぶ鳥おとす勢いであるというお万の方の婢女に雇われることになって、江戸に下り、江戸城に入ったが、やがて家光の手がついたというのである。

もう一説はこの時代芸州藩の儒医であった黒川道祐《どういう》の「遠碧軒記《えんぺきけんき》」にある。それによると、京都堀川に酒屋で太郎右衛門というものがあった。怠けもののぐうたらであったので、くらしが立ちかねるままに妻は子供一人生むと、夫婦わかれして二条家へ乳母に上った。太郎右衛門は女房におん出られてやもめ暮ししている間に、家に久しく召使っていた朝鮮人の女に手をつけ、これを女房にして娘を二人生ませた。二条家に上って乳母になっていた先妻は感心な女で、朝鮮女の生んだ二人の娘も引きとって育てた。その妹娘がお玉であるというのである。

遠碧軒記の説は他に参照すべき書もないが、同時代の人の記録であり、他に示そうとして書かれたものではないからとりつくろう必要もなく、聞いたままを書いたものだ。これに反して玉輿記ははるかに後世の著述ではあり、徳川家をありがたいものとしてその権威を損ずるような事実は避けて書かれている。奇を好むと思われるかも知れないが、ぼくは遠碧軒記の説を信じたいのである。

伝説によると、お玉がまだ幼年の頃、母に連れられて御室《おむろ》の仁和《にんな》寺に花見に行ったところ、一人の僧が通りすがり、お玉の顔を見ると、はっとした風情で立ちどまり、お玉のあごに手をかけてあおむかせ、つくづくと凝視し、感にたえたおももちでしきりに嘆息する。

お玉の母は不思議でもあり、気味悪くもあって、

「その子の顔がどないかしとるのですしゃろか」

と聞いた。僧は、

「さても不思議なこともあればあるもの。この子達の顔には、やがては国母陛下と仰がれ給うべき尊貴な相があるが、見ればそれほどの家の子達ではない様子。まことに不思議でならぬのだ。ともあれ、お大事に育てなさるがよい。わしの学んだところがいつわりでなければ、ならびなき出世をしなさるべき子達じゃ」

と答え、ふりかえりふりかえり立ち去った。

この僧が後年お玉が五代将軍綱吉の母儀《ぼぎ》桂昌院《けいしょういん》と仰がれるようになった時、召出されて無上の尊信を受けた隆光《りゅうこう》僧正の若い日のすがたであるというのである。

こんな事実があったかどうか、もとよりわからない。フィクションであろうとは思うが、この坊さんを後年の隆光としたのはうそのつきようがまずい。亮賢《りょうけん》とすべきである。隆光は亮賢の法弟で、亮賢の推薦によって桂昌院の信仰を得るようになったのであるから。

ともあれ、お玉は江戸に下って、お万の方の婢女となっている間に、家光の寵を受けるようになり、お手付中臈《ちゅうろう》となった。

大体、江戸幕府の大奥の制度は三代家光の頃に定まったようであり、諸大名の奥向きもそれにならったのである。綱吉の伝記には、この大奥の制度をある程度知っていていただかないと、理解に不便であるから、一応かんたんに説明する。

大奥の女中の階級には、上臈、年寄、若年寄、中臈の四階級があった。上臈というのは京都の公卿の子女で、京都の宮家や摂関家から将軍み台所として下って来た人につき添って来た人々で、表の高家《こうけ》に相当する。つまり式部官だ。年寄は武家（幕府の場合は旗本、ご家人）の子女で（武家の子女でない場合は武家を仮親に立てる）ご奉公に上り、大奥のとりしまり一切に任ずる。表の老中に相当する。年寄の上に大年寄というのをおく場合があるが、これは表の大老と同じで、常置のものではない。若年寄は表の若年寄と同じだ。中臈は将軍やみ台所や姫君の側に侍して世話をする役だ。これにお清《きよ》中臈とお手付中臈との両《ふた》つがある。

将軍の枕席に侍するのはお手付中臈である。つまり侍妾であるから、やはり奉公人であるが、子供を生めば、たとえそれが女の子であっても、奉公人の身分を脱して主人の家族の一員ということになり、「何々の方」と呼ばれるようになる。「お万の方」はこの格をはずれて、子女を生まずしてこの待遇を受けているが、これは堂上家の出身であるところからの特別のあつかいなのであろう。

以上のほかにお小姓と呼ばれるものがいるが、これは多くは年少者で、要するにご近習だ。高級女中ではない。

高級の女中は、それぞれに皆自分の雇人を持っていた。お玉はお万の方の雇人にやとわれたのである。

いつの頃から出来た制度かわからないが、徳川家の大奥にも諸大名の奥にも、「おしとね辞退」という習慣法が出来た。主人の枕席に侍する役目の女性が三十になると、枕席に侍することを辞退するという制度だ。三十をこえるまで枕席に侍するのは「色深い」、つまり好淫だといわれるので、それを避けたのだと言われている。この制度を現代人は男に都合のよいように規制したのであろうと考えたがるが、そうではなく、女ばかりの、嫉妬感情の渦巻いている大奥という特殊世界が、自然発生的に生み出した習慣と見るべきであろう。

枕席に侍《はべ》らなくなると、てきめんに権勢がなくなるから、皆かねてから若く美しい侍女を養っておいて、これをもって主人の心をつなぎとめ、自らの権勢を保つ工夫をした。お手付中﨟や何々の方と呼ばれるようになった人々だけではない。上﨟や年寄や若年寄やお清中﨟でも、自分の部屋の者が寵愛を受けるようになれば、自分の権勢が増大することだから、その用意をおこたらなかったし、大いに努力もしたのだ。娼家に類するところがあって、まことにいやらしいやり方だが、権勢のために恥知らずなことをするのは、この頃の奥女中だけではない。現代だって山とある。一概に軽蔑するわけには行くまい。

家光の時代すでにおしとね辞退の制度があったかどうか、多分まだ確立していなかっただろうとは思うが、たとえあったにしても、お万の方とお玉は同年なのだから、お玉に家光の手がついたのは、この制度の適用によるのではない。しかし、奥女中の嫉妬は特殊なもので、愛欲にたいする嫉妬というより、権勢にたいする嫉妬である。この点では、お玉が家光の寵愛を受けることは、お万の方にとっては、嫉妬すべきことではなく、自分の権勢も増大することであるから、喜んでしかるべきことであったと思われる。

ともあれ、お玉は家光の胤《たね》を宿し、正保三年（一六四六）正月八日、男の子を生んだ。徳松と名づけられた。後の綱吉である。

二

徳松の生まれる前、家光にはすでに男の子が二人あった。長は竹千代、後の四代将軍家綱である。寛永十八年（一六四一）八月に生まれた。母はお楽《らく》。これも卑賤の家の生まれであったばかりでなく、その父は死罪人であり、お楽は一時奴隷であった経歴もある。

お楽の父は本名を一色《いっしき》惣兵衛といって、元来は下総幸島《さしま》郡鹿麻《かま》村の郷士《ごうざむらい》か百姓であったが、才気のあった男なのだろう、江戸に出て五百石の旗本朝倉家に仕え、家老にまで取り立てられたが、使いこみがばれてお払い箱になった。

「向後、江戸に出て来ること無用。見つけたら斬るぞ」

と申し渡されて、鹿麻村に帰り、たつきの道のないままに猟師をして生計を立てていたが、禁鳥である鶴を撃って江戸の小田原町に持って出て売っていたことが露見し、死罪となり、家族らは領主である古河《こが》城主永井信濃守の家の「上りもの」になった。「上りもの」というのは罪人の一族でその身の自由をうばわれ、生涯の奴隷となるもののことだ。惣兵衛の家族は妻と一男二女があったが、これが全部上りものになったことは言うまでもない。ところが、惣兵衛の妻はなかなかの賢女で、諸礼作法のたしなみもあり、また男の子も二人の娘も、相当美貌であったので、妻は紫と名をあたえられて奥女中にされ、男の子は茶坊主にされ、娘二人も女中にされた。

間もなく永井家の姫君が筑後柳川の立花家に輿入れすることになった時、紫と長女お蘭(これが後にお楽となる)とはお供して立花家に行ったが、二年後、姫君は病死した。お供して立花家へ行った女中らは皆永井家にかえることになったが、紫母子は身分を解放されて自由になり、江戸で町住いしているうちに、紫は古着屋作左衛門という者に、お蘭を連れて再縁した。

このお蘭が春日局が寛永寺に参詣の途次、局の目に触れた。正月のことで、お蘭が門に出て遊んでいたところを見たと玉輿記にあるから、羽子でもついているのを、通りすがりに乗物の中から見たのであろうか。また「かねて将軍家お望みの生まれつきかな、ごらん遊ばされなば御意《ぎょい》にいるべき風俗あり」と思ったというのだが、ちょうど家光が慶光院尼公を見染めた頃だから、お万の方に似た顔立だったのかも知れない。

いろいろ交渉があり、素姓のほども打ち明けて、大奥奉公することになった。春日局の雇人にしたのであろう。やがて家光の手がつき、竹千代を生み、お蘭の名を改めてお楽の方と称するようになった。

竹千代が四代将軍家綱となると、お楽は従三位に叙せられたが、一族皆栄達した。古着屋の作左衛門さんは旗本となって七沢作左衛門清宗という名になり、一時金を千両もらったばかりか百人扶持を受ける身分となった。知行四五百石の実収だ。紫との間に生まれた子女は皆大名の養子や奥方になった。

兄の弁之助は永井家から解放された後、美貌を売物にして旗本の家を児小姓《ちご》などして渡り奉公して歩いたのだが、次第に取り立てられ、ついには常州下館二万石の大名となり、増山弾正少弼《だんじょうのしょうひつ》正利という名になった。お楽の妹のことは書名を逸したが、高家《こうけ》の品川家に縁づいたと読んだ記憶がある。品川家は駿河今川家の末だ。大名家《だいめいか》である。無理おしつけにおしつけられたのであろうが、死罪人の子の奴隷あがりの女をもらったのである。

お楽のいとこのなにがしという男――与作という名ではなかったかと思われるふしがあるのだが、これもお取立てにあずかり、五千石の旗本平野家に無理養子におしつけ、平野権平長政となる。平野家の先祖平野権平長泰は賤ヶ岳七本槍の一人で、交代寄合（参覲交代をする旗本だ。つまり旗本にして大名のあつかいをされるのである）で、代々権平という名を襲名する名誉ある家であった。それで、時の人は、

与作丹波の馬追ひなれど
今ぢやお江戸の刀さしぢや
しやんと差せ
サツサ　エイエイ

と、はやり唄につくったという。

近松の「丹波与作待夜《まつよの》小室節《こむろぶし》」は空《くう》によって想をかまえたものではなく、この事実をふまえてつくったものである。ぼくはお楽と与作（？）との間には、少年の頃の幼い恋情があったのではないかと思っている。馬方三吉がご殿女中となっている母重《しげ》ノ井《い》にたいする慕情は、与作のお楽にたいする慕情の換骨奪胎なのではないかとも思うのだ。

以上、くわしくお楽の一族の栄達をのべたのは、将軍の生母の一族の栄達は綱吉の時代からはじめられたものではなく、すでに前代からはじまっていることを知っていただくた

めである。

家光のもう一人の男子は、長松、後の甲府宰相綱重である。寛永二十一年五月に生まれた。母はお夏。春日局が京都から召抱えて来た女だ。京都の町人の娘か浪人の娘であったようだ。湯殿で手をつけたと、玉輿記にある。家光が最初に尼姿のお万によって女性に興味を覚えてから五年目だ。長足の進歩である。

綱重は甲府宰相となったので、お夏の兄弟藤枝弥一郎はとり立てられ、一千石の家老となった。綱重は甲府宰相のまま三十五の時死んだが、その子家宣《いえのぶ》が六代の将軍になれたので、藤枝家は五千石の旗本となれた。後世この子孫に藤枝外記《げき》が出て、吉原の遊女と情死している。

つまり、家光には男の子としては竹千代、長松、徳松の三人があり、竹千代と長松とは三つちがい、徳松はさらに二つ年下であったのである。

三

綱吉は慶安四年（一六五一）、六つの時、家光に死別したが、その年十五万石の賄料《まかないりょう》をもらい、承応二年（一六五三）、八つで元服、寛文元年（一六六一）十六で上州館林《たてばやし》の城主となった。この時十万石加増してもらったので、合計二十五万石を所領する身となった。

綱吉の幼年時代のことを、徳川実紀はこう伝えている。綱吉は利発で、気性のすぐれた子であったので、家光は傅役《もりやく》の者共に、

「この子は抜群に才気がすぐれている。よほどにうまく育てねば、かえって生涯の禍《わざわい》をひきおこすであろう。何ごとも謙遜を旨として、さし出たことをせず、とりわけ兄達をしのいで憎しみを受けるようなことをさせてはならない。その心掛けをもって輔導せよ」

と言ったという。この時の家光の心中には、自分が殺さざるを得なかった弟の駿河大納言忠長《ただなが》のことがあったのであろう。あるいは、綱吉の才気煥発が忠長によく似ていたかとも思われる。

またお玉にこう言ったこともあるという。

「わしは幼年の時から武芸が好きであったし、若くして将軍職についてしまったので、学問などするひまがなかった。今日時々後悔することがある。この子は利発で、先き先きまことに頼もしい生まれつきだ。良師をえらんでよく学問させ、聖賢の道を学ばせたなら、将来は天下の役に立つものになるであろう。そちも気をつけて、学問に励ませるがよいぞ」

こういう家光の注意があったので、お玉——家光が死ぬと、髪をそいで桂昌院となった

——は、綱吉をきびしく監督して学問させた。綱吉も天性好学だったのであろう、大いに精出し、病気で臥床中にも書巻を手から離さなかったという。

どの程度の学識であったかわからないが、年長ずると儒臣らを相手にして儒道上の論議を闘わしたばかりでなく、自ら講釈して家臣らに聞かせもしたという。柳沢吉保《よしやす》など館林時代からの家臣だが、綱吉の儒学上の弟子ということになっていたという。どうせ殿様芸にはちがいなかろうが、人に教えるということは広さはさほどなくても正確な知識を必要とするものだ。相当には学力もあったのであろう。

儒書を講義する時、彼は上下《かみしも》を着け、佩刀を遠ざけていたという。古聖賢にたいする敬意を表するためである。

このことは、彼が儒学を単に文字の学問として受用するのではなく、道の学問として受用する精神のあったことのあらわれで、そのあらわれはこのほかにもある。先祖の祀りの時はその前夜は暁に至るまで臥床せず、礼服を着用して孝経を誦《ず》しつづけたといい、桂昌院にたいするつかえぶりもまた至れりつくせりで、ひまさえあれば桂昌院の許に伺候し、自ら配膳して食事をすすめたという。先祖の祀りに対する態度といい、母にたいする態度といい、儒教で最も重んずる孝道を身をもって行なっているわけである。

家臣にたいする賞罰は厳正で、人々皆畏服したが、仁慈の心が厚く、褒美としてあたえる品物などいつも本人がおどろくほどであったという。

要するに、館林時代の綱吉は、聖人の道を一身にも政治にも実践しようとの熱情に燃えた賢公子で、令名嘖々《さくさく》たるものだったのである。

もっとも、後年の乱れぶりをみると、桂昌院をはじめ館林家の家来らが、悪いところは全部おしかくし、いいところだけを大いに宣伝したのかも知れない。兄である四代将軍家綱は子供がないのだから、あとつぎは順序としては兄である甲府宰相綱重であるが、これは大酒家で素行も修まらず、幕閣の受けがよくない。家綱の養子としようという議が出た時、大老酒井忠清が異議をとなえて沙汰やみになった事実さえある。とすればそれを飛びこえて綱吉にお鉢がまわって来る可能性は大いにある。いいことずくめで大いに宣伝する甲斐はあるのである。

綱吉が儒教心酔者であったことは、これから述べるところで明らかなように、確かな事実であるから、徳川実紀に伝えるところを全部信じ、宣伝的包みかくしなどはなかったとしても、まことにあぶない性格と、ぼくには見える。

大名――しかも将軍公子ともある人が儒者気どりで家来共と師弟の契約を結んで、儒書の講義をするのも異常なら、先祖の祀りの前夜徹宵孝経を誦するのも極端である。極端に走る人間は、たとえそれが善事にたいしてであっても、危ないものをその本性に持っているといえる。それは狂信者の素質だからだ。芸術家や、学者や、宗教家にはそのために偉大な業績をなしとげることもないではないが、政治家や、人の君なる者には適当した性質とは言えないのである。

甲府綱重は延宝六年（一六七五）、三十五で死んで、家綱の弟としてのこったのは綱吉だけとなった。この時、綱吉は三十三であった。

その翌々年、延宝八年五月、家綱が死んだ。その危篤に陥って、老中らの間で後つぎをどうするかの評定が行なわれた時、大老酒井忠清は、鎌倉幕府の先例にならって、京から親王（有栖川宮幸仁《ゆきひと》親王）を招請して将軍宮と仰ぐ意見を出した。

徳川実紀は、一説をかかげて、忠清がこの意見を出したのは、当時大奥の女中のうち家綱の子をみごもっているものがあったので、かりに親王将軍を立てて一時をしのぎ、生まれた子が男子であったら、親王将軍には京に帰ってもらい、その子を将軍に立てようというつもりであったとあるが、綱吉という人がいるのに、ずいぶん筋の通らない話である。綱吉は暴悪な将軍になったのであるが、それは後年のことだ。この時代の綱吉は賢公子として令名嘖々たるものがある。そこまでの見通しのきくほどの人物は誰もいない。水戸光圀《みつくに》ほどの人もこの頃までは大いに綱吉を買っていたのだ。忠清ごときがわかるはずはない。

一体、家綱という人がからだも虚弱なら、精神もやや薄弱で、何ごとも忠清の上申することは「そうせい」と許可したので、下々では「そうせい様」といっていたというから、忠清の権勢は大へんなものであった。従って媚びへつらって贈賄するものも多い。彼はそれを平気でとって、

「自分にこんなに世の人が進物をくれるのは、上様のご前ていをつくろってもらおうとしてのことだ。つまりは上様のご威勢のごさかんであることの証拠になることで、慶賀すべきことである」

と言っていたというのだ。理窟と膏薬《こうやく》はつけるところにつくというが、えらい理窟だ。どんな人物であったか、大ていわかろう。彼の本邸が大手の下馬先きにあったので、時の人が下馬将軍とあだ名したという。下馬先きにいる将軍という意味だ。

彼はこの権勢を次の代にも維持するために、実権のない親王将軍を迎えようとしたに相違ないのである。

仮に大奥の女中云々のことが事実であるのにしても、幼将軍を擁することは自己の権勢を維持する結果になるのだ。忠清の心術は暗いものであったと断じないわけには行かないのである。

さて、この忠清の意見に、老中らは皆同意した。忠清の威におそれたのか、忠清の説が行なわれることは自分らにとっても利であると思ったのか、とにかくも「雷同した」と徳

川実紀にある。

ただ一人堀田正俊が異議をとなえた。正俊は土井利房とともにこの前年七月に老中に補せられ、最新参であったので、末座にいたのであるが、声をはげまして、

「館林様というまさしき弟君のおわし給うのを打ちすて、他よりおん後をお立て申すということがござろうか」

と言った。これは正論だ。人々は屈服せざるを得なかった。

こうなると、正俊のひとり舞台だ。正俊は家綱の病室に入って、以上の次第を報告し、忠清以下の大老・老中らはご上意であるとて皆退出させ、

「急ぎお召しの次第あり、登城あるべし」

との綱吉あての奉書をしたためさせて、急使を出した。すでに夜ふけであったという。

四

深夜のことで、神田の館林邸ではおどろいたが、急お召しとのことであるので、綱吉は居合わせた家老の曾我祐興《すけおき》だけを召しつれて城に向ったが、大手の門でやはり家老の牧野成貞《なりさだ》が追いついて来た。成貞は不安がって、城に入った後も側をはなれず、黒木書院まで

ついて行くと、堀田正俊が出て来た。

「夜中のご登城、お大儀でございます。いざご前へ」

と、正俊は綱吉にあいさつして、奥へ導いて行こうとする。牧野は不安やまず、やはりついて行こうとすると、堀田は成貞の袖をひかえて、

「お吉事でござる。神かけていつわりは申さぬ。ご前近くでござる。お退きあれ」

とささやいた。牧野はやっと引きさがったという。

こういうことで、綱吉は家綱のあとつぎに定まり、間もなく家綱の死とともに幕府の主となった。三十五歳であった。

綱吉が将軍となって先ずしたことは、大老酒井忠清を罷免したことであった。

彼は忠清をにくまなければならない理由があった。第一は自分をさしおいて京都から宮将軍を迎えようとしたことだ。第二は家綱時代に失われた将軍の独裁権をとりもどすためだ。この目的がある以上、忠清が宮将軍迎立の企図を持っていたろうがいなかろうが、綱吉としては忠清を権力の座から蹴落さなければならなかったはずである。

綱吉が徳川本家をついだのは延宝八年五月、将軍宣下《せんげ》を受けたのは八月であるが、その十二月九日に、忠清を罷免した。

「近年多病の故をもつて職免さる」

と、実紀にある。さとして辞表を出させたのか、綱吉の冷遇に居たたまらず辞表を出したのか、よくわからないが、いずれにしても綱吉は、

「時々出仕して、ゆるゆる養生するよう」

と言って、即座に聴許した。忠清は大塚の別邸に退居した。

忠清の退居にあたっての、綱吉の「おりおり出仕」という言葉は、単なるあいさつで、綱吉が忠清を猛烈にきらっていることははっきりしている。忠清は全然出仕しなかった。この時代の役人らの栄枯盛衰ほどはげしいものはない。独裁政治では一人の喜怒が直ちに人の運命に影響するのである。

綱吉はずいぶん露骨に忠清にたいする憎悪を見せている。忠清の退職した翌月つまり天和元年（一六八一）の正月十五日には、大手前の酒井家の屋敷をとり上げて、堀田正俊にあたえている。この処置は、大手前のような場所に屋敷を持つのは要路の大官にこそ必要で、すでに大老職をやめて閑地についた忠清には無用のことで、堀田のように将軍の信任を一身に受けて首相的地位に上った者にこそ必要だからだとも言えるであろうが、こんなこともあった。この五月十九日に忠清は病死したのだが、その届出があると、綱吉は大目付彦坂九兵衛と目付北条新蔵（氏長、北条流兵学の祖）に、

「急ぎあの屋敷に行って検視してまいれ」

と命じた。必定病死ではあるまい、自殺であろう、であったら家をとり潰してくれようという腹だったのである。

二人が酒井邸に行くと、忠清の娘婿の藤堂高久が応対して、

「雅楽頭《うたのかみ》は病死いたしたに相違ござらん。ご検分なさるまでもござらぬ。責任は一切拙者が引き受けます」

と、言った。強いてと言えば刺しちがえもしそうな気色である。二人はやむなくそのまま帰って復命すると、綱吉は不機嫌になって、

「ぜひとも見届けてまいれ」

と荒らかに言った。二人は引きかえしてみたところ、早くも葬送にかかり、柩が門を出るところであった。帰って復命すると、綱吉は、

「葬所にまいり、死骸を掘り出し、踏みくだいてまいれ」

と命じた。二人は寺に行ってみると、すでに火葬していたというのである。これは甲子《かっし》夜話《やわ》にある話である。甲子夜話ははるかに後世の書ではあり、また将軍ともある人がこんなにまで激烈なことを言うはずはないとも一応は考えられもするが、綱吉という人は激烈なことをする人なのだ。彼は善にも悪にも節度を知らない人なのである。たとえ作為された話であるにしても、綱吉という人をよく表現している点で、よく出来ている話である。

この翌月六月二十一日、綱吉は越後騒動を親《みずか》ら裁判したが、これも忠清にたいする憎悪がさせたといえる。

越後高田の松平家は前に書いた松平忠直の子光長の家である。忠直はああいうことで隠居し、越前家は弟の忠昌がついだことはあの節述べた通りであるが、忠直と夫人国姫との間に生まれた光長（仙千代）は秀忠将軍の外孫であるところから、越後高田二十六万石をあたえられ、三家につぐ家柄として尊重された。光長は男の子が一人あったが、それが病死したので、あとつぎがない。光長の異母弟である永見長頼（忠直が豊後の配所で生ませた子だ）の遺子に万徳丸というのがあったので、それを養子にした。ところがこれに不平な者があった。首席家老の小栗美作《みまさか》である。美作は光長の異母妹をめとってその間に大六を生んでいるが、これを光長のあとに立てるつもりであったのだ。美作は父以来の筆頭家老であるし、なかなかの手腕家で、藩政に大功労がある。与《くみ》する者が多かった。美作に権勢が集まっているだけに、これを快《こころよ》からず思っている重臣らもいる。光長の異母弟である永見大蔵（これも忠直が豊後でこしらえた子である）、糸魚川《いといがわ》城代の荻田主馬《しゅめ》らがそれだ。この連中が結束して、お為派《ためは》と称して美作に対抗して立ち上った。このように、表面にあらわれたところは継嗣問題であるが、つまりは党争なのである。

もみにもんだあげく、この前々年延宝七年（一六七九）に、幕府に訴え出て裁断を仰いだ。美作は目から鼻にぬけるような才人だ。弁口も達者だ。その上酒井大老や要路の大官に厚く贈賄《ぞうわい》したといううわさもあった。酒井は美作を勝訴にし、永見大蔵・荻田主馬らの反対派を敗訴にして、筋なきことを申し立て家中のさわぎを引きおこしたという罪にあて、諸家あずけにしてしまった。この裁判に不服だった家中のアンチ美作派の連中で浪人する者が百人におよんだというが、綱吉の代となり、酒井が失脚したと聞くと、また幕府へ訴え出た。

お家騒動などというものは、本来党争なのであるから、政党の争いと同一で、忠奸正邪などの倫理的標準をもって律すべきものではない。便・不便、あるいは利害をもって判断すべきものだ。しかし、綱吉としては、酒井の裁判したあとを検討し、もし間違っている点があったら、これをくつがえしたいと、異常な熱情を感じたにちがいない。

直ちに再審を命じ、諸家あずけになっている荻田主馬や永見大蔵等のアンチ美作派の連中も召寄せて審理させた。ところが、美作は前述した通りの才人だ。滔々と弁論して少しも屈しない。幕府の役人らはともすると言いまくられた。

そこで、綱吉は自ら裁判することにした。老中以下の諸有司令全部出廷してのまことに大がかりの法廷であった。荻田らはしきりに美作が専横で一藩の政をほしいままにしていると言い立てたが、美作の弁論は功妙をきわめ、決してぼろを出さない。

綱吉は、堀田正俊に命じて荻田らにむかって、

「それほど美作が専横であるのを知りながら、その方どもはどうして平生美作に意見しなかったのか」

と聞かせた。荻田らは、

「美作は主人の光長のことばすら用いぬほどの者でござれば、どうしてわたくし共の意見など聞きましょう。それ故、わたくし共は案じながらも、意見を加えずに今日に至ったのであります」

と答えた。

とたんに、綱吉は大喝した。

「これにてあいわかった。皆々まかり立て！」

声殿中にひびきわたって、人々ははっと平伏し、ふるえ上ったという。

翌日、綱吉は老中らに命じて判決を発表させた。美作とその子大六は切腹、永見大蔵・荻田主馬以下その党与は皆流罪。美作と大六は奢侈専横不忠であるというのであり、永見らは美作の悪事を傍観していて主家のさわぎを引きおこしたという罪状である。原告被告両方とも処罰したのだ。なお越後家はこれで取潰しにしてしまった。

この裁判はきわめて乱暴な裁判である。綱吉は裁判官として最もいましむべき予断をい

だいて裁判に臨んでいる。その判決の理由としたところも、本題を離れている。おそらく美作には非違はなかったのであろう。酒井忠清らに贈賄したということもほんとだったかどうか疑わしい。もしそれが事実であるなら、判決の理由にとり上げられているはずである。

要するに、綱吉は忠清の裁判をくつがえしたくてならなかったのだ。しかし、美作側だけを処罰するには理由が薄弱であるから、その相手方も処罰したのであろう。

こういう乱暴な裁判ではあったが、世間はこれによって、綱吉が猛勇果決、恐るべき将軍であるとの強い印象を受けた。これまでが柔弱で何ごとも家臣らの言いなりになっていた家綱将軍であっただけに、一層のことであったろう。そこまでの計算を立てていたろうとは思われないが、このことによって、老中らに奪われていた将軍の権力は一ぺんに回収出来たのである。政治というものは妙なものである。

五

酒井忠清をにくんだと同じように、綱吉の堀田正俊にたいする寵遇はまた一方でなかった。

忠清が辞職して間もなく五万石の加増をし、前と合わせて九万石の身代とし、上州安中《あんなか》から下総古河《こが》へ転封させた。また天和元年（一六八一）十二月には大老職に任じ、翌年正月には三万石加増、十二万石の身代としている。この殊遇はもちろん、正俊が自分を擁立してくれた功を買ってのことであるが、なにごとにも極端に走らずにはおられない綱吉の性格のためでもあるように、ぼくには思われる。

しかし、正俊という人は、学問もあれば、剛直でもあり、ずいぶん立派な人物であったようである。鳩巣《きゅうそう》小説にこんな話が出ている。

ある時、綱吉は能楽をもよおすことにしたところ、その日になってにわかに雨が降って来た。綱吉の側用人牧野成貞（前出、館林時代の家老）が綱吉の命を受けて、

「急ぎ油障子の用意をされたい」

と言ったところ、正俊は、

「たとえこれが公家衆饗応のためのお催しでござろうと、雨など降るならば、一度二度は延引あって、しかもなおお雨天のさわりがある時は、油障子を設けられるもようござろうが、今日のお催しはご一身のお慰みのためでござれば、いく度なりとも延引遊ばされ、晴れるを待って遊ばさるるがようござる」

と言って、ついに中止させたというのだ。

綱吉の大好きなものは学問と能楽なのだが、それをこうまで直言して中止させたというのだから、剛直な人がらであったことがよくわかる。

鳩巣も、正俊の生きている間は綱吉の政治はまことによかったが、正俊が死んでしまってから乱れて来たといっている。

ところが、この正俊が、大老になってから二年九カ月目に、殿中で若年寄稲葉正休《まさやす》に殺されるという事件がおこった。

これは貞享元年（一六八四）八月二十八日のことであった。この日正休はご用部屋の入口に来て、正俊に、

「ご用の筋にて申し上げたいことがござる。これまでお立ち出で下され」

と呼んで、正俊を廊下まで呼び出しておいて、いきなり脇差を抜き、正俊の肩をとらえ、壁におしつけておいて、右の脇の下を突き、切っ先が壁に通るまでつきさし、えぐった。虎徹《こてつ》の切っ先が五分ほどおれたというのだから、剛気の正俊もどうしようもない。

「石見《いわみ》、乱心！」

とさけんだだけで即死だ。

このさわぎを知って老中らが馳せつけたが、老中らもよほどに逆上していたのであろう、よってたかって、正休を切り殺してしまった。

一体、正休と正俊とはともに春日局の子孫で、いとこ同士なのである。稲葉は局の実子の系統、堀田は局の継子の系統、ともに春日局の縁故で徳川家に召出された家である。親しい一族であり、しかもこの前夜正休は正俊を訪れて深更に至るまで酒を酌みかわしつつ、ねんごろに物語りしたというのだから、なぜこんな惨劇を演じたか、今日に至るまでよくわからないのである。

昔からいろいろな説がある。

新井白石は当時正俊に仕えていたのであるが、彼が親友室鳩巣に後年語ったところでは、私怨であるというのである。この年、京都・大坂地方が大洪水に見まわれたので、その川普請をするについての検分を、正休は仰せつかって、上方へ出張して来て報告したが、その費用の見積りがよほどの巨額に上った。正俊はその後河村瑞賢《ずいけん》を視察につかわしたところ、瑞賢の見積りはうんと少額で、手軽に普請が出来るというのであった。正俊は瑞賢の見積りを綱吉に言上することにしたところ、正休はこれを気にして、正俊の家に来て、

「拙者の不面目でござる故、瑞賢の見積りは言上せぬようにしていただきたい」

と頼んだが、正俊が、

「それは出来ぬことである。瑞賢はその道のもの、巧者であるのは当然のことである。そこ許《もと》はわれら同様このことについては素人である。不案内であるのはこれまた当然である。

さようなことは上様はもちろんご承知のことであれば、申し上げたればとて、そこ許にお咎めのあろうはずはない」

とはねつけたので、正休は怒って、正俊を殺したのだというのである。

また一説によれば、正俊が権勢に狎《な》れて、次第に謹慎を忘れたふるまいが目立って来たので、同族の中からこういう人物の出たことを申訳なく思って殺したのであるという。

その不謹慎の例として上げられるのは、四月十七日は家康の命日であるのに、この日正俊はこれを忘れて隅田川に船を浮かべて網を打たせて魚を漁《と》ったということだ。

大老ともあるものが家康の命日を忘れるというのは不謹慎は不謹慎であるが、だからといって殺さねばならぬほどのこととは思われない。まして、正俊はこれを恐縮して、伺いを出し、謹慎しているのであるから、十分に後悔しているのである。

ぼくには一家言がある。正休は綱吉が正俊を煙たがっているのを知って、これを除くのが綱吉にたいする忠義であると考えたのだという解釈だ。

その証拠の一つは、末期《まつご》にあたって正休が懐中していた遺書だ。これには、

「わたくしの父伊勢守は先年駿府《すんぷ》で不慮の横死を遂げました。あたり前なら家名断絶に仰せつけられても不服のないところでありますのに、仔細なく家督を仰せつけられましたばかりか、ご当代になりますと加増を賜わり、その上お役儀まで仰せつけられました。生々

世々にわたって報じがたいご厚恩であります。それ故に、筑前守（正俊）を討ち果します」とあったという。

正休の父伊勢守正能《まさよし》が駿府で横死したというのは、自分の家老に殺されたのである。これとは男色のもつれからである。その家老は正能の寵愛している小姓と密通していたが、これが正能に露見したので、正能を殺し、自殺のていをよそおわせておいた。検視の者がその死にざまを不審がり、きびしく糺問して、事がわかったのである。家事不取締りでもあれば、大名にあるまじき不覚なことでもある。当然家は断絶となるべきところを、家綱は無事に家を存続させてくれたばかりか、綱吉の代になると加増もくれ、若年寄という顕職につけてもくれたのだ。正休が徳川家をありがたがり、また綱吉にたいする感謝が深かったのも無理はないのである。

正俊は立派な人がらではあるが、それは世をへだてて純粋に公平であることの出来るわれわれの見る目であって、時代を同じくしている当時の人の目はまた違うはずである。何といっても権勢第一の当代の大老だ。正俊が普通にふるまっているつもりでも、人の目には権勢に驕っているようにも見え、間近い先例があるだけに、やがては第二の酒井忠清となる危険があるように見えたであろう。そこへもって来て、剛直な人がらだけに綱吉にたいして憚らない諫言をよくする。はじめのうちは、綱吉も、

「よいことを言ってくれる。骨硬《こっこう》の臣とは筑前がことよ。古来の明君には皆このような剛直の諫臣があったものだ」

などと、中国史で知った名君賢相のことなど思い浮かべてよろこんでいたろうが、元来が殿様育ちだ、いつまでも殊勝な気持はつづかない。煙たいと思うようになり、うるさいと思うようになる。こうなると、極端に走らないではいない性質だ。憎悪にすらなったろう。

「おれは権臣共の手から将軍の能力をとりもどさなければならないと思って、忠清を退け、権力を回復したのだが、それもつかの間、また正俊に奪われてしまったではないか」

とも考えたであろう。

綱吉のこの心理は隠約の間に様子に出たかも知れない。こんな心理はふとその人を見る時の目つきや、その噂話を聞く時の表情やなんぞに、ちらりとのぞくものである。正休はそれを自分の目で見て、綱吉の心中がわかったのかも知れない。あるいは綱吉の近臣から話を聞いたのかも知れない。君恩のかたじけなさにいつも感激している正休には、

「今こそ、報恩の機会が来た」

と考えられたのではないか。正俊の世間の評判が悪く、不安がられていることも、彼の心を鼓舞したに相違ない。

以上の解釈をとれば、謎のような彼の遺書もよくわかる。また、前夜正俊を訪ねて深夜まで酒をくみかわしてしめやかに打語らったというのも、覚悟は覚悟、一族の情誼は情誼とする武士らしい心意気と理解出来るのである。

つまり、正休は正俊を殺すことが綱吉の目の上のこぶを除いてやることであり、それが忠義であるとの信念によって、ことを行なったのであると、ぼくは解釈するのである。

ともあれ、綱吉が正俊死後の堀田家にたいして、決して好意を持たなかったことは事実だ。正俊の死の翌年には、堀田家は古河から出羽の山形に移され、さらにその翌年には福島に移されている。よほど割のよいところへかわるのは別として、国がえをすれば三年の間苦しむといわれたくらいに、大名らは国がえをいやがったものであるのに、打ちつづき年ごとにそれをやらし、しかもそのたびに悪地に移したのだ。綱吉が堀田家を憎んでいたことは明瞭である。

ついでだから書いておく。正休が正俊を刺した刀が虎徹であったことはすでに書いたが、虎徹はこの頃の鍛冶である。当時、虎徹の鍛刀は鍬をさしつらぬくといわれていたので、正休は特に注文して四五ふり鍛《う》たせ、自ら鍬をつきさしてみて、見事につらぬいたものを、その日は帯びて登城したといわれている。

正休は見事に一太刀で正俊をしとめているが、それは斬りつけないで突刺したからだと

いわれている。だから、この時から十七年後、松ノ廊下の刃傷事件があった時、当時の人は、

初手《しょて》は突き二度目はなどか切ら（吉良）ざらん、
石見がえぐる穴を見ながら

と落首して、浅野長矩の不覚を非難したという。

六

綱吉はもう大老をおかなかった。正俊に懲りたのである。老中すら名前だけのものにし、万事につけ側用人を使った。だから、老中より側用人の方が羽ぶりがよいことになった。要するに、綱吉は将軍の独裁権を確立したのである。弓削道鏡伝で、ぼくは君主専制の政治制度がはじまると、その君主家の絶頂の繁栄期は七八十年目頃からはじまるもののようだという考察をしておいたが、この考察のヒントになったのは、江戸幕府における綱吉時代であった。あの節も書いたように、綱吉が将軍になったのは、家康が幕府をひらいて

ちょうど七十七年目であり、堀田正俊が横死したのは八十一年目である。すなわち、徳川幕府の権勢が最も張り切る時期にさしかかった時、彼は何ものにも掣肘《せいちゅう》されることのない完全な独裁者となったのだ。彼を解釈する上に、このことは重要な鍵の一つになる。もう一つの鍵はずっと述べて来たように常に極端まで行かずにいられない彼の性質である。さらにもう一つの鍵は彼が儒教の心酔者で、従って無類の親孝行もの、あるいは孝行ものたるべく常に努力していた者であるということ、大体この三つにつきる。この三つの鍵をもってすれば、ほぼ解釈が出来ると、ぼくは信じている。

綱吉を悪人としてぼくがとり上げた一つの理由は、彼の素行が言語道断に乱れていたからである。彼は女色も好きであったが、男色の好尚も家光の子たるに恥じなかった。

三王外記という漢文の書物がある。綱吉、家宣、家継三代の事蹟を書いたもので、太宰春台の著であるという説があるが、はっきりとはわからない。しかし、なかなかの名文でもあり、また文体も蘐園《けんえん》学派（荻生徂徠《おぎゅうそらい》一門）の風格が濃厚である。

この書に綱吉の男色好みをこう書いている。

「王（綱吉）は男色を好んで、諸大名から幕府の旗本ご家人らの子弟に至るまで、美貌なるは皆入れて近習とした。肥後細川家の分家で肥後宇土《うど》の領主である細川和泉守有孝、備前池田家の分家池田丹波守輝録、盛岡南部家の分家南部遠江守直政、荘内の酒井忠直、宮津の奥平昌章、越後長岡の牧野駿河守忠辰《ただとき》、信州松本の水野出羽守忠周《ただちか》、近江膳所《ぜぜ》の本多下総守康命《やすのり》、駿河田中の太田摂津守資直《すけなお》、石州津和野の亀井隠岐守兹親《これちか》、武蔵岩槻《いわつき》の松平伊賀守忠徳、下野壬生《みぶ》の松平右京大夫輝貞、遠州掛川の井伊兵部少輔直朝、信州飯田の堀美作守親常、三州刈谷の稲垣対馬守重富、その他森川重令《しげよし》、柳生備前守俊方（このほかに文字不明の者が二人ある）らは皆美貌をもって近習としたのである。美貌によらずして近習となったのは肥前鍋島の分家鍋島元武、桑名の松平定重、丹波篠山の松平信庸《のぶつね》ら数人にすぎない。柳沢吉保、黒田直重などという人々は後にこそ大名になったが、元来は小姓上りで、美貌をもって特殊なる寵愛を受けたためについに大名にまで経上ったのである云々」

とあり、また、他の部分には、

「王は年若い近習を好み、美色をもって近習となった者が数十人ある。うち枕席に侍する者は二十四人あって、これは全部柳沢吉保の屋敷に寄宿していた。この中にはすでに妻ある者もいたが、厳重なる規則のもとに生活し、起居、飲食、学習、すべてその規則からはずれることが出来ず、吉保の家来四人が交代で監督して夕べを待ち、王からのお召しがあると登城させた。この近習らの中で、かつてはじめ痩せていて肥って来た者があった。監督の者はその人に減食なされよと命じた。その厳重なことこのようであった。これらの近習は城内といわず城外といわず、その歩行中は決してよそ目を使ってはならず、人と逢っても口をきいてはならないことになっていた。一族の者でもしばしば面会することは許されず、書を通ずることも許されなかった。大名にして近習となるもの前後二十人、そのうちで吉保の家にいる者（つまり枕席に侍する者だ）三人であった。上州安中《あんなか》の内藤丹波守政森、結城《ゆうき》の水野隠岐守勝永、本多伊予守忠統《ただむね》である。堂上の子弟にしてかかる者三人、長沢資親、前田玄長《はるなが》、前田賢長《かたなが》である。その他旗本、ご家人の子弟はもとより、陪臣、浪人の子弟でも、いやしくも姿色あるものは、素姓を問わず召しかかえた」

とある。

さながらに娼家であり、娼婦である。武士でも身分のひくいものならまだしものこと、大名ともあろうものがこんなことをするなど、恥を知らないにもほどがある。権勢に阿付し利をもとめるところからのことにはちがいないが、それにしても将軍の権勢が張り切っている時代でなければあり得ることではない。

綱吉が能楽を好んだことは前に触れたが、その能楽好みも、この男色好みと密接な関係がある。武将列伝の「源義経伝」で、元来能役者というものが、世阿弥以来高級武士の男色の対象であったことを述べておいたが、綱吉に至ってはこれが極端をきわめている。

さまざまな話が伝わっているが、こんな話がある。彼のこういう特殊な寵遇を受ける年少武士らは殿中の桐の間に詰めたのであるが、綱吉は美貌の能役者を武士にとり立て、桐の間詰めとしたので、元来の武士出身の連中が、

「能役者は元来河原もののたぐいで賤民である。われらこれと肩をならべるをいさぎよしとしない」

と言い立て、綱吉の怒りに触れた話もある。

以上は男色であるが、女色はまたこれに劣らないものがあった。

彼の妻妾として名前のわかっているのは、先ず正夫人鷹司氏、左大臣教平《のりひら》の姫君、名は信子。

次はお伝の方。これは五ノ丸殿といった時代もあり、三ノ丸殿といった時代もある。綱吉の子供を二人生んでいる。上は女子で鶴姫、下は男子で徳松。

これは至って身分のひくい家の出であった。父は小谷《こや》権兵衛といって、黒鍬《くろくわ》の者とて、江戸城内の庭掃除などするごく軽い奉公人であったが、お伝は綱吉がまだ館林公であった頃に館林家の奥奉公に出た。十二であったという。美貌でもあれば、才気もあるので、綱吉の側近く仕えている間に、学問も聞き覚え、能楽も出来るようになったので、ついに綱吉のお手付中﨟となり、子供まで生んだ。

「お伝の方」と呼ばれるようになって、家族の一員となったことはいうまでもない。延宝

五年（一六七七）に鶴姫を生み、七年に徳松を生んだのだから、綱吉がまだ本家を相続していない頃だ。

綱吉が将軍になると、小谷一族の栄達がはじまる。権兵衛は大老堀田正俊の弟分ということになり、堀田将監と名を改めて三千石の旗本にとり立てられ、神田小川町に立派な屋敷までもらった。ところがこの権兵衛も、そのせがれの権九郎も箸にも棒にもかからない放蕩もので、乱暴もので、大酒、喧嘩、ばくちが大好きで、小川町の屋敷はおたずね者の逃げこみ場になったという。世人のめいわく、幕府役人をこまらせること一方ではなかったが、ついにばくちの上の争いから、父子とも人に殺された。あとつぎがなかったので家は断絶してしまった。

三番目は大典侍《おおすけ》だ。北ノ丸殿ともいう。これは清閑寺大納言熙房の姫君だ。

四番目は新典侍だ。これは日野大納言弘資の養女で、実は豊岡大蔵権大輔《ごんのたいふ》有尚の女《むすめ》であるという。

以上の二人は正夫人鷹司氏が入輿《にゅうよ》して来た時、お付上臈として一緒に京から下って来たのに、綱吉が手をつけたのだ。

ここまでの四人は当時の将軍や大名としては正常だ。普通のことであるが、五番目はやや異常である。

五番目は右衛門佐《えもんのすけ》だ。これは水無瀬《みなせ》中納言信定の姫君であった。美しくもあったが、宮中に仕えて才学第一といわれるほどの才女でもあった。正夫人鷹司氏が学問や文学などの話相手になるような者をほしいと京都に所望して、選抜されて下って来たのであった。彼女が正夫人付属の女中らにたいして源氏物語を講義するのを綱吉は聴聞《ちょうもん》したが、才学優長である上に、なみすぐれて美貌であり、しかも進退動止の閑雅典麗なことに心を動かし、正夫人に請うて、自分つきの中臈にもらい受けたのであった。

綱吉はこれを枕席に侍せしめただけでなく、大奥の女中の総支配をも命じて、禄千石をあたえた。大奥の女中の禄は現米支給であるから、知行ならば二千石から二千二百五十石までくらいに相当する。大へんな優遇である。

異常と言うのはここのことである。妾《めかけ》兼舎監というありかただ。ずいぶん無茶なやり方をしていると言わなければならない。

以上五人が正規の妻妾として名前がわかっているのであるが、綱吉のこの方面の乱行はこの以外にある。家臣の妻を姦していることが一再ならずあるのである。

彼は気に入りの大名の屋敷にしきりに遊びに行っているが、そのはじめにおいて最もしばしば行ったのは側用人牧野成貞の家であった。牧野は館林時代からの家老で特別に親しみもあったのであろうが、実にしげしげと行っている。元禄元年（一六八八）から五年までの間に二十三回行っている。一年に七回行った年もある。

彼が成貞の家に行った時には必ず莫大な下賜品をあたえ、その後能楽を催して自分も演じ、成貞にも演じさせ、饗応を受けて帰った。時には能楽のかわりに自ら経書の講義をすることもあった。

このひんぴんたる成貞邸お成りの間に、いつか成貞の妻阿久里《あぐり》を犯してしまったのだ。もっとも阿久里は若い頃桂昌院につかえていた女中で、桂昌院の世話で成貞に嫁したというから、その頃すでに綱吉と関係があったのを、当時は桂昌院は大わらわになって綱吉の賢公子であることを宣伝している時代であったので、阿久里との評判があまり高くなってはこまるというので、成貞と相談して、成貞に縁づけたのかも知れない。空想をたくましくしすぎるようだが、よくあることである。であるならば、焼けぼっくいに火がついたことになる。

いずれにしても、綱吉は家臣の妻を犯したのだ。これを世間では、

「牧野殿の献妻」

といって、ひそかなうわさとなったという。このことについては故三田村鳶魚《えんぎょ》氏がその著「大名生活の内秘」で、詳細に考証している。綱吉のひんぴんたる牧野邸お成りは、あるいは阿久里と会うためであったかも知れない。いくら気に入りの家臣の屋敷にしても、

年七回のお成りはすぎるようである。

綱吉はさらになすまじきことをしている。

成貞は阿久里との間に安子という娘があった。成貞はこの安子に館林家時代同僚の家老であった黒田直相《なおすけ》の子成時を養子に迎えて娶《めあわ》せていたのであるが、あろうことか、綱吉はこの安子まで犯したのである。母と子を犯したのである。

成時は忿懣のあまり自殺したという。また安子も久しからずして死んだという。自殺であるともいい、病死であるともいうが、たとえ病死であったにしても、自殺にひとしい死であったろうことは疑いない。

成貞の家は幕臣ではあるが、成貞の父の代に館林家付きにされた。成貞は次男であったので、二千石もらって分家したのであるが、次第に身代をふやされて三千石になり、綱吉が将軍職となると一万石を加増されて一万三千石となり、その後加増に加増を重ね、ついには八万石にまでなった。つまり、彼は綱吉によって身をおこし、綱吉によって栄達したのであるが、妻をうばわれ、娘までけがされたことは、よほどにこたえたらしい。彼は阿久里と相談して、

「養子はしない。牧野家は自分一代で断絶させる」

と決心した。綱吉にたいするつらあてであったに違いないが、その以外にも、思うに富

貴というものにたいするむなしい気持、君臣の義理というものにたいする痛憤があったのではないだろうか。

成貞がいつまで立っても養子をしようとしないので、綱吉は気がとがめ、桂昌院と相談して、散々成貞をくどき、阿久里の兄の子が護持院の隆光の弟子となるべく寺に入っていたのを無理に養子にさせたという。これは三王外記にもあり、三田村鳶魚氏も考証している。

この種の綱吉の不倫行為はまだある。牧野成貞が隠居して後は柳沢吉保が側用人となって勢力を得てくるのであるが、柳沢の屋敷にも綱吉はしげしげと行き、ついに柳沢の妻染子を犯し、吉保の子となっている吉里は実は綱吉の子であるといわれている。三田村氏はこの説を信じ、吉保は染子を別殿において、主人の妾をあずかっている格で待遇していたと言っている。

儒学が好きで、好んで経書の講義をしたがり、お成りの時にもしばしば講義して、五倫五常の道を説いて聞かせながら、こんなことを一再ならずするのだから、常識では解釈がつかない。ずっと前に述べた三つの鍵をうまく組み合わせて解釈してみられるのも読者の一興であろう。

七

彼の最大の罪悪は生類《しょうるい》憐み令、愛犬令を出してこれを強行したことだ。

この法令が出されたのは、貞享二年（一六八五）七月十四日のことである。

この法令が出されるようになったそもその原因は、周知の通り綱吉にあとをつぐべき子供がいなかったことによる。綱吉の子徳松は天和三年（一六八三）、五歳で夭死した。綱吉はその姉娘の鶴姫を紀州家の世子《せいし》綱教《つなのり》に縁づける約束を結んだ。彼には計画があった。鶴姫がまだ幼少であるからという名目で、綱教を西ノ丸に迎えそこで結婚させ、そのまま数年経過させる。そのうちには、入婿のような形になって、世間の人の気持も慣らされて抵抗がなくなるから、公式に綱教を世子とすることを発表しようというのであった。

ところが、その相談を、牧野成貞が三家と甲府宰相綱豊（後の家宣《いえのぶ》）に向って持ち出してみたところ、水戸光圀が一言にして粉砕してしまった。

「それはよろしくあるまい。姫君はご幼少にもせよ、立派な付人もあること故、紀州邸でご婚儀遊ばされてもお気づかいなことはあるまい。お城でご婚礼なされると同じようにご安心なすってよろしい。どうしてもご心配とあらば、ご心配のないお年頃にご成人なさるのを待って遊ばされるがよろしい。第一、紀伊殿がお城へ入ってご婚礼なさるのはさしつかえないとしても、いずれ姫君が成人遊ばさるれば、お城を出て屋敷にお帰りにならねばならんわけだが、考えてみると異《い》なものではないか」

明敏な光圀には、綱吉の腹の底が見通しだったのだ。彼は綱吉のあとつぎには甲府綱豊を立てるべきであると信じていたのだ。これは光圀の系統論から来ている。彼は家は直系の者が嫡々相承《う》けるのが最も正しいと信じている。だから、彼自身も自分が三男でありながら水戸家を継がされたことを終世後悔し、自分の子は長兄頼重（讃岐高松）の養子とし、自分のあとつぎには頼重の子綱方をもらい、綱方が早死すると、さらにその弟綱条《つなえだ》をもらって育てている。

「もし甲府綱重殿がご存命であれば、五代の将軍職は当然綱重殿であったはずだ。綱重殿がなくなっておられたればこそ、今の将軍家はお立ちになれたのだ。綱重殿には綱豊殿というお子がおいでなのであるから、当然それが次代の将軍家となるべきである」

と、考えていたのである。

最初の婚約の時から四年立って、貞享二年（一六八五）二月に鶴姫は紀州に入輿したが、それから間もなくのこと、綱吉はまた牧野成貞に命じて、三家と甲府綱豊とに相談させた。

「上様も今年お四十でございますが、徳松様以後若君のご出生がございません。つきましては養君をなされたらばいかがと存じますが……」

綱教を養子にしたいと持ち出すつもりであったが、この時も光圀が粉砕した。

「四十といえばまだご老年というお年ではない。もう若君がお出来にならぬものと思い切ってしまうのは早計だ。万一、ついにお出来にならんでご養君を遊ばすにしても、ご養君にこと欠かれるようなことは決してない。先ず甲府殿がおられる。この方をお立てになるのが最も順にかのうている。しかし、その甲府殿をお立てになることがどうしてもおいやであるなら、尾張殿がおられる。尾張殿がおいやなら、紀伊殿がおられる。紀伊殿もまたおいやなら、不肖ながらわしが子綱条がいる。あわてなさることはない」

痛烈な皮肉であった。綱吉にたいして養子をえらぶ順序を教え、紀州綱教の継承順は三番目であることをあてこすったのであった。綱吉は綱豊がきらいであった。なぜそんなにきらいであったかわからない。綱吉の母のお玉と綱豊の父綱重の母お夏とはともに京都の卑賤の家の生まれで、それだけに家光の生きている頃、猛烈な競争心があり、それぞれにその生んだ子供にライバル意識を吹きこんだなごりかも知れない。ともあれ、綱吉も、桂昌院も、綱豊にあとをつがせたくなかった。

「どうしても、男の子を生まなければならない」

と、二人は考えた。

このため桂昌院は修法《ずほう》奇特な僧をえらんで男子誕生の祈禱をしたいと思った。

桂昌院が幼時母に伴われて仁和寺《にんなじ》に遊びに行き、寺僧の亮賢からその人相を見てもらったことは前に書いたが、その後お玉が綱吉をみごもった頃、お玉は亮賢のことを思い出し、京に言ってやって、仁和寺に問い合わさせてみると、あたかもよし、亮賢は江戸神田の知足院の住持になっていた。お玉は亮賢に頼んで安産祈禱をしてもらったが、その時亮賢は、

「生まれ給うお子はまさしく男君、やがては大将軍にそなわり給うめでたいご運勢をお持ちの若君でござる」

と言った。

綱吉が生まれ、その後館林公となると、お玉は綱吉に話して、亮賢を領内の碓氷《うすい》八幡宮の別当大聖《だいしょう》護国寺の住職にしてもらったが、亮賢の予言あやまらず、綱吉が将軍職をつぐと、帰依信心はさらに深くなり、江戸に一寺を建立し、そこに招請したいと綱吉に頼んだ。

「孝は百行の本《もと》」という儒教の教えを持ち前の狂信者的心をもって信じこみ、母の言うことには何一つ違うまいと思いつめている綱吉だ。早速に大塚の薬園の地に建立した。護国寺である。

亮賢が住持であった知足院は後住として恵賢という坊さんが入っていたが、この坊さん

が病気危篤になった。これを知足院から桂昌院に報告したので、桂昌院から綱吉に告げた。綱吉は寺社奉行をして亮賢を呼んで、

「しかじかの由、知足院はおれとの由緒も深い寺であれば、宗内《しゅうない》で碩学《せきがく》の聞こえあるものを後住にしたい。心あたりの者あらば早々に申すよう」

と達しさせた。

この時、亮賢の推薦したのが隆光である。隆光は当時大和の長谷寺の塔頭《たっちゅう》慈心院の住職であった。

隆光は江戸に下って来て、知足院の住職となったが、何せ帰依信心おかない亮賢が推すほどの名僧であるというので、桂昌院も綱吉も、亮賢と同じように尊重した。

男子出産の祈禱の任に、隆光があたらされたのは当然のことであった。隆光は先ず神田橋外のご用地に寺院を建立させた。護国寺より一倍大きく造れと綱吉は命じ、自ら設計図のさしずまでしたというほど気を入れた。竣工した寺院が壮麗宏大をきわめたことは言うまでもない。護持院である。

隆光はここに壇をかまえ、丹誠こめて男子出産の祈禱にかかったが、なかなか験《げん》があらわれない。桂昌院をはじめ大奥の女中連中はやいのやいのとせき立てるし、綱吉もまたせきつく。その苦しまぎれに、隆光はついに、こんなことを言った。

「修法の験があらわれないのは、障碍《しょうげ》が深重かつ多大であるためであります。その障碍はさまざまの畜類共であります。これは上様がご前世に殺生を嗜《たしな》まれ、狩猟・漁《すなど》りなどにおふけりになって、殺し給うた畜類共の霊でございます。この障碍が除かれなければ、修法の効はあらわれませぬ。この罪障の消滅は、上様が生類をお憐みになって功徳をお積みになるより方法はございません。とりわけ、上様は戌《いぬ》年のお生まれでございますから、犬をおあわれみになることが肝心でございます」

いきなりこんな突飛なことを言ったわけではなく、そこにはいろいろ段取りがあったのであろうが、これを聞いて、桂昌院は信じきってしまい、綱吉にこれを告げ、おそらく泣いて訴えたろう。

親孝行な綱吉は早速きき入れた。信じもしたろう。輪廻転生《りんねてんしょう》の仏説は、この時代では常識だったのであるから。もし綱吉が鷹狩やなんぞが好きだったら、そう容易に踏み切りもしなかったろうが、彼は生来狩猟はきらいだったと三王外記にある。子供の時から書物ばかり読まされて、いきいきとした男性的活力を涵養する機会がなかったのかも知れない。とにかく、彼は隆光の言うことを信じ、母のことばに順《したが》った。となると、彼は絶対権力を持つ独裁者だ。

「おれ一人がやるより、天下万民をして行なわせた方がずっと功徳になるはずだ。動物愛護は悪いことではないからな」

と考えて、法令としてこれが出された。貞享二年七月十四日であった。堀田正俊が殺されたのがこの前年の八月二十八日だから、一年とは立っていない。

最初のうちは、そう厳重なものではなかったようであるが、次第にそれは厳重なものとなり、ついにはノミ、シラミ、蚊、蝿の類などまで決して殺してはならず、人食い犬でも水をかけて追いはらうだけで、なぐったりなどしてはいけないことになった。中野や大久保には広大な犬小屋を設けられ、野犬はここに収容せられ、その犬数万匹に達した。犬一匹の飼料が一日白米三合、味噌五十目、干鰯《ほしか》一合であったという。元禄八年十二月の書上げによると、その頃一日の飼料が米三百三十石六升、味噌十樽、干鰯十俵、薪五十六束であったという。人間で飢えに迫られている者も江戸の町には相当あったはずであるから、尋常なすがたでないことは言うまでもない。

法律であるから、それを犯す者はもちろん処罰される。その罪科がまた重いのだ。組下の者共が雀の群がっているのを石を投げて追いはらったというので、お役ご免、閉門を仰せつかった旗本がおり、吹矢で雀を殺したというので斬罪になった旗本の家の茶坊主がおり、人食い犬を斬殺したというので獄門になった町人がおり、一々挙げるにたえないほどである。綱吉の小姓でなにがしという者は、頬にとまった蚊を平手でたたきつぶしたあと、頬に蚊の死骸がついていることを知らず綱吉の前に出たところ、忽ち綱吉に見つかり、お役ご免、家改易《かいえき》・遠島を仰せつかっている。これは面あてがましいふるまいであるというので、特に重く罰せられたのではあろうが、それにしても改易・遠島はひどい。

「禽獣をひきいて人を食《は》ましむ」

ということばが孟子にあるが、その通りのことが当時の日本には行なわれていたのだ。綱吉はこれを読んでいるはずである。当時の好学な人の学問ぶりなら、暗誦しているはずだ。どんな気持でこの文句を思い出したであろう。

思うに、綱吉としては、まさかこんなにまで激烈な法律となろうとは思わず、動物愛護は悪いことではない。聖人の教えにもかのうものだくらいのきわめて軽い気持で発令したのであろうが、ここが法律というものの恐ろしさだ。法律には自制作用はない。ひたすらに実行されることをもとめる。これが法律なるものの本質だ。さらに役人どもの功績主義がこれを手伝う。いやが上にも苛烈なものになって行き、ついには立法の精神と相反するところまで行っても停止しようとしない。あらゆる法律悪はこの二つから生ずるのだし、どんな法律でもこの害悪をまぬかれることは出来ないのである。

近頃の役人や政治家らは法がその本質に持っている恐ろしさを知らないから、やたらに新法をつくりたがって、「拡大解釈さえしなければいい」という料簡でいるが、法にはその本質に拡大解釈の機能があり、その機能をつぶせば法は活力を失ってしもうことを忘れている。新法なんぞ作るものではない。綱吉将軍の事蹟がそれを立証している。

綱吉は最も強力な独裁君主だ。この東西古今に類例のない悪法は彼の死に至るまで二十六年間励行されたのであるが、わずかに水戸光圀が領内で野犬がりをし、大きなやつだけ十枚皮をはぎ、なめして、防寒の料にといって献上して諷諫しただけで、それ以外には一人として諫言した者がないのをもっても、その絶大な権勢がわかる。だから、もし綱吉がやめようと思ったなら、即座にやめられたはずであるが、それをやめなかったのである。

好まざるところではあったが千万いたしかたなく嗣子とした家宣（綱豊、宝永元年十二月改名）を、瀕死の枕頭に召した時も、ただ、

「生類あわれみ令と愛犬令とが民のわずらいになっていることはよく知っているが、わしが生涯強行しつづけて来たことであるから、せめてわしの死後三年はつづけるよう」

とだけ遺言したというのだ。

「三年父の道を改めず」という論語の教えはあるが、それも場合による。この悪法をこの期におよんでまであとつぎの者に強制しようというのは、どういう料簡であろうか。学問のしそこないとは、彼のことであろう。

彼は宝永六年（一七〇九）正月十日に死んだ。病気は疱瘡であった。六十四であった。

夫人鷹司氏が天下のために殺したというのは、護国女太平記に言うところだが、それはフィクションである。

綱吉は狂人ではなく、相当以上にかしこくて、気性もすぐれた人ではあったが、徳川家の人におりおり発現する狂気的素質のある人であったようである。何事にも極端まで走ってバランスを忘れるところがそれである。こういう素質の人が儒教のような学問をし、その家の権勢が絶頂に達し、一人として批判するものなく、抵抗するもののない時代に天下人《びと》となれば、ああいう形になるのは必然といえよう。

田沼意次

一

田沼意次《おきつぐ》の家系はよくわからないが、彼の生涯はこのよくわからない家系のことが動機になって、九天の上から九地の底に転落するのである。

寛政重修諸家譜《かんせいちょうしゅうしょかふ》は、田沼氏の項の前置きで、「家伝にいはく」と前書きして、「もと藤原氏で佐野庄司成俊の後裔である。成俊六代の孫壱岐守重綱が下野国安蘇《あそ》郡田沼邑《むら》に住したので、田沼を称号とした。その後、鎌倉時代を経、足利時代を経《ふ》る間に新田氏の支族の者を養子としたので清和源氏となったが、なお名字は田沼を称した。その後関東管領の上杉氏に属したり、甲斐の武田氏に属したりしていたが、武田氏滅亡の後、しばらく信州あたりを漂泊している間に、次右衛門吉次という者が紀州公頼宣《よりのぶ》に仕えた云々」と書いている。

「家伝にいはく」と、わざわざ書いているくらいだから、重修諸家譜の編纂者はあまりこの家伝を信じていないのである。この書の編纂は当時の学者を集めて、当時としては出来るかぎりの手をつくしてなされたものであるが、田沼家の書上げは相当眉つばものと思われたのであろう。

「もと藤原氏」というこの藤原は佐野氏の先祖である藤原であるから、もちろん田原《たわら》ノ藤《とう》太秀郷《たひでさと》の流れである。

ところが三田村鳶魚氏はこう書いている。

下野佐野の藤田村の百姓十兵衛という者があり、膂力《りょりょく》抜群で才智もまたすぐれ、百姓なかまのきけものであったが、ある年村内の沼地を干拓していくばくかの新田を得た。そこでその祝いのため草相撲の催しをして、十兵衛は田沼山という四股名《しこな》で土俵に出た。沼を田にしたから田沼、それに山を付けたわけだ。

何せ力が強い上に手取りだ。出て来るもの皆なぎたおしたので、一ぺんに名を上げ、以後は皆十兵衛どんと呼ぶより田沼山と呼ぶ者が多くなり、田沼山の名は近郷近在まで鳴りひびくようになった。

田沼山は銃猟が好きで、ひまがあれば鉄砲をかついで野山に鳥獣を狩っていたが、ある年領主の佐野肥後守元綱が大坂在番の時、夫役にあたって上坂したところ、鉄砲の心得もあるところから持筒足軽にとり立てられたので、名を田沼十右衛門（次右衛門と音通）と改めて奉公した。

この間何年か立って、慶長五年六月、石田三成がアンチ徳川の大名を糾合《きゅうごう》して兵をあげた。佐野元綱は関東豪族ではあり、早くから徳川方に心を寄せていたので、大坂城を出て、伏見城の留守居役として家康にのこされていた鳥居元忠とともに伏見城にこもった。間もなく、伏見城は西軍の包囲を受け、形勢まことに危くなった。

「こりゃアこのままではおいら城と一緒に死んじまうことになるべ。死んじゃアつまんねえぞ」

と、一夜決心し、城をぬけ出した。

いのちおしさだけで脱走したのであろうが、一両日の後城が落ちてしまうと、十右衛門はふと料簡した。

「こいつは一番ご注進と行けば、手柄になることじゃわ」

大急ぎで関東に馳せかえり、当時元綱の弟伊豆守政持が家康の供をして会津征伐のために野州小山《おやま》に来ているところに駈けつけ、伏見落城、戦況はしかじか、殿のお最期はかようかようと、そこはぬけ目のない男だから、必要なだけは情報を聞き集めて来ていたろう、報告した。

機敏な報道であるから、大いによろこばれはしたろうが、勝手に脱走して来たのだから、主人元綱や重臣らの手紙などもちろん持っていようはずがない。だから手柄としては認められなかった。政持が頭がよくて、意地の悪い考え方をする人間だったら、「おのれは狭《はざ》間《ま》くぐりして来たのじゃろう」と責め立てられ、いのちがあぶなかったかも知れない。元来が百姓で、武家奉公に劫《こう》をつんでいないから、利口でも、こういう場合の武家の習慣を知っていなかったのだ。そのままに佐野の家中にとどまっておられたのは幸運というべきであった。

何年か立って、佐野家を浪人した。あるいは伏見落城の時の狭間くぐりが、こんなことはどこからともなく知れるものだから、家中のうわさになって、居にくくなったのかもしれない。

元和五年というから、伏見落城の時から十九年目だ。家康の八男頼宣《よりのぶ》が紀州をもらった時、十右衛門は鉄砲同心にありついた。これが田沼家が紀州家と主従関係が出来、後に幕臣となり、大名になることとの出来た因縁のはじまりである。

以上が、三田村氏の所説である。何にもとづいたか、書名はあげていないが、いいかげんなことを書く人ではないから、たしかな出典のあることであろう。実はぼくはこの説を信じたいのだ。ことさら田沼を悪意をもって見る気はない。理由は先きに行って、しぜんに納得していただけるであろう。

紀州家につかえて以後のことも、三田村氏は書いている。その記述では意次は十右衛門の曽孫ということになっているが、元和五年から意次の生まれた享保四年までちょうど百年立っている。年数のわりに代数が少なすぎるようである。寛政重修諸家譜では一代多くなって、意次は曽孫の子となっている。百年に五代なら適当であろう。また紀州家に仕えて以後のことなら、紀州家に関係書類もあり、代々のことを知っている人もあることで、とりつくろいようもないから、正直なところを幕府に書上げしたと考えられもする。

意次の父は専左衛門意行《もとゆき》、吉宗将軍がまだ頼方《よりかた》という名で、越前で三万石もらって紀州家の分家となった時、十七石三人扶持、中小姓格となってついて行き、近習番などつとめている間に、紀州本家で人が死にたえ頼方は紀州にかえって本家をつぎ、名を吉宗と改める。主人の出世は家来の出世だ。専左衛門は三百俵、お小納戸《こなんど》となった。諸藩の小納戸衆は財務官である。理財の才幹のある人物だったのであろう。

やがて吉宗は徳川本家に入って八代の将軍となる。専左衛門は召連れられて直参の旗本となり、お小姓となる。廩米《りんまい》三百俵はもとの通りであったが、九年立って享保九年十一月、従五位下主殿頭《とのものかみ》に叙任した。禄もうなぎ上りに上り、十八年には六百石、十九年にはお小納戸の頭取に昇進し、その年末、四十七で死んだ。吉宗ほどの人がこんなに目をかけていたのだから、使いようでは役に立つ才子だったのであろう。

二

意次は享保四年の誕生だから、父の三十二の時の子である。すなわち、紀州から江戸へ出て来て三年目に生まれたのだ。江戸の生まれなのである。通称は龍助とつけられた。十四の時、はじめて吉宗将軍にお目見得したが、その翌々年召出されて、将軍世子家重《いえしげ》のお小姓となった。この時家重二十四だ。

男色をもって家重に寵愛されたという説がある。後に意次の子意知《おきとも》が殿中で佐野善左衛門という旗本に斬られその傷がもとで死ぬという事件がおこった時、善左衛門が自宅に書きのこしておいたというふれこみで世に流布された文書《もんじょ》がある。田沼の罪を十七カ条にわたって糺弾したものであるが、その十六条目に、

「衆道をもっておのれ立身出世致し、武功の衆をあなどる、その罪十六」

とある。しかし、その他には聞くところがないようであるし、この糺弾書は誰かが偽作して世に流したものに違いないと、辻善之助博士が、その著『田沼時代』の中で論断している。ぼくも博士の説に賛成である。従って家重との間に男色関係などはなかったのであろう。

しかし、意次が美男子であったことは事実のようだ。前記『田沼時代』の口絵に意次夫妻の肖像画が出ている。原本は田沼家の菩提寺の所蔵である。老年にかかってからの肖像であるが、細おもての、品のよい顔立で、若かった頃はさぞ美男子であったろうと思わせるものがある。

家重の男色好みは他に聞いたことがない。そんな趣味はなかったのではないかと思うが、側近に召使う者は男女を問わず容貌の美しいのを好むのは人情だ。家重が意次にとくべつ好意をもった事実はあるのであろう。だから、流布している糺弾書に書かれてあるこの項目を、当時はある程度信ずる人があったかも知れない。

お小姓に召出された年の暮に父が死んだ。意次は翌享保二十年三月に家督相続をゆるされ、翌々元文二年十二月に従五位下主殿頭に叙任した。十九歳であった。

以後八年、世子家重に仕えて西ノ丸出仕をつづけていたが、八年目の延享二年九月に吉宗将軍が隠居して大御所となって西ノ丸に移り、家重が将軍となって本丸に移ったので、意次も本丸勤仕となる。翌々四年九月、お小姓組番頭《がしら》格、お取次ぎ見習となった。これはやがて側衆《そばしゅう》になる保証をつけられたようなものだから、もっともたしかな青雲の階梯《かいてい》に足をふみかけたようなものだ。二十九歳であった。

翌々寛延二年、三十一の時、お小姓番頭をかねて奥にも勤務することになり、千四百石の加増を受けた。家重の一方ならぬ気に入りであったことがわかる。

この翌々年（宝暦元年）六月二十日大御所吉宗は六十八で死んだ。葬儀は翌閏《うるう》六月十日に行なわれたが、その翌七月、意次は側衆となり、諸事をとりつぎ申すことになった。

乾燥無味なこの重修諸家譜の記述の中から、ある重大な意味が酌みとれるように、ぼくには思われる。というのは、五代綱吉の時から側衆の権勢が増し、その筆頭である側用人に至っては老中をしのぐほどのものになっている。綱吉の時代には牧野成貞、柳沢吉保、六代家宣、七代家継の時には間部詮房《まなべあきふさ》、皆そうだ。

元来将軍の官房長官か侍従長的役目である側用人の権力がそんなにも強大になったのは、綱吉が徹底的独裁君主であったからである。独裁君主の下では君主にいつも近侍している もの、内にしては妻妾、公けにしては官房長官や侍従長の権力が増大するのは当然のことである。家宣と家継の代は二代合わせてわずかに七年間だ。前代からの習慣のなごりだ。

八代吉宗はこれまた独裁君主であったが、ズバぬけてかしこくもあり、抜目のない人でもあったので、老中にも側用人にもその権力をゆだねなかった。彼は人民に直結する方法を講じた。目安箱をもうけて人民の意見なり不平なりを直接聞く制度を立てたのもそれ、お庭番という自分に直属する密偵をおいたのもそれだ。もちろん、ある程度の直結ではあるが、これまでの将軍とは比較にならないくらい人民と直結出来たことは疑いない。こんな風だ。側用人はもとよりのこと、老中にも強大な権力などつきはしなかった。

ところで、吉宗の次に立った家重だが、これは多病で、好むところは酒と女だけというのだから、どちらかといえば中以下の人物だ。老中や側用人が権勢を得て来る好条件になったわけだ。

順序から行けば老中の権勢が増大するはずであったが、そう行かない条件があった。吉宗が大御所として西ノ丸にいて、強力な後見政治を行なっていたからだ。

家重はかしこくない人ではあるが、おやじの常習的な干渉はおもしろくなかったに相違ない。当然の心理として、自分の勝手になる政治をしたいと思っていたろう。そうなると、老中政治ではおやじと老中が入れかわるだけだから、希望するはずがない。いつかは側近政治に持って行きたいと思ったろう。

その上、家重は不摂生な生活が祟って軽い中風をわずらい、言語不明瞭になった。彼が何を言っているか、誰もわからない。わかるのは側衆の大岡忠光だけだったというから、大岡は大へんなお気に入りとなった。将軍の命《めい》を伝えるのが、いつも大岡ということになれば、将軍に何か申し上げる役も大岡ということになるのは最も自然なことだ。大岡の権力は強大なものになり、従って側衆もまた勢いを得て来た。つまり、やがて吉宗が死ねば、家重の政治が側近政治になることは目に見えていたのである。

寛政重修諸家譜によると、意次は宝暦元年七月十八日にお側御用取次ぎになっている。すなわち吉宗将軍の死後一月目である。家重は意次を気に入っていて、前から側役にしたかったのだが、吉宗に遠慮があったのではないだろうか。

吉宗はわが子ながら家重のかしこくないことを知っている。

（とうていおれのように老中でも側用人でも自由自在に使いこなす政治はやれない。とすれば、老中政治になるか、側用人政治になるかしかないが、同じくは老中政治の方がよい。まともでもあれば、四人ないし五人が合議で万事を運ぶのだから、一人に権力の集中することもない）

と考えて、側衆の任命にはとくべつきびしい目を光らせていたろうと思われるのだ。あるいは、意次のうちに危険なものを見ていたかも知れない。吉宗は堅実好みの人だが、意次の才気は華麗で、どこかインチキ臭いところがある。父専左衛門をよく知っているのだから、その息子にはかなりに強い関心があったと思われるが、強い関心があれば、自分のきらいな素質を嗅ぎつけ、危険がる可能性は大いにある。

ともかくも、家重は欲しながらも意次を側衆に任命することが出来なかったのではないかと思われるのだ。吉宗が死ぬと、一月立つや立たずに、意次を側役に任命しているところ、どうもそんな気がするのである。

ともあれ、意次は吉宗の死とともに、お側衆ご用取次になったのである。この時三十三であった。

三

吉宗が死んだ時、老中としては堀田正亮《まさあき》、本多正珍《まさよし》、松平武元、酒井忠寄の四人があり、間もなく西尾忠尚が再任され、都合五人になった。

この五人のなかで、首相格の堀田正亮がなかなかの人物である上に、松平武元が家柄もよく、また厳粛清廉な人物であったので、ご用部屋の権威はなかなかのものであった。

堀田は綱吉将軍の大老であった堀田正俊の末子の子であるが、本家を相続し、綱吉からきらわれて衰え切った家を立て直し、自分も老中にまでなったほどあって、度胸もあれば才幹もあり、学問もある人物であった。

松平武元の祖父清武は六代将軍家宣の同母弟で、館林に封ぜられて新しく家を立てて臣列にされたのだが、徳川本家と最も近い血縁があるのだから、その家は幕府内でも世間でも大へん敬重《けいちょう》されていた。しかも、武元という人が実にりっぱな人格の人であったから、皆におそれはばかられた。

こんなわけで、家重一代は前期は大岡忠光、後期は意次が側衆として羽ぶりをきかしながらも、まだ老中の上に出ることは出来なかった。

家重は、意次がお側衆ご用取次となって十年目、宝暦十年五月に隠居して大御所となり、子の家治《いえはる》が将軍となった。

この時までに意次は度々の加増で一万石の身代になっていた。役目は家治のお側衆だ。この翌年六月、家重は死んだ。徳川実紀によると、家重はその死に臨んで、家治に、

「主殿《とのも》（意次）はまたうど（完全な人、欠点なき人、正直な人）のものである。将来も目をかけてお使いなされ」

と遺言したという。意次がどんなに家重の心を得ていたかがわかるのである。この時四十三であった。

こんなわけで、意次は家治の代になっても、信任を得ていたが、彼はさらに信寵をかたくする方法を講じた。

続三王外記に、「意次は家治の寵をかためるために、家治の寵妾である津田夫人の知り合いの女をさがして、自分の妾とし、時々津田夫人の許《もと》に見舞いに上らせたが、大奥へ上る時にはいつも大奥中の女中らやはしために至るまでおくりものを持たせてやった」とある。

この津田夫人というのは、幕府祚胤伝《そいんでん》にはおちほ、続三王外記には千尾《ちお》とある。前説は仮名づかいの間違いのようだから、後説がよかろう。なかなかの美人で絃歌が上手であったと外記は言う。絃は三味線であろう。生家が貧しかったので、士人が山野に遊びに行く時に呼ばれて絃歌して興をそえていた。つまり芸者のようなことをしていたのだ。千尾の生家の本家の主人である津田信之《のぶゆき》の父（祚胤伝では父信成とある）が、千尾をあわれんで、引きとって養女とし、大奥に奉公させたところ、家治の目にとまり、寵愛を受けるようになり、男の子を生んだ。長男である。竹千代と名づけられ、家基《いえもと》という名になり、十一代の将軍となるべき人であったが、後のことになるが、十八の時死んだ。こんな女であるから、家治の寵愛も深く、従ってなかなか権勢もあったのである。意次はここに目をつけたわけであった。

主君の気に入られて栄達しようとする場合、当時の武士は今日の人の想像もおよばないようないろいろなことをして主君の心を取ろうとしたものだが、田沼のこのやりかたはめずらしい。いかにも才人らしいやり方だ。しかし、あまりにも手がこみ過ぎていて、いやらしい感じがある。当時としてもその感があったから、続三王外記の筆者もとり上げて記録したのであろう。

才幹があって何をさせてもうまくやれる上に、こんな風にして巧みに家治のきげんをとったので、五千石ずつ二度加増があって、明和四年には二万石の身代となり、側用人となり、また、遠州相良《さがら》に城を築くことを許されて城主となり、翌々六年にはまた五千石加増、合して二万五千石となり、身分は老中格となった。五十一であった。

この三、四年前のことだ。こんなことがあったと続三王外記は記している。元来、江戸城中において諸役人らが老中を見かけた場合には必ず平伏拝礼して過ぎるというしきたりになっていたが、ある時意次は老中秋元涼朝《あつとも》を見ながら、「趨《はし》りてこれを過ぎて拝揖《はいゆう》せず」というのだから、ちょっと会釈ぐらいして小走りにすぎたのであろう。秋元老中は意次の同役の側衆を召して、

「先刻しかじかのことがあった。主殿頭ほどの者が、昔からのしきたりを存ぜぬことはあるまい。不埒である。その方よりいましめおけ」

と言った。

間もなく、秋元老中は病気と称して辞職した。意次が自分を怨んでいると聞いて、讒《ざん》をおそれたのであるとあるのだ。

秋元涼朝が老中を辞したのは明和四年六月だ。意次はこの直後に側用人になっている。平の側衆でありながら、老中をあなどり、老中またこれを恐れるほどの潜勢力を持っていたのだ。

続三王外記は「家治は前代家重の悪習慣を踏襲して、毎日政治を見ることをせず、側衆を通じて報告を受けるだけだった」とこの時代のことを書いている。側近政治がはじまっていたのだ。しかも前述したようにこの翌年意次は側用人になっているのだから、彼がその側近政治の中心であったことがわかる。

翌々明和六年に、彼はまた五千石加増され、同時に老中格となった。側用人として老中らに応対する場合、単に側用人では格式の点でけおされるので、老中格にするわけだ。牧野成貞も、柳沢吉保も、間部詮房も、老中格または准老中になっている。柳沢などはさらに老中となり、老中の上になっている。大老的役職である。大老格と書いた書物もある。

さらに三年立って安永元年には老中となり、また五千石加増され、六年には七千石加増され、すべてで三万七千石の身代になっている。

このように彼の権勢はまことに隆々たるものであったが、当時は松平武元がまだ壮健で老中首班であったので、意次も武元の方正厳毅をはばかって、それほど権勢をほしいままにはしなかったと、続三王外記は記している。

外記にこうある。

ある者が武元にむかって、

「貴殿のご領地は悪田が多うござる。良田多き土地に国がえなされてはいかがでござる。

さすればご加増を受けられたことにならず、実収は増すではござらんか。貴殿はご老中となられてすでに数十年、上様は貴殿が前朝からの功臣であられるので、他のご老中より格別貴殿を重んじておられます。願立《ねがいだ》てになれば、お許しあるは疑いござらぬ。早くさようになされるがようござる」

と言った。武元は容《かたち》を正して言った。

「拙者の唯今の領地館林はかしこくも五代将軍様が将軍家となられる前にご領地としてお受けになっていたところでござる。拙者の祖父清武はご本家のお血筋であるというので、ここをいただいたのでござる。拙者の世となってから一時他へ国がえになっていましたが、久しからずしてまた館林にかえし給うたのは、かような由緒があればこそのことでござる。たとえ上様から国がえの仰せつけがござろうと、拙者はご辞退申したいと思いこんでいます。領地の肥瘠《ひせき》など、拙者はいささかも考えていません」

言った人は恥じて引き退ったという。

このような人であったので、意次も武元には遠慮していた。ある時、意次に加増の命が下ったところ、武元をはばかり、辞退しようとした。すると、武元が、

「貴殿のご身代はまだ五万石には足りません。昔吉宗公がこう仰せられたことがござる。五万石未満の大名には、多年功労のあった場合には加増して取らせてもよいと。また、す

でに上様の仰せつけがあったのに、お受けしないのは礼を失しております。たとえ上様が間違って賜わるものであっても、お受けすべきでござる。なぜなら、正義をふんでこれを辞退するのは、自らをいさぎよくせんとして上様のあやまちを天下に知らせることになるからでござる。お受けになるがようござる」

と言ったので、意次は感激し、涙をこぼして、

「このご加増は貴殿のおかげでいただくのでござる」

といったとある。

こんな風であったので、意次も武元の生きている間はそれほど専横なことはなかったが、武元が安永八年七月に死ぬと、もう憚《はばか》るところがなく、専横をはじめたという。

彼の専横のその手はじめのこととして、続三王外記に二つの話がのせてある。

その一。

側衆水野忠友は、信州松本の城主であった水野一族である。水野本家は享保十年、当時の当主であった忠恒《ただつね》が殿中で突然発狂して、長府の毛利師就《もろなり》を刃傷したので、家断絶した。忠友はどうにかして大名として水野家を再興したいと考え、意次にとり入り、厚く贈賄したばかりでなく、意次の次男を養子にもらい受けて嗣子とし、忠能《ただよし》(重修諸家譜では忠徳)という名にした。そのおかげで、忠友は一万石の大名となり、若年寄に任ぜられ、ほどな

く沼津二万石の領主となることが出来た。

しかし、この話は松平武元の死ぬ前である。忠友が若年寄になったのは十一年前の明和五年であり、沼津城主になったのは二年前の安永六年である、意次のきげんをとりもしたのであろうが、元来才人ではあり、先祖の由緒もあることなり、この抜擢《ばってき》をするのを、武元は反対しなかったのであろう。

その二。

意次は孫の龍助のために遠州掛川侯太田資愛《すけちか》の女をめとることにした。この龍助は意明《おきあき》と名のるようになる人物だが、安永二年の生まれだから、この頃はやっと七つ八つだ。もちろん婚約だけのことである。このおかげで、資愛は天明元年に寺社奉行から若年寄に遷《うつ》った。

こんな調子で、拝めば必ずご利益のあらたかな神仏みたいなところがあったので、人々は競って賄賂をもちこみはじめた。

四

意次の収賄談は山とある。古往今来、日本ではこの人くらい賄賂に関係した話をたくさん持っている人物はないであろう。

諸書に散見するところを、多少の説明を加えつつ書いてみる。

意次が今の日本橋蠣殻《かきがら》町あたりの稲荷《とうかん》堀に下《しも》屋敷を営んだ。この下屋敷を営むについてのそもそもから賄賂話がからんでいるのだが、それは後《のち》に触れる。普請が出来上ったので、意次は検分に行った。川筋に近いところだから、池などまことによく出来ている。

「ああ見事に出来た。この池に鯉や鮒など入れたらおもしろかろう」

と言って登城し、帰りにまた寄ってみると、池には誰が持って来て入れたか、鯉だの鮒だのがおびただしくおよいでいたという。これは何にある話か知らないが、辻善之助博士の『田沼時代』に出ている。諸大名らが虎視眈々《こしたんたん》といった感じで、何を持って行けばごきげんにかのうかと、いつも様子をうかがっていたことがよくわかる話である。

甲子夜話《かっしやわ》の著者松浦静山《まつらせいざん》は、若い頃意次と面識もあり、その盛時も没落も見ているので、関心が深かったのであろう。田沼関係のことをずいぶん書きのこしている。

その一。

静山が二十ばかりの頃が、ちょうど田沼の老中として最も権勢のある時であった。静山もその頃は青雲の志を燃やしている頃であったので、しばしば田沼の屋敷へ行った。静山はいつも大勝手から訪問して意次に会ってもらったのであるが、その面会の座敷は、三十畳ほどのところであった。こういう対面の間では、他の老中のところでは、大抵訪問者らは障子などを背にして一列に居ならんでいるのだが、田沼屋敷では両側に居ならび、それでもあまるのでその中間にいく列もならび、それでもあまる場合はその下に横に居ならび、なおあまる時は座敷の外にいく人も居ならぶ有様であった。座敷の外にならんでいる連中には、田沼が出て来ても顔も見えないほどであった。

　この多勢の中に田沼が出て会うのであるが、他家では主人と客との間は余程距離があって鄭重《ていちょう》にあいさつもするのであるが、田沼邸ではあまり客が多すぎて、主人と先頭の客との間はほとんど距離がない。主客顔をつき合わせんばかりの有様であった。

「繁昌のあまりとはいえ、礼法もなにもないともいえた」

　と、静山は言っている。

　こういう訪問者は、どこの老中の家でも、次の間に佩刀《はいとう》をおいて座敷に通るのであるが、田沼家ではあまりにそれが多く、床に海波をえがいたようであった。

　ある時、静山は、田沼の公用人三浦某（荘司）に頼みたい用があったので、前もって約束をしておいて、田沼の面会日に行った時、取次をもって三浦に申し入れた。三浦は、

「すぐお目にかかりますが、拙者がそちらへ出ますと、他のお客方にとりかこまれてしまいますから、なにとぞそっと別室にお出で願いとうございます」

と答え、ひそかに密室に通して、会ってくれた。「陪臣の身として、われらをかく取扱ふこと、世にも稀なることとなるべし」と、静山はおどろきとにがにがしさをないまぜて書いている。

「自分は自分の行った大勝手のことしか知らないが、中勝手、親類勝手、表座敷なども、その景況は大体同じであったろう。当年の権勢がこれで思い知ることが出来るであろう」

とも書いている。

その二。

田沼の極盛期には、諸家の贈賄・進物は、皆それぞれに工夫を凝《こ》らした。この時代は中秋の観月がひどく盛んに行なわれたので、その頃になると、各家皆趣向をこらした島台、軽台を田沼に贈ったが、その中に最も秀逸であったものが二つある。

一つは、小さな竹籃《たけかご》に生きのよい大鱚《おおぎす》を七八尾、野菜をあしらって青柚子《ゆず》とともに入れ、その柚子に家彫《いえぼ》り（後藤家彫り）の萩薄《はぎすすき》を象眼した価数十両の柄をつけた小束《こづか》をぎゅっとさしたのであった。

一つは、いと大きな竹籠にシビの魚を二尾入れたのであった。

賄賂にあき、財宝に埋まっている意次の心を引くには、普通のことではいけないと、工夫に工夫を凝らした結果がこうなったのである。後者は無造作なところで気に入られようとしたのであり、一は芸術的な工夫によって心をとらえようとしたのである。この話は、芸術は豊富と余裕の中に生ずる遊びであるという例証になるかも知れない。

ともかくも、意次は大いに気に入った。

「この二つをばたぐひなしとて興になりたり（原文のママ）といふ」と、静山は書いている。

その三。

徳川太平記に、やはり中秋観月の時、西国の大名から田沼へ贈ったものは、方九尺ほどの石台の上に、小さな廬《いおり》をつくり、屋根は小判で葺き、窓、扉、板壁などみな金銀貨で飾り、廬外の庭には豆銀《まめぎん》で立石敷石をこしらえ、隅の方に青茅《あおがや》を数株植え、その下に銀の鎖で生きた猪の子（瓜坊という。瓜のように立縞があるからである）をつないであるものであった。すなわち山家の秋景色を箱庭のようにつくったのだ。

この西国の大名とは井伊家であったろうという。当時の井伊家の当主は直幸だ。彼はしきりに田沼に贈賄し、直幸が天明四年に大老職になれたのは、そのためであるといわれている。続三王外記には、

「直幸は数千金を意次に賄《おく》ってやっと大老となれたので、実権はまるでなく、実際は若寄程度しか政治にはあずからなかった。彼が意次と同行する時には決して肩をならべず、一足退って、意次のごきげんをはばかっていたので、時の人はひそかに笑っていた」とあ

る。

その四。

ある年の夏、意次が暑気あたりで数日臥床したが、その時ごきげん伺いに来たある大名の使者が、田沼家の家来に、近頃はなにがお気に召していますかとたずねた。

「さようさな。この数日はご病臥でござるので、岩石菖《いわせきしょう》を枕べに置いてごらんになっておられます」

と答えると、忽ちそれが世の中にひろまり、二三日の間に諸家から各種の岩石菖を大小となく持ちこまれた。田沼家では大きな座敷二つにすき間もなくならべ立て、とりあつかいにもこまったというのだ。（甲子夜話）

その五。

こんな工合に、彼のうちにはさかんに賄賂が持ちこまれたのだが、彼はなかなか賄賂をもらうのが好きであった。江都聞見集に、意次がいつもこう言っていたとある。

「金銀は人がいのちにもかえがたきほどに思っている宝である。その宝を贈ってご奉公のための役目をほしいと願うほどの者であれば、お上《かみ》に忠な志を持っていることは明らかである。忠心の厚薄は贈物の多少にあらわれるともいえる」

四代将軍家綱の時の大老酒井忠清は、やはり賄賂をもらうのが好きで、「わしをこんなに人々がうやもうて機嫌をとるのは、上様のご威光の反映だ。賄賂の多少はご威光のバロメーターになる」といったというが、ほぼ似た賄賂観といえよう。

また、意次はこうも言ったという。

「わしは毎日登城し、政務に心を労して、一日ものんびりとしたことがない。ただお城から退出して屋敷に帰って来て、長廊下に諸家の音物《いんもつ》がおびただしくならんでいるのを見る時だけは、心が慰む」

意次ほどの才人が、いくら心おごりしていたにしても、たとえ考えたにしても、こんなことを人に言おうとは思われない。筆者が心事を推察して書いたのであろう。

賄賂の流行は、もちろんこの時代にはじまったものではない。四代家綱の時、五代綱吉の時も、ずいぶん盛行している。それが八代吉宗の綱紀粛正によって大いに少なくなったのであるが、九代家重の時代からまたはやりはじめ、十代家治のこの時代に至って頂点に達した。田沼が最も権要な地位にいながら、こんな風であったので、社会一般にわたって底止することの出来ない滔々たる勢いとなった。綱紀の弛緩について、田沼の責任はまぬかれようはない。

その六。

田沼の下僚である勘定奉行の松本伊豆守秀持、赤井越前守忠晶《ただあき》などという連中は、職掌がらからも、賄賂の誘惑が多いのであるが、社会一般の気風がこうなったので、盛んにもちこまれ、盛んにそれを受けた。これも甲子夜話にある話だが、ある時、京人形一箱として大きな箱を贈られたので、あけてみると京の歌妓を美服を着せて入れてあったという。松本が贈られたのか、赤井が贈られたのか、書き方があいまいだからわからないが、両人同時に勤めているのだから両人とも贈られたのかも知れない。

松本伊豆守は驕奢はなはだしく、夏は自分の居間から廊下、廊下の左右数室の小部屋にかけて一つづきの蚊帳をはり、室毎に妾を寝せ、自由に行って楽しめるようにしていたという。またその子の一人が癇症で雨の音を聞くのをきらったので、屋根に柵をかけ、大きな幕を張って雨の音が聞こえないようにしたともある。さかんに収賄でもしなければ出来る暮しではない。

その七。

意次に贈賄することによって出世の路のひらけた人のことは、いくつか上述したが、なおもう少しひろってみよう。

武蔵忍《おし》の阿部正允《まさすけ》はその家が代々老中となっているのに、自分は六十を越した年でありながらそれになれないので、大いにあせり、意次に数百金をおくり、安永八年四月、やっと老中になれたが、翌年十一月には病死した。正允のあとをついだのは弟で養子となっていた正敏であるが、これも当主となった時五十一であった。大いにあせって、意次に贈賄し、奏者番になれたが、さらに意次の機嫌をとって一段の出世を心掛けていた。阿部家の下屋敷が稲荷堀にあり、その隣りが田沼家の下屋敷であった。田沼はその別邸をひろげたいと思っていた。正敏はそれを知っていて、出来ることなら贈ってきげんをとり結びたかったが、法規上屋敷は贈ることが出来ない。つまり公儀から貸しあたえられているという立前《たてまえ》だから、自由な処分を許さないのである。すると、あつらえ向きにそのへんから火事が出て、阿部邸も田沼邸も焼けた。

「しめた」

とばかりに、阿部は田沼家の重臣らとしめし合わせておいて、邸地を公儀に返還した。からくりがついているから、その邸地は意次のものとなり、意次は思った通り邸地をひろげて造作することが出来た。その竣功の時のことだ、前に書いた池に鯉、鮒を寄進する者がやたらあったというのは。

このことで、正敏は間もなく従四位に昇り、また間もなく大坂城代に補せられた。

以上は続三王外記にあることだが、外記では年齢や年月がちがっているので、適当に正した。

外記はまたこんな話をのせている。この別邸が華麗をきわめて完成したので、将軍の寵

妾のお千尾の方を招待したいと思い、町奉行某に警備のことなどを相談すると、某は、

「さしつかえないと存じますが、同役の者と相談して改めてご返答申し上げます」

といい、同役の依田政次に話すと、政次は、

「拙者は真平でござる」

と答えた。それで招待は中止された。意次は大へん依田を怒ったので、依田は病気と称して辞職した云々。

この話は大体天明三、四年のことでないと辻褄が合わないが、依田和泉守政次が町奉行をやめたのは十四五年も前の明和六年八月のことだ。天明三、四年の頃に江戸町奉行であったのは、牧野大隅守成賢《なりかた》と曲淵《まがりぶち》甲斐守景漸《かげゆき》の二人である。曲淵は天明七年までつとめ、牧野が天明四年三月に罷《や》めているから、外記に依田とあるのは牧野のことであろう。

その八。

これも甲子夜話にある話だが、意次の威勢がこんなにものすごかったので、その家老や用人などの威勢もまたすさまじいものであった。上野の輪王寺宮《りんのうじ》の家司《けいし》の坂《ばん》大学という者から、静山が直《じか》に聞いたことだというが、坂がある時、財用のことで田沼家の家老の井上伊織を訪問したところ、取次の者が言う。

「主人は唯今出勤前で、灸治をいたしていますので、お会い出来かねます」

坂は、急ぎの用でござる、当方はかまいませぬから、おして目通り願いたいと言った。しからばお通り下さい、というので、座敷へ通ってみると、伊織は出勤前のこととて継上《つぎがみ》下《しも》を着て、物に腰かけ、三里に灸をすえさせている。二人の男が伊織の前にうずくまっている。一人が灸をすえ、一人が羽箒《はぼうき》をもって灸の灰をはらいおとしているのだ。よくよく見ると、灸をすえていたのは勘定奉行松本伊豆守であり、羽箒で灰をはらう役をしていたのは船手頭《がしら》の向井将監《しょうげん》であった。坂は仰天し、用談もそこそこに退出したというのである。

五

以上のことで、田沼の権勢がいかにすさまじかったかがわかっていただけたと思うが、彼がなぜこれほどの権勢を得たかといえば、それはかんたんだ。家治将軍の気に入りだったからだ。

職制上から言えば、老中より大老の方が上であることは言うまでもないが、最終的人事権は将軍にあるのだから、将軍に気に入られている意次が、

「お大老はこれこれでお役目上のあやまちがありました」

とか、

「お役目に適当したお人がらではないようでございます」

とか言って、お役ご免をすすめれば、井伊大老といえども、罷免をまぬかれることは出来ない。絶対専制君主というのが立前なのだから、その君主の心をしっかりとつかんでいる者が途方もない権力を持つようになることは当然のことである。

意次がその寵をかためるために、いかに手をつくしたかは上述した通りだ。自分の妾を使って将軍の第一の寵姫お千尾の方にとり入ったばかりでなく、大奥全体の女中や婢女《はしため》にまで土産を持参してきげんをとったのだが、将軍に近侍するさむらい共も自派のものを任じたり、あるいは籠絡して自派にしたのである。

彼はまた将軍の耳目を蔽うて、将軍に批判力が生じないようにしたという話がある。甲子夜話に、ご典医栗本瑞見の祖父は、吉宗将軍の頃から奥医者をつとめ、家治の時代にもそうだったが、吉宗のことを直接知っているので、家治がくつろいでいる時、たずねられるままに、吉宗のことを話した。家治は大変よろこんで、

「祖父君のことはわしも幼心に覚え申しているし、人から聞いたこともいろいろとあるが、そなたの話にははじめて聞くことが多くて、大へん面白かった。ためになることも多いようである。これからも時々聞かせてくれるように」

と、ほめた。それを将軍近侍の意次派の一人であろう、意次に知らせた。意次は、翌日早速、栗本に合って、したたかに叱りつけ、

「以後決して余計なことを申し上げてはならん」

と申し渡したばかりか、家治の左右のものに手をまわし、栗本を召さないようにしたとある。

続三王外記には、少府郎《しょうふろう》（お小納戸）山村七郎右衛門良旺《たかあきら》の話をのせている。山村は読書が好きであったが、ある時、家治に、

「三河後風土記《ごふどき》という書物がございます。神君ご創業の次第をくわしく書いたものでございますが、お上はごらん遊ばしたことがございましょうか」

と聞いた。家治は、

「読んだことはない。しかし、知りたいな」

と答えた。

そこで、山村は時々三河後風土記をふところに入れてたずさえて来ては、家治に読んで聞かせた。家治は礼服をつけ、顔色を正し、膝に手をおいて傾聴し、

「こんなりっぱな書物があろうとは、わしは知らなんだ」

と、いつも感嘆した。

例によって意次に告げ口する者があった。意次は早速山村を目付に転勤させ、将軍の前に出られないようにしてしまったというのである。

こんな風にして、意次は一切世間のことは将軍の耳に入らないようにし、家治が絵が好きであったので、絵師の狩野《かのう》栄川とその子供らをつけ、絵ばかりかいているようにした。この時代は天災地変こもごも至る上に、一揆が農村にも都会にも、しかも江戸の町にまで起こったのであったが、将軍はほとんどこれを知らず、世は太平無事と思いこんでいた。

一体、家治という人は、祖父の吉宗に似て、英邁な素質のあった人だ。五つ六つの時、吉宗の前で書きぞめをして、龍という字を草書で紙一ぱいに書いたところ、最後の点を打つ余地がなくなった。

吉宗は孫どのどうするじゃろうと見ていると、家治はいとも無造作に紙外の畳の上にしたたかに筆をおろし、勢いよくはねた。その濶達さに、吉宗は、

「げに天下を知ろし給ふべき若君なり」

と、殊《こと》の外《ほか》によろこんだと、甲子夜話にある。

長じてからの話でも、ある時江戸城近くに火事がおこった時、意次の城へ駆けつけるのが遅かったので、近臣をして、

「どうして遅かったのじゃ」

とたずねさせると、意次は、

「拙者屋敷の近所でございますので、いろいろと防火のさしずをいたしておりましたので」

と答えた。家治は近臣に、

「そんならば、おれの城が大事か、そなたの屋敷が大事かと聞いてみよ」

と言った。意次は答えにくるしみ、満身汗にひたった。この類のことがよくあったと、徳川実紀は記述している。

明君の資質はあっても、見ざる聞かざるの境地におかれては、暗君と同じになってしもう。家治は意次によって暗君につくり上げられたといえるであろう。

六

以上のように絶大の権勢をもち、以上のように将軍を薬籠中のものとして、意次は政治的にはどんなことをしたか。

一体江戸時代には、幕府でも、諸藩でも、微賤から成上って大出世をし、権勢を振うようになる人物は、十中八九人までは財政的手腕のある者である。収入が大体かぎられているのに支出は年を追うて増大する幕府や諸大名にとって、この手腕は最も珍重すべきものであったことは言うまでもないから、これは当然のことだ。この時代出世しようと思ったら、武芸にはげんだり、普通の学問などいくらやったって、大体知れている。金をつくる術を研究した方が効果的だったのだ。

意次の父意行《もとゆき》にもその才能があったらしいことは述べたが、意次にはたしかにそれがあったようである。彼の目ざましい出世は、単に将軍のきげんとりが上手であっただけではあるまい。

この時代、貨幣の改鋳を行なっている。貨幣改鋳は元禄以来幕府の財政立直しの常套手段で、金銀貨の質を悪くして、そのかすりをとるという方法だ。この時代は五匁銀という銀貨をつくり、これ十二個で金一両ということにしたが、後には南鐐二朱判という銀貨をつくり出し、これが八個で金一両ということにした。銀の質が悪いので、実際には金百両は二朱判百両と銀二十四五匁という交換になったという。この時代は金貨にたいしても銀貨にたいしても、人々は地金としての観念が離れないから、今日の紙幣のように国家の信用だけで行なわれはしない。また、四文にあたる真鍮《しんちゅう》銭をつくり出している。これもまた人民からきらわれた。いずれも物価騰貴の原因になったことは言うまでもない。

しかし、これには田沼は責任はない。いずれも彼が老中格となる以前のことである。

田沼が老中格となったのは明和六年、老中となったのは安永元年であるが、安永八年に松平武元が死ぬまでは、武元が老中首席で首相だから、一応はぶくことにする。武元の死後は、田沼より先任の老中がいく人もいたし、先任老中が首相として政務をとるのがきまりになっていたのだが、実際には田沼が首相的立場に立った。続三王外記に、「王（家治）、政事を以て意次に委《ゆだ》ね、百僚皆意次に敬事《けいじ》す。事大小となく意次に因《よ》つて曰《もう》して決す。時に高崎侯輝高（松平）、館林侯為政（これは誤りであろう。この時代の館林侯は松平武元の子武寛だが、この人は後年にも老中にはなっていない）、浜田侯康福《やすとみ》（松平）、次相となつて皆位に充《あ》つるのみ」とある。

こんな風だから、この時から幕府のとった政策は、一切田沼の政策と見るべきである。

その一、土地の開墾。

印旛《いんば》沼、手賀沼の干拓である。田沼はこれに大いに力を入れて、天明六年の春から夏にかけては、相当に進んでいたのであるが、その年の六月中旬、関東地方に大豪雨が降り、諸所の岡など崩れるもの数カ所、利根川には水が漲《みなぎ》り、堤防の切れるもの数十カ所、水は江戸を襲って新大橋、永代橋なども流れ、溺死者無数というほどの惨害であったが、印旛沼や手賀沼の干拓もこれですっかり無駄になった。

その二、政府の専売事業。

銅、鉄、真鍮《しんちゅう》、朱《しゅ》、人参《にんじん》、竜脳《りゅうのう》、明礬《みょうばん》、石灰、硫黄《いおう》、燈油等のものは、その座や会所を通じてでなければ、一切売買を禁止した。売買の実績をつきとめて、運上《うんじょう》金をとり、幕府の収入をふやすところに主たる目的はあったのであろうが、座や会所に関係している特定の人だけが利得するのだから、田沼とその一味にうんと贈賄されたことは疑いなかろう。庶民の迷惑はいうまでもない。たとえば油菜を栽培し、搾油《さくゆ》をやって燈油を製造する地方でも、ちょいと近所の所望に応じて分売するというわけに行かないのだ。政府専売による人民の不自由さは、この戦時中うんとそれを経験して来た現代日本人には骨身に徹してわかっている。

その三、種々の運上(営業税)の収納を盛んにしたこと。

酒、醬油、酢等の製造者から冥加金《みょうがきん》をとり、水車の営業、搾油業からも運上を収め、商人には株式を定め、江戸に十組の組合をおき、大坂に二十四組おき、各組から毎年百両ずつ取り立てた。質屋にも組合をつくらせ、これからも冥加金を徴収する。飛脚《ひきゃく》問屋ももちろんだ。回漕問屋も然り。関東の川々から江戸へ運漕して来る舟からも取ろうとしたが、これは百姓らが、われわれは年々田租を収めているから舟からも取ろうというのはひどかろうと言い立て、一揆もおこしかねまじき風であったから、これは中止になった。かくし売女屋からもとり立てたので、奴隷業者共は自分らの職業も正業と信ずるようになったという。倫常の大変である。

この運上のことでおこった事件でおもしろいのは、絹騒動事件だ。天明元年に、武州と上州の絹糸と棉の売買のために、幕府は四十七カ所の市場に十カ所の役所をおき、その役所で絹糸と棉の質と量をとり調べ、値段をきめ、絹一匹につき銀二分五厘、糸百匁で銀五分ずつを買手から徴収することにした。

毎年八月五日が初市《はついち》なので、武州、上州の百姓らは、それぞれの製品を持ってそれぞれの市場に集まったが、さっぱり買手が来ない。江戸の呉服屋らが——たとえば越後屋（今の三越の前身）だけでも、幕府の定めた物品税を納めるとすれば、千五百両ほどもとられることになるので、ばかばかしい、今年は仕入れんでも、買いおいたものがあるからというので、行かなかったのである。

それで上州五十三カ村の百姓や機業者らが一揆をおこし、三千余の人数となって、高崎城におしかけた。高崎城は当時の老中松平輝高の居城だ。続三王外記によると、輝高がこの絹物品税のことを担当していたというのだ。城中ではあわてふためき、弓、鉄砲など放ったために、百姓数人が負傷した。百姓らの代表者が六人立って、城中に叫んだ。

「わたくし共百姓は、お願いのために罷《まか》り上ったもので、ごらんの通りこの数千人の中に一人として刀一本さしているものはございません。その上、全部がご領地の百姓共でございます。それに飛道具をもって向われるのは、ご粗忽《そこつ》のように存じます。早々お引き取り下さるようお願いいたします。もしご承引なくば、一命を捨ててもおしかかりますぞ」

城の方でも反省して、六人を城中に入れたが、すぐ縛《しば》って江戸へ廻した。

すると百姓らはまたいきり立った。

「わたくし共の総代六人を江戸にお廻しになっては、わたくし共は一人として生きているわけにはまいりません」

と言いつのった。

押問答の末、六人を関東ご郡代の伊奈様へお引き渡し下さるなら、わたくし共も納得いたしますというので、そうすることにして、一応事件はおさまったが、この絹・糸物品税は中止になった。

前の船税の時もそうだったが、この時代にはやたら一揆強訴《ごうそ》がおこるのである。幕府や諸藩が経費不足にまかせてやたら搾取しようとするので、苦しみきわまっての反抗もあろうが、一つには太平が長くつづき、文化がいつの間にか浸潤し、人権的なものに目ざめて来たからでもあろう。

その四、貸金会所の設立。

天明六年六月、幕府は諸国の公領（幕府領）、私領（諸藩領）の百姓から、田地百石について銀二十五匁、寺社や山伏からは一軒から金十五両、都市の町人からは間口一間についで地主から銀三匁ずつを、五年の間に出させる。これは幕府が借りたことにするのだ。かくして集まった金を諸大名に七パーセントの利をもって貸しつける。借りた大名は抵当として大坂表通用の米切手ならびに領内で相当する村高《むらだか》を証文に書入れることにするという方法であった。

もちろん、出金した者（百姓、町人、寺社、山伏）には利子を支払うのだ。一見、借入先きにこまっている大名らにも、出資者側にも、大へんよい方法のようであったが、大名は借金を踏みたおすものにきまっているのだ。人々は不平満々でいたところ、間もなく田沼が没落したので、実現には至らなかった。

これは辻善之助博士の『田沼時代』からひろって略述したのであるが、ざっと以上の通りである。全部失敗したと言えよう。下民の不平不満思うべきものがある。

国書刊行会本の『列侯深秘録』は、三田村鳶魚氏の校訂になるものだが、氏はその巻頭において、「田沼主殿頭殿へ被《さるる》㆓仰《せ》渡㆒書」一巻の解題中、田沼は蝦夷（北海道）に江戸の非人頭《がしら》弾左衛門に全国から七万の非人を集めてひきいさせて移住させ、これを開発しようとしているが、これは実はロシアとの密貿易を意図していたようであると言っている。

実際、田沼には鎖国的習気は全然なかったようである。当時のオランダ・カピタンのチチングは、田沼は開国思想を抱いていたと書いている由である(徳富蘇峰著、近世日本国民史)。平賀源内を可愛がっており、工藤平助を可愛がっている。工藤は仙台藩の医者で、当時のロシア研究家で、開国思想を抱いている人であった。田沼の北海道開発計画はそのそもそものアイデアは平助から出ているのである。

田沼が当時としては出色に気宇宏達《こうたつ》であったことは認むべきであろう。

田沼の評判が悪かったのは、収賄、政治の失敗もあるが、彼の執政中に天変地異しきりに至ったからでもある。天明三年七月八日に浅間山が大爆発して、災害のおよぶところ四十里、死亡する者三万五千余人、災害地は四五年の間は耕作出来なかったという。この年にはまた諸国飢饉で、奥羽地方がとくにひどく、餓死体が山野道路に充満して目もあてられず、飢えにたえずして人肉を食った話も伝わっている。翌天明四年はまた飢饉であった上に、流行病が行なわれ、死者無数であったという。翌々天明六年には前に述べた大洪水があった。これらの間に、江戸はしょっ中大火事があった。これら苦しみによる不平は、皆執政者に向けられるのだ。田沼の評判は下々には実に悪かった。

こうした怒りの向け方が正しくないことは言うまでもないが、政治の善悪や上に立つものの徳の如何が、気象現象や自然現象にまで影響をおよぼすという中国古代の思想が信仰されている時代だから、当時としては最も自然なことである。

七

田沼衰運の第一歩は、家系にたいする劣性コンプレックスからおこった。

天明四年三月二十四日、いつもの時刻に閣老が退出し、引きつづいて若年寄ら四人が退出した。この中に意次の長男山城守意知《おきとも》がいた。意知は前年の十一月に若年寄になったのだ。

若年寄らが中の間《ま》の中ほどまで来た時、衝立《ついたて》の陰からつとあらわれた武士が、

「山城守様、山城守様、お願いでござる」

と叫びながら追いかけた。

意知がふりかえると、早くも目前にせまったその武士は、

「佐野善左衛門でござる。覚えがござろう。覚えがござろう……覚えがござろう！」

と三度声をかけるや、脇差をぬいて、肩先に斬りつけた。

おどろいたのは、意知と同行していた三人だ。パッと皆逃げ散った。中にも米倉丹後守は奥へ逃げこんで、戸をしめた。あとで米倉は自分はその場までは行っていず、土圭《とけい》（時計）の間にいたのだが、刃傷《にんじょう》がおこったと知って、奥の上様の用心のために中の間の戸

を閉め切ったと弁解しているが、不審に思われて詰問されている。要するに恐ろしかったのである。他の二人も詰問されている。

意知は肩を斬られながら桔梗《ききょう》の間の方へ逃げた。佐野は追いかけ、畳みかけて斬りつけた。意知はいたし方なく鞘ながら脇差を脱して受けとめたが、いく太刀も斬られてたおれた。

この時、大目付松平対馬守《つしまのかみ》が駆けつけて来た。「希年《きねん》の老人ながら」とあるから七十の老人だが、肝のすわった人で、佐野を組みとめた。そこへ目付の柳生主膳正《しゅぜんのしょう》が来て、佐野の刀をもぎとった。

このさわぎに、中の間に居合わせた役人ら――町奉行一人、勘定奉行二人、作事奉行一、普請奉行一、小普請奉行一、小普請支配一、新番頭一、本丸留守番一、全部で九人も居合わせたのに、誰一人として押えようとするものがなく、松平対馬守が組止めたと見るや、ドッとおり重なって来たというのだから、益々見苦しい。

意知は医者が手当をしてから、乗物で神田橋内の田沼屋敷へ送りつけたが、中一日おいて二十六日に死んでしまった。三田村鳶魚氏は『佐野善左衛門』の中で、幕府の医者が恐怖して手当が出来ず、出血多量であった上に、屋敷に帰ってみるとこれまた医者らは意次の供をして他家にお能見物に出かけていて一人も居らず、手当が出来ないために出血とまらず、ついに死んだのである、佐野が負わせた傷はいずれも大したことはないと、考証している。意知は三十六であった。

佐野は四月三日、自殺を命ぜられた。二十八歳であった。

以上は色々な書に色々に出ているが、ここでは翁草によって記述した。

この喧嘩の原因については、同書にこうある。佐野は今でこそ新御番四百石の小旗本に過ぎないが、元来は佐野の正系である。すなわち田沼の主人筋だ。もし田沼家の言うところに従うなら、本家だ。

何せ、草角力の大関田沼山の子孫である田沼家に正しい系図のあろうはずはない。系図作者かお抱えの儒者かなんぞに言いふくめてこしらえさせたのだろうが、自分だって信じていないのだから、他人が信じようとは思われない。

「佐野家の系図がほしいな。これは田原ノ藤太秀郷以来の名家じゃ。大昔からの系図があるにちがいない。一つ巻き上げてやろうか」

と考えたのが、山城守意知だ。おやじの意次は微賤から実力でたたき上げた人物だけに、力の信者で、家系なんぞ軽蔑していたかも知れないが、意知の方はそうは行かない。若年寄になれたのも親の七光りのおかげだ。曽祖父の代までは紀州家の鉄砲足軽だったというのが悲しかったに違いない。

意知の知っている旗本で、佐野亀五郎という人物がいた。お小納戸をつとめていた。ある時、意知はこれに向って、

「わしの家は佐野の分れである故、貴殿の家とは一族になるわけである。一度ご系図を借覧して、拙者の家に伝える系図とつき合わせて見たいと存ずる。大切なものであるが、拝借出来まいか」

と申し込んだ。亀五郎は、

「いと易いことではありますが、拙者の家は分家でござるので、略系図しかござらぬ。本系図は本家たる善左衛門方にあります」

と言った。

「さらば、貴殿から善左衛門殿に貸しいただけるよう頼んでいただきたい」

「かしこまりました」

亀五郎は早速善左衛門にこの話をする。飛ぶ鳥おとす勢いの田沼家の頼みだ。善左衛門は系図を亀五郎に渡した。亀五郎は意知に渡す。

ところが、意知はこれをいつまで立っても返さない。

善左衛門は亀五郎に催促する。亀五郎はもちろん意知に催促するが、意知ははかばかしい返事もしない。

ついに善左衛門は自ら田沼家へ出向いて意知に面会を申し込んだが、ろくにとりついでもくれない。善左衛門は腹を立てながらもせっせと行った。現代人の考えからすると、系図なんぞにこうまでこだわることはないという気がするが、血統だの家格だのを最も大事にした時代だから、当時の人としてはやはり大変なことなのだ。血統を重んじない世襲制度なんてありはしないのだから、馬鹿にしてはいけない。

ところが、ある日、善左衛門は自分の番頭《ばんがしら》である蜷川《になかわ》相模守から宅に呼ばれた。何用ならんと行ってみると、蜷川は、

「今日増上寺ご仏参のお供をしてまいったところ、田沼山城守殿から、『貴殿の組下の佐野善左衛門は短慮で粗忽な人がらと見える故、自今われらが屋敷へは立入り無用である。この段達してもらいたい』といわれたが、一体どんなことがあったのでござる」

と聞いた。善左衛門はわけを話した。蜷川は同情しながらも、

「日頃行かぬところへそのことだけで押して参らるるは粗忽といわれんこともない。気を長く持って、あちらから返さるるまでお待ちあるがよい」

と忠告した。

善左衛門はことばなく立ち帰ったが、考えてみれば残念でならない。たとえこちらが粗忽であるにもせよ、こちらに直接に言うならまだしものこと、番頭へ言うとは何事！　す

べて組支配へ組下の者のことを言うのは公けのことである、大切な系図を横領しながら、かような恥辱をあたえ人を傷つけるとは何事！　と、大いに意知に遺恨をふくんだ。

さらにその後、将軍が松戸へんへ狩に行った時、善左衛門はお供して、鳥を射とめた。三田村氏によると、鶴一羽、雁二羽射とめたという。鶴を射た者には時服三領、黄金五枚、雁を射た者には時服一領、白銀一枚の賞賜があるのが恒例であるのに、何のご沙汰もない。

よく聞き合わせてみると、意知があれは善左衛門の手柄ではない、誰がしの手柄であると言上して、人がその賞賜を受けてしまっていることがわかった。善左衛門の遺恨はつのる一方であった。

このほか書置にはなお五カ条あったというが、乱心の刃傷という裁きにして、書類は皆焼捨てたという。

こんなわけで、善左衛門が意知を斬ったのは純然たる私怨だったのであるが、世間は狂せんばかりによろこんだ。ちょうどその時、これまで暴騰していた米価が下りはじめたので、庶民のよろこびは一層のものとなり、善左衛門のことを「世直し大明神」とまで言った。

彼が意知を斬った脇差は二尺一寸粟田口一竿子忠綱の作であったが、この直後忠綱の刀が大へん高くなったという。人気というものはおかしなものである。

善左衛門は浅草の徳本寺に葬られたが、参詣者がものすごく多く、あまり多いので、なかには到底墓前までは行けないと、外から拝んで帰る者も多かった。人々は帰りには本堂へ参詣して賽銭を上げるので、それが毎日十四五貫文ほどにも上ったという。寺の門前には蓆《むしろ》をしいて花や線香を売る店が三つも出来た。

また門を入ると四斗樽に水を入れて手水《ちょうず》の用に供して銭をもうける者がいた。墓に立てた花は林のようであり、線香の煙は濛々とあたりを煙らし、その中に「世直大明神」と書いた幟《のぼり》が数十本も立てられ、あたかも開帳場のような情景であった。あまり繁昌するので、寺では恐ろしくなって、

「佐野善左衛門殿はお咎《とが》めをこうむって切腹された方でござるに、かように参詣人があってよいものでございましょうか」

と、寺社奉行に伺いを立てたところ、奉行はかわるがわる同心を出して徳本寺に詰めさせ、

「当寺墓所に縁なき者は参詣いたすまじ。これは寺社奉行様よりの仰せつけである」

と建札を立てたが、夜ひそかに参詣する者がたえず、また門外から賽銭を投げる者が多く、夕立のようであったと、『田沼時代』にある。

これと反対は田沼意知の葬式である。これは四月十二日にあったのだが、暮六つ半（七

時頃）、葬列が神田橋内の屋敷を出て、駒込の勝林寺に向い、三河町一丁目のあたりにさしかかると、乞食が七八人出て来て、何か下されとねだってなかなかしつこい。何にもやらないで突っぱねていると、乞食らは腹を立て、石を投げはじめた。乞食は行く道筋の到るところに多数いて、悪口しつつ石をなげつける。その中には普通の人もまじっている。石は降るようだ。やっとのことで、勝林寺へたどりつくことが出来たという。これも『田沼時代』に出ている。五万七千石の大名、しかも老中をつとめている人の家の葬儀がこんなことになったのだ。あるまじきことだ。いかに田沼家が庶民ににくまれていたか、よくわかるのである。

当時の江戸人だ。うんと洒落《しゃれ》のめした落首が出来たことは言うまでもない。オランダ・カピタン、チチングがローマ字で記録している落首が『田沼時代』に収めてある。

斬られたはばか年寄と聞くとはや山もお城もさわぐ新番
山城の白のお小袖血に染みて赤年寄と人はいふなる
東路《あづまじ》の佐野の渡りに水まして田沼の切れて落つる山城
鉢植ゑて梅が桜と咲く花を誰たきつけて佐野に斬らせた
斬られたはばか年寄といふべきに佐野善左衛門これが天命（明）

諸大名むしやうに憎む七つ星（田沼家の紋）今しくじれば下の仕合せ

ざっとこんな工合だ。同情したり傷《いた》んだりしているのは一首もない。

八

意次は息子が殺されてから満一年五カ月も老中をつとめて、なお権勢の座にいるが、その衰微はごく急激に来た。

天明六年八月十五日、家治将軍は病気になった。翁草によると、はじめ奥医師の橘隆庵が診察投薬していたが、意次は檜物《ひもの》町川岸の町医者若林敬順とやはり町医者の日向東（陶）庵とを推薦して奥医師とし、治療にあたるよう命じた。東庵は恐れ多いとて辞退したが、敬順は憚《はばか》りなく診察投薬した。

元来この若林敬順という医者は非道な高利貸として先年処刑された烏山《からすやま》検校の手代で蔵米敬蔵といっていた者だが、いつか医者になって、意次にとり入り、この度その推挙で蔵米二百俵をとる奥医師に召出されたのである。

家治の病気は重くなるばかりであったので、大奥の老女らは、

「田沼殿の推挙で、名もない町医者を奥お医者とし、ご療治を仰せつけられたのですが、こんなことは先例のないことです。それでも田沼殿のなさること故、卒爾《そつじ》はあるまいと思うていましたが、こう重《おも》らせ給うこと、言語道断ではありませんか」

と、しきりに相談していたが、ついに奥医師らを呼んで、敬順の処方した薬を見せると、奥医師らは、自分らが袖にされているのを面白からず思っていたのだから、それもあって、

「や！ このお薬は十棗《そう》湯とて、激しい薬方でござる。上《うえ》つ方の召上るべき薬ではござらぬ！」

と、大げさに言い立てた。

大奥の女中らは口々に、

「田沼殿はお上へ毒薬を差し上げなさった」

とさわぎ立てたが、間もなく、九月八日、家治は死んだ。

一時は毒殺とさわがれて、家治の死を聞いて急出仕した意次が追い返されたほどであったという。

その以前、八月二十七日に、意次は病気という名目で老中を免職になり、またこの日、若林敬順も日向東庵も免職になった。

この時のことだろう。甲子夜話にこんな話が出ている。にわかに丸の内の役宅を引き払

わなければならなくなったが、にわかなことではあり、数多い家具とて一方ならぬさわぎであった。

諸道具は多数の車にのせ、夜になって蠣殻町（稲荷堀）の下屋敷に運んだのであるが、その中に宰領として立ち働いている一人の男は、意次が小身からやや出世しはじめた頃に召抱えた者であったが、才幹もあるので、気に入って召使っていたのだが、途中から一車分財宝をぬすんで逃げ出してしまった。折も折とて田沼家では表沙汰には出来ず、泣寝入りするよりほかはなかったという。

続三王外記によると、意次はどうにかして再び権勢の座に這い上ろうと計をめぐらした。家治のあとに立って十一代の将軍となった家斉は一橋家の生まれであるが、家斉がまだ一橋家にいる頃、家斉を傅育《ふいく》した大崎という老女がいた。家斉が江戸城に入る時ついて来て、大奥の年寄となっていた。意次はこれを籠絡して家斉にとりなしてもらおうとし、お得意の賄賂をおくり、なお大奥中に財宝を散じた。

大崎は意次のためにおりにふれては家斉に説いた。家斉の意は相当動いたが、これが意次の策動であることがばれると、大いに怒り、閏十月五日、厳命を下した。

「五万七千石の領地のうち、河内・和泉・三河・遠州における二万石を公収する。なお、本邸と大坂の蔵屋敷は返還せよ。出仕をとどめる」

遠州の領地は没収されるのだから、相良城《さがら》も召上げられて破却された。この時のことを松浦静山はまた書いている。静山が老年になってから隠居所で使っている近臣の家に遠州生まれの老婆が下女として奉公しているが、その下女が近臣に語ったという。

「相良のお城がこわされた時は、わたしゃまだ若うございましたが、大勢の人が集まって、何もかも微塵《みじん》にくだいて捨てて、あとかたものうなりましたわな。三浦様という田沼様のご家老が相良を立ちのかれる時、しばらくわたしの家に世を忍んでおられましたが、離散の足軽どもが聞きつけて押しかけて来、やれ百両もらいたいの、五十両下されのと、きついねだりようでございましての、三浦様はそれをおこりもせず、気長うなだめて、二両三両ずつやって、そーっと江戸の方にお立ちでござりましたわの」

平戸侯松浦静山を驚倒嘆息させたほどに威勢のよかった三浦が、こうなったのである。

翌七年十月二日には、また一層の酷烈な命令が下った。

「在職中不正のはからいのあったことが追々に上様のお耳に達し、ことの外よろしくないことと思召《おぼしめ》される。よって三万七千石をのこらず公収する。その方儀は別荘に蟄居し、慎しみいるべし。なお嫡孫龍助に、陸奥と越後において新知一万石を下さる」

というのだ。

翌八年七月二十四日、死んだ。七十であった。

幕府の田沼家にたいする処罰はまだつづいた。意次の死んだ年の冬、川ざらえを命じ、金で代納させた。その年中に五万両、来年中に一万両納めよというのだ。どこの川ということは言わないのだから、つまりはその名目で金をとり上げたのだ。これも甲子夜話に書いてある。静山は当時在国中だったので、平戸から江戸の留守居役に詳細を問い合わせたのである。当時の六万両は大へんな金だ。田沼がたくしこんだ金銀はこれではたきつくされたろう。

田沼は政治家としては、当時の日本人にはめずらしく気宇も大きいし、手腕もあった人のようだが、精神面において最も大きな欠陥がある。つまり小才子の雄なるものだ。無闇に賄賂を貪《むさぼ》り、世の中を混濁させたのもそのためだ。

大悪人ではなかろうが、結果的には大悪人とひとしいことをしたといえるであろう。人それぞれの好悪があろうが、こんな不潔な人間は、ぼくはきらいだ。

解　説

ペリー荻野

ＮＨＫ大河ドラマは、歴史と人に出会える番組である。主役だけでなく、脇役にもこんな面白い人物がいたのかと発見できるのも、大きな楽しみだ。

本書の著者・海音寺潮五郎原作の大河ドラマは、二〇二五年の時点で、一九六九年の「天と地と」、七六年の「風と雲と虹と」が放送されている。「天と地と」では、主人公・上杉謙信（石坂浩二）とともに宿命のライバル武田信玄（高橋幸治）は風格があって人気を集めたし、「風と雲と虹と」では、平将門（加藤剛）と呼応するように海上で乱を起こした藤原純友（緒形拳）の快男児ぶりも評判だった。

その海音寺氏による「悪人列伝」は、実に軽快で愉快だ。悪人といえば、どんよりと暗い空間で怨念を募らせているようなイメージだが、結構、あっけらかんとしている人物が多い。

では、本書の登場人物ひとりずつが、大河ドラマでどう描かれたかをみていこう。

第一章の「藤原兼家」が登場したのは、二〇二四年の大河ドラマ「光る君へ」であった。

権勢欲が強い兼家がしてのけた事件といえば、花山天皇を深夜密かに出家させた一件。ドラマではこんな風に描かれた。

寛和二年(九八六)六月。

兼家(段田安則)は道隆、道綱、道兼、道長、息子たちを集め、打ち合わせをする。「このことが頓挫すれば、わが一族は滅びる」という兼家の言葉に兄弟たちは結束する。決行の夜。暗闇の中、道兼は帝を急かせながら、夜道を進む。丑の一刻、牛車が大内裏の門を出た。元慶寺の本堂に着くと、花山天皇は剃髪し出家。だが、道兼は剃髪せず、「裏切り者」という花山の罵り声を背に、そのまま去っていく。

「悪人列伝」では、兼家の生涯について「権力闘争以外には何も目ぼしいことはない」ときっぱり言い切られている。清々しいほどだ。しかし、「その手段が悪辣陰険をきわめているので、おもしろいのであり、悪人列伝の中に入れて伝する」ともある。確かに帝を騙して出家させ、自分の権力拡大を目指すとは前代未聞だが、それでよい政治を志したとか、国を明るくしたという実績が出てこない。そこは確かに面白い。

第二章の「北条政子」は、一九七九年の「草燃える」(演じたのは岩下志麻)、二〇〇五年「義経」(財前直見)、一二年「平清盛」(杏)、二二年「鎌倉殿の13人」(小池栄子)に登場した。「悪人列伝」の中で頼朝は「政子があまりに嫉妬深かったから、箸豆になったのかも知れない」と書かれているように、その「嫉妬深さ」は、よく知られている。「鎌倉殿の13人」では、「私なりに佐殿《すけどの》をお支えしとうございます」と宣言した政子が、意を決して頼朝（大泉洋）の前妻・八重（新垣結衣）に会いに行く。女のバトル一回戦。やがて頼朝と結婚した政子は、女好きの夫の行動に目を光らせ、亀（江口のりこ）という愛妾がいることを知ると激怒。その屋敷を破壊させたというのである。怒鳴りこむとか別れさせるというのではなく、破壊。その悋気が歴史に残るだけはある。

しかし、その後の政子は、夫を亡くし、息子を失い、実父を伊豆へと放逐することになる。波乱続きの最中、後鳥羽上皇が挙兵、承久の乱まで起きる。その際、六十五歳の政子が、御家人たちを前に熱弁をふるい、ひとつにまとめあげたのは有名な話だ。本書では「政子は悪人ではない」と明言されている。なのになぜ「悪人伝」に数えられているのか。海音寺流の解釈には、説得力がある。

政子の没後、約八十年後に誕生したのが、第三章の「北条高時」だ。

高時といえば、第十四代執権となりながら、政務を行わず、流行の田楽や闘犬にうつつを抜かして、ついには鎌倉幕府を崩壊させ、自身も非業の死をとげることになる。典型的なダメリーダーのように言われている。実際、その通りなのだが、本書では、その背景に御家人の貧困問題や、蒙古問題があったと説く。経済と外交が国の存亡にかかわるのはいつの世も同じだが、肝心の為政者が「心ばえなどいかにぞや現なくて」とか「ほとんど妄気の体にて」という状況では、なんともならない。

真田広之が足利尊氏を演じた大河ドラマ「太平記」(一九九一年)で、高時を演じたのは、片岡鶴太郎。この高時は、単純な阿呆ではなかった。

金沢貞顕(児玉清)から、小手指原で新田義貞軍に敗れたと聞かされた高時は、「わしは戦は嫌いでございます」「政にも疲れた」などと自嘲気味に言いながら、鼓をころころ転がす。他人事のような態度だ。母・覚海尼(沢たまき)だけがキーキーと怒っている。そこに一度は高時から離れた尊氏の義兄・赤橋守時(勝野洋)が駆け付け、味方すると宣言。怪しむ者もいたが、高時は守時の気持ちは本物だと見抜き、彼が命を捨てる覚悟で別れを告げにきたのだとつぶやく。高時は現状を冷静に見ているのだ。

「北条氏をほろぼしたのは高時の暗愚ではない。時勢であり、長い歴史の必然の結果であるといえよう」。海音寺氏のこのひとことで、八百余人もの郎党とともに自殺して果てた高時も、浮かばれたのではないか。

第四章の「日野富子」もまた、歴史に残る悪女ともいわれる人物である。十六歳で足利義政に嫁ぎ、二十歳で産んだ男の子が早世すると、義政の愛妾・お今ののろいだとうわさがたつ。義政がお今を琵琶湖の小島に流すと、富子は人をつかわして、殺させたという。

凶作や天災で餓死者や疫病での死者が累々と出る中、贅沢な物見遊山を続けた夫妻は、後継者を養子の義視にするか、富子が産んだ義尚にするかで割れ、それが応仁の乱へとつながっていく。

大河ドラマ「花の乱」（九四年）では、宴の最中、「将軍職を退こうと思う」という義政（十二代目市川團十郎）の言葉に富子（三田佳子）は驚愕。その後、山名宗全（萬屋錦之介）に、男子を産みなさいと進言されると、自分はその子を将軍にするため、邪魔者をかみ殺すかもしれない、自分の本性は鬼かもしれないと言う。

海音寺氏が乱の最中に莫大な蓄財を得た富子について「最も才気ある女性」としながら、「人間として、最もかんじんなものに欠けていると断ぜざるを得ない」と書く。富子が自覚したこの鬼の部分と合致している。

第五章の「松永久秀」は、斎藤道三・宇喜多直家とともに、戦国三大梟雄と評される。大河ドラマで強烈な印象を残したのは、二〇二〇年の「麒麟がくる」の吉田鋼太郎だ。序盤、若き日の明智光秀（長谷川博己）が鉄砲を買おうと訪れた店に現れた久秀は、「このわしを怒らせて生き残った者は堺といえども一人もおらん」と怖い顔で店主をにらむ。その衣は赤やら黄色やらの線がスパークしたような派手な柄で、着物というより、ギャングのナイトガウンに見えた。

その最期は、天下の名物「平蜘蛛」を抱え、日本史上初めて「爆死」したとも言われるが、このドラマでは炎上して完結。きまじめな光秀に世の中の表と裏を教える不良上司で面白かった。

本書によると、統治は苛烈で性格は残忍、その死を領民が喜んで酒盛りをしたという。悪人らしい話だ。しかし、大和行軍の際にも美女を引き連れ、興至れば紙帳の中でたわむれ、用事があると紙帳から首を出して家臣を呼んで指図したとか、最後に切腹するという段になっても、中風になって切腹をしくじっては多年の武名が一時にすたれるからと習慣の灸をしてからことを成したとか、その場面を想像すると笑えるような逸話も紹介される。海音寺氏も「愛嬌がなくてはあそこまで成上れるはずがない」と考えるが、それを出すには小説的技法が必要で、そうすると伝記としての範囲を逸脱するとも書く。作家はこういうところで悩むものなのだ。

第六章の「徳川綱吉」は、「忠臣蔵」ストーリーには欠かせない人物で、幾度か大河ドラマにも登場している。一九九九年の「元禄繚乱」の徳川綱吉は、萩原健一だった。勅使饗応役の赤穂藩主・浅野内匠頭（東山紀之）が殿中松の廊下で吉良上野介（石坂浩二）に刃傷に及んだと聞いた綱吉は激怒し、即刻切腹を命じる。常に母親の桂昌院（京マチ子）を気にし、落ち着きのない上様。エキセントリックな綱吉の裁きは、大石内蔵助

（中村勘九郎、のちの十八代目勘三郎）はじめ、赤穂浪士の討ち入りのきっかけとなる。

本書では、かの「生類憐みの令」発布のいきさつや悪影響の数々も語られる。「何事にも極端まで走ってバランスを忘れる」天下人綱吉の弊害は、やはり計り知れない。

最終章の「田沼意次」については、冒頭「田沼意次の家系はよくわからないが、彼の生涯はこのよくわからない家系のことが動機になって、九天の上から九地の底に転落するのである」という一文にすべてが集約されている。

九天の上の意次といえば、やっぱり賄賂。さまざまな逸話が紹介されているが、絶頂期、田沼家の家老井上伊織を訪ねた者が、二人の者が伊織の三里に灸をすえている姿を目撃。よく見ると、その一人が勘定奉行で、せっせと灰を払っているのが船手頭だったというのは、もはやマンガのような話だ。りっぱな武士が、意次本人でなく、家老にまで取り入らねばならないとは。

だが、その意次も、息子の意知を亡くし、九地の底に墜ちる日が来る。

大河ドラマでは、二〇二五年の「べらぼう～蔦重栄華乃夢噺～」で渡辺謙が意次を演じている。長く平和が続き、さまざまな文化が花開いたこのころ、吉原をベースに活躍した蔦屋重三郎（横浜流星）らの運命は、意次の隆盛から失脚、政治体制の変化によって大きく変わる。

正義の味方も名探偵も、もちろん大河ドラマの主人公も事件がおきなければ、ただの人。ドラマにおいては、変幻自在、神出鬼没、大胆不敵、あの手この手で己の目的を果たそうとする悪人こそが、物語を動かす。悪人たちの出自や欲望の背景を本書で確認しつつ、気になった作品を再見するのも、お薦めである。

（ペリーおぎの／コラムニスト・時代劇評論家）

底本は、『悪人列伝　中世篇』『同　近世篇』『同　近代篇』（新装版　二〇〇六年十二月〜二〇〇七年二月　文春文庫）とし、『海音寺潮五郎全集　第十八巻』（一九七〇年二月　朝日新聞社刊）を適宜参照しました。

本文中に、今日の人権意識に照らして不適切な語句や表現が見られますが、執筆当時の社会的・時代的背景と作品の文化的価値、著者が故人であることなどを考慮して、そのままとしました。

本書は中公文庫オリジナルです。

中公文庫

悪人列伝《あくにんれつでん》

——大河《たいが》ドラマ篇《へん》

2025年2月25日　初版発行

著　者　海音寺潮五郎《かいおんじちょうごろう》

発行者　安部順一

発行所　中央公論新社

〒100-8152　東京都千代田区大手町1-7-1

電話　販売 03-5299-1730　編集 03-5299-1890

URL https://www.chuko.co.jp/

ＤＴＰ　嵐下英治

印　刷　三晃印刷

製　本　小泉製本

Published by CHUOKORON-SHINSHA, INC.

Printed in Japan　ISBN978-4-12-207617-4 C1195

中公文庫既刊より

各書目の下段の数字はISBNコードです。978－4－12が省略してあります。

い-37-7
利休の死 戦国時代小説集 井上靖
桶狭間の戦い（一五六〇）から本能寺の変（八二）、利休の死（九一）まで戦国乱世の三十年を十一篇の短篇で描く、文庫オリジナル小説集。〈解説〉末國善己
207012-7

い-143-1
今村翔吾と読む 真田風雲記 今村翔吾編
『真田太平記』を読んで作家となり、真田愛溢れる歴史巨編『幸村を討て』を著した直木賞作家が、敬愛する泰斗の珠玉短編から選りすぐった真田家傑作選。
207544-3

す-3-31
竹ノ御所鞠子 杉本苑子
鎌倉幕府二代将軍源頼家の子であるがために、非情な権力抗争の波に弄ばされた美しい姫鞠子。その数奇な運命を描く歴史長篇。〈解説〉末國善己
207139-1

な-12-16
悪霊列伝 永井路子
古来、覇権争いに敗れ無惨に死んでいった者は、死後〝悪霊〟となり祟りを及ぼすと信じられた。心と歴史の闇を描く歴史評伝。〈解説〉宮部みゆき・山田雄司
207233-6

ほ-24-1
史実は謎を呼ぶ 時代ミステリ傑作選 細谷正充編
菊池寛から、風野真知雄、上田秀人まで。出世作、隠れた名作など、戦国から明治の実在の人物・史実に依拠した時代ミステリ全7篇を精選。文庫オリジナル。
207510-8

も-26-4
元禄お犬姫 諸田玲子
「生類憐みの令」のもと、犬をめぐる悪事・怪異が相次ぐ江戸の町。野犬猛犬狂犬、なんでもござれの「お犬姫」が、難事件に立ち向かう。〈解説〉安藤優一郎
207071-4

よ-13-17
日本医家伝 吉村昭
前野良沢、楠本いね、高木兼寛、荻野ぎん……日本近代医学の先駆者十二人の苦闘の生涯を描く。著者の医家を主題にした長編群の原点であり要となる短編集。
207410-1